华中科技大学双一流建设项目一流学科推进项目资助出版

华中科技大学社会学文库

# 华中科技大学社会学院优秀硕士论文集

## 第2卷

SCHOOL OF SOCIOLOGY,
HUAZHONG UNIVERSITY OF
SCIENCE AND TECHNOLOGY OUTSTANDING
MASTER THESIS,
Volume 2

华中科技大学社会学院　主编

SSAP 社会科学文献出版社
SOCIAL SCIENCES ACADEMIC PRESS (CHINA)

# 华中科技大学社会学文库总序

在中国恢复、重建社会学学科的历程中，华中科技大学是最早参与的高校之一，也是当年的理工科高校中唯一参与恢复、重建社会学的高校。如今，华中科技大学（原为华中工学院，曾更名为华中理工大学，现为华中科技大学）社会学学科已逐步走向成熟，走在中国高校社会学院系发展的前列。

30 多年前，能在一个理工科的高校建立社会学学科，源于教育学家、华中工学院老院长朱九思先生的远见卓识。

20 世纪八九十年代是华中科技大学社会学学科的初建时期。1980 年，在费孝通先生的领导下，中国社会学研究会在北京举办第一届社会学讲习班，朱九思院长决定选派余荣珮、刘洪安等 10 位同志去北京参加讲习班，并接见这 10 位同志，明确学校将建立社会学学科，勉励大家在讲习班好好学习，回来后担起建立社会学学科的重任。这是华中科技大学恢复、重建社会学的开端。这一年，在老前辈社会学者刘绪贻先生、艾玮生先生的指导和领导下，在朱九思院长的大力支持下，湖北省社会学会成立。余荣珮带领华中工学院的教师参与了湖北省社会学会的筹备工作，参加了湖北地区社会学界的许多会议和活动。华中工学院是湖北省社会学会的重要成员单位。

参加北京社会学讲习班的 10 位同志学习结束之后，朱九思院长听取了他们汇报学习情况，对开展社会学学科建设工作做出了重要指示。1981 年，华中工学院成立了社会学研究室，归属当时的马列课部。我大学毕业后分配到华中工学院，1982 年元旦之后我去学校报到，被分配到社会学研究室。1983 年，在朱九思院长的支持下，在王康先生的筹划下，学校决定在社会学研究室的基础上成立社会学研究所，聘请王康先生为所长、刘中庸任副所长。1985年，华中工学院决定在社会学研究所的基础上成立社会学系，聘请王康先生为系主任、刘中庸任副系主任；并在当年招收第一届社会学专业硕士研究生，同时招收了专科学生。1986年，华中工学院经申报获社会学硕士学位授予权，成为最早拥有社会学学科硕士点的10个高校之一。1988年，华中理工大学获教育部批准招收社会学专业本科生，当年招收了第一届社会学专业本科生。至此，社会学有了基本的人才培养体系，有规模的科学研究也开展起来。1997年，华中理工大学成立了社会调查研究中心；同年，社会学系成为独立的系（学校二级单位）建制；2016年5月，社会学系更名为社会学院。

在20世纪的后20年里，华中科技大学不仅确立了社会学学科的地位，而且为中国社会学学科的恢复、重建做出了重要的贡献。1981年，朱九思先生批准和筹备了两件事：一是在学校举办全国社会学讲习班；二是由学校承办中国社会学会成立大会。

由朱九思先生、王康先生亲自领导和组织，中国社会学研究会、华中工学院、湖北社会学会联合举办的全国社会学高级讲习班在1982年3月15日开学（讲习班至6月15日结束），上课地点是华中工学院西五楼一层的阶梯教室，授课专家有林南先生、刘融先生等6位美籍华裔教授，还有丁克全先生等，学员是来自全国十几个省、自治区、直辖市的131人。数年间，这些学员中的许多人成为各省、市社科院社会学研究所、高校社会学系的负责人和学术骨干，有些还成为国内外的知名学者。在讲习班结束之后，华中工学院社会学研究室的教师依据授课专家提供的大纲和学员的笔记，整理、印刷了讲习班的全套讲义，共7本、近200万字，并寄至每一位讲习班学员的手中。在社会学恢复、重建的初期，社会学的资料极端匮乏，这套讲义是国内最早印刷的社会学资料之一，更是内容最丰富、印刷量最大的社会学资料。之后，由朱九思院长批准，华中工学院出版社（以书代刊）出版了两期《社会学研究资料》，这也是中国社会学最早的正式出版物之一。

1982 年 4 月，中国社会学会成立暨第一届全国学术年会在华中工学院召开，开幕式在学校西边运动场举行。费孝通先生、雷洁琼先生亲临会议，来自全国的近 200 位学者出席会议，其中主要是中国社会学研究会的老一辈学者、各高校社会学专业负责人、各省社科院负责人、各省社会学会筹备负责人，全国社会学高级讲习班的全体学员列席了会议。会议期间，费孝通先生到高级讲习班为学员授课。

1999 年，华中理工大学承办了中国社会学恢复、重建 20 周年纪念暨 1999 年学术年会，全国各高校社会学系的负责人、各省社科院社会学所的负责人、各省社会学会的负责人大多参加了会议，特别是 20 年前参与社会学恢复、重建的许多前辈也参加了会议，到会学者近 200 人。会议期间，周济校长在学校招待所二号楼会见了王康先生，对王康先生应朱九思老院长之邀来校兼职、领导学校社会学学科建设数年表示感谢。

21 世纪以来，华中科技大学社会学学科进入了更为快速发展的时期。2000 年，增设了社会工作本科专业并招生；2001 年，获社会保障硕士点授予权并招生；2002 年，成立社会保障研究所、人口研究所；2003 年，建立应用心理学二级学科硕士点并招生；2005 年，成立华中科技大学乡村治理研究中心；2006 年，获社会学一级学科硕士点授予权、社会学二级学科博士点授予权、社会保障二级学科博士点授予权；2008 年，社会学学科成为湖北省重点学科；2009 年，获社会工作专业硕士点授予权；2010 年，招收第一届社会工作专业硕士学生；2011 年，获社会学一级学科博士点授予权；2013 年，获民政部批准为国家社会工作专业人才培训基地；2014 年，成立城乡文化研究中心。教师队伍由保持多年的十几人逐渐增加，至今专任教师已有 30 多人。

华中科技大学社会学学科的发展，历经了两三代人的努力奋斗，先后曾经在社会学室、所、系工作的同志近 60 位，老一辈的有刘中庸教授、余荣珮教授，次年长的有张碧辉教授、郭碧坚教授、王平教授，还有李少文、李振文、孟二玲、童铁山、吴中宇、陈恢忠、雷洪、范洪、朱玲怡等，他们是华中科技大学社会学学科的创建者、引路人，是华中科技大学社会学的重大贡献者。我们没有忘记曾在社会学系工作后调离的一些教师，有徐玮、黎民、王传友、朱新称、刘欣、赵孟营、风笑天、周长城、陈志霞等，他们在社会学系工作期间，都为社会学学科发展做出了贡献。

华中科技大学社会学学科的发展，也有其所培养的学生们的贡献。在2005年社会学博士点的申报表中，有一栏要填写20项在校学生（第一作者）发表的代表性成果，当年填在此栏的20篇已发表论文，不仅全部都是现在的CSSCI期刊源的论文，还有4篇被《新华文摘》全文转载、7篇被《人大复印资料》全文转载，更有发表在《中国人口科学》等学界公认的权威期刊上的论文。这个栏目的材料使许多评审专家给我系的学生培养打了满分，为获得博士点授予权做出了直接贡献。

华中科技大学社会学学科发展的30多年，受惠、受恩于全国社会学界的鼎力支持和帮助。费孝通先生、雷洁琼先生亲临学校指导、授课；王康先生亲自领导组建社会学所、社会学系，领导学科建设数年；郑杭生先生、陆学艺先生多次到学校讲学、指导学科建设；美籍华人林南教授等一大批国外学者及宋林飞教授、李强教授等，都曾多次来讲学、访问；还有近百位国内外社会学专家曾来讲学、交流。特别是在华中科技大学社会学学科创建的初期、幼年时期、艰难时期，老一辈社会学家、国内外社会学界的同人给予了我们学科建设的巨大帮助，华中科技大学的社会学后辈永远心存感谢，永远不会忘怀！

华中科技大学社会学学科在30多年中形成了优良的传统，这个传统的核心是低调奋进、不懈努力，即为了中国的社会学事业，无论条件、环境如何，无论自己的能力如何，都始终孜孜不倦、勇往直前。在一个理工科高校建立社会学学科，其“先天不足”是可想而知的，正是这种优良传统的支撑，社会学学科逐步走向成熟、逐步壮大。“华中科技大学社会学文库”，包括目前年龄大些的教师对自己以往研究成果的汇集，但更多的是教师们近年的研究成果。这套文库的编辑出版，既是对以往学科建设的回顾和总结，更是目前学科建设的新开端；不仅体现了华中科技大学社会学的优良传统和成就，也预示着学科发挥优良传统将有更大的发展。

雷　洪

2016 年 5 月

# 目　录

# “虚假”的赋权

## ——基于L社区流动儿童赋权服务的实践反思

鲁文雅

## 第一节　绪论

### 一　选题的背景与意义

#### （一）选题的背景

本文选题源自一个针对流动儿童赋权的社工实务行动。2015年11月至2016年8月，笔者及其实习团队进入武汉市L社区开展针对流动儿童群体的服务。前期对流动儿童及其家庭、流动儿童城市生活社区进行调研后，在L社区针对流动儿童开展了需求评估。通过以上准备工作，实习团队针对流动儿童开展了赋权小组及社区活动。希望通过赋权小组及社区活动，增进儿童的自我概念、自尊感、福祉感及重要感，以此能够增强流动儿童对未来生活的自主权及掌控感。实习团队在策划、执行活动中都付出了很多的努力，然而，服务之后笔者认真反思发现，团队“赋权”的初衷从需求评估到活动执行再到效果评估的各个环节都发生了经常存在但难以发现的偏移。本文就是研究团队“赋权”初始目标发生偏移过程的体现。

20世纪80年代以来，城乡经济差距不断拉大，农村人口进入城市务工，成为流动人口。社会流动人口数量巨大，2016年，国家卫生和计划生育委员会在《中国流动人口发展报告（2016）》中指出，我国流动人口已经达到2.47亿人，占总人口数的18%。[①]到90年代，农民工人口进城打工由家庭个体成员独自外出渐渐过渡到以夫妻为核心的举家迁徙。我国的人口流动呈现一种新趋势——家庭化流动。[②]流动儿童数量尤其是由农村进入城市的儿童数量有了明显上升，根据《中国流动儿童数据报告（2014）》，2005～2010年，平均每年新增流动儿童超过200万人。截至2010年11月，全国0～17周岁流动儿童规模已达到3581万人，约占全国0～17周岁人口的12.8%，即100个0～17周岁的儿童中就有12个在异乡生活。在全国流动儿童中，户口性质为农业户口的流动儿童的比例在2010年达到80.35%，也即100个0～17周岁的儿童中有10名儿童是由农村进入城市生活的。[③]

以上数据统计表明，中国社会已由以往的城乡人口割裂进入城乡人口共同生存的社会现实。已有很多研究[④]认为流动给流动人口特别是流动儿童的学习和生活带来了新的风险。流动儿童多处于小学阶段，启蒙教育阶段是成长的关键时期，只有有稳定的环境、负责任的父母和老师的引导才能获得健康的发展。他们在城市生活依附于父母，而从农村进入城市的父母物质条件相对匮乏，使孩子难以获得成长所需的资源，社会关怀上他们离开自己熟悉的乡土文化社区，心理上体验着巨大的文化差异又得不到及时引导，体制上目前也没能给予他们很好的制度保障。儿童与父母一起进入城市生活，大多数流动儿童的父辈处于不良的工作环境，或经历着家庭经济相对贫困、心理感受长期被忽视，外有城市社会文化的冲击，这些都造成流动儿童的无权——他们没有能力对

---

① 数据来源于《中国流动人口发展报告（2016）》。

② 陈卫、刘金菊：《人口流动家庭化及其影响因素——以北京市为例》，《人口学刊》2012年第6期。

③ 新公民计划：《中国流动儿童数据报告（2014）》（节选），社会科学文献出版社，2015。

④ 袁晓娇、方晓义等：《流动儿童压力应对方式与抑郁感、社交焦虑的关系：一项追踪研究》，《心理发展与教育》2012年第3期；刘杨、方晓义等：《流动儿童城市适应状况及过程——一项质性研究的结果》，《北京师范大学学报》（社会科学版）2008年第3期。

自己的生活环境进行改善、无法对公共生活施加任何影响、面对文化冲击难以快速接受与融合，社会支持网络也严重缺失。赋权理论指导下社会工作介入流动儿童是符合分析的，社工赋权目标是获得权力，使接受服务的主体至少能够在主观上获得掌控自己生活的能力，而介入的途径便是增权。

赋权理论认为，不同人拥有的资源是不一样的，因拥有资源不同而具备的能力也就不一样，即权力不一样。[①] 这是一种客观存在，也是一种主观感受——权力感。而这种权力感可以提升个体的自我概念、自尊感、福祉感及重要感。Lee 提出赋权理论的四个方面的假设，其中第一条假设就是：压制是一种影响个体与群体的结构性现象，社工应当从环境和个体两方面努力去突破这种压制。而第二条假设紧接第一条：个体或群体能够利用已有或潜在的资源解决生活中遇见的问题，从而能够从压迫中恢复。[②] 通过对社工实习地点 L 社区的考察以及对该社区流动儿童的需求评估和对已有研究的回顾，笔者及实习团队决定采取赋权的方式开展小组工作和社区工作，以此来有针对性地缓解流动儿童进入城市生活的无权感。

本研究就是基于对武汉市 L 社区开展的为期 4 个月的流动儿童赋权小组及社区实践的反思，着重解释“赋权”初衷发生偏移的具体过程及原因。社会工作者忽视了自己与服务对象之间的权力差异，以及工作人员的文化敏感度与文化能力的缺失，在需求评估过程中，选择性地解释和回应了服务对象的需求，进而设计出强调儿童个体问题及儿童改造的“赋权”活动，没有尊重流动儿童及其家庭的原生文化，而企图打破儿童自带的原生文化，从而使他们完全接受城市主流“文明”；这直接导致在服务输送过程中，社会工作者的“霸权”遭到了来自服务群体的反抗；除此之外，服务开展过程中又有来自社区、家长的各项要求，而社会工

① 〔英〕罗伯特·亚当斯：《赋权、参与和社会工作》，汪冬冬译，华东理工大学出版社，2015，第 28—32 页。

② Lee，J. A. B.，*The Empowerment Approach to Social Work Practice：Building the Beloved Community*（2nd edn）（New York：Columbia University Press，1996），pp. 45 - 46.

作者在应对他们的额外要求时考虑到活动参与度和服务进程不得不频频妥协；尽管服务计划有了很多调整，但是在服务的评估阶段，工作人员又通过多样化的社会工作技巧实现了活动的较高满意度。本研究讨论的就是社会工作者在赋权工作开展过程中如何一步步打破赋权的原初目的，进而反思服务对象需求评估、活动设计、活动开展以及效果评估中社会工作者文化能力以及文化敏感度的重要性，以及这一过程中社会工作者与利益相关者之间如何能有效协商与沟通以确保服务对象的利益。

（二）选题的意义

（1）现实意义

本研究是在实践基础上的反思性研究，强调了社工实务反思和反省的重要性。社会工作者对自己的实践进行反思性研究有助于增强社会工作者的批判性思维，也可以作为自己测量实务质量系统的反馈工具。

本研究指出了只关注技巧反思的风险，鼓励社会工作者探索权力关系、文化敏感度与文化能力这些因素对开展儿童赋权社工服务的影响。社会工作者尤其是社会工作实习生微弱的文化敏感度以及文化能力的缺失、社会工作者与直接服务对象和间接受益对象之间的权力差是我们提供服务过程中经常忽视的方面，而这些被忽视的因素成为笔者的赋权服务发生偏移的重要原因。所以通过反思性研究能够为今后赋权小组服务提供更好的借鉴意义，而相关因素的探索也能为其他类似社工服务提供风险评估模式。

（2）理论意义

赋权定义的准确性应该来自服务使用者的生存境况，而不是来自那些受委任而提供服务、管理服务与传输服务的人，或者来自那些针对服务进行研究、记录撰写与教课的人。因为研究表明，专业实践可能在施恩者的姿态下，会产生反赋权的效果。[①] 所以经

① Adams, R., "Advocacy and Empowerment," in Adams, R., Dominelli, L. and Payne, M. (eds.), *Critical Practice in Social Work* (2nd edn) (Basingstoke: Palgrave Macmillian, 2009), pp. 86-87.

过实践性地反思赋权社会工作的整个过程，以及对赋权对象的心态及行为变动的考察，能够对已有的赋权理论进行补充或者更新其视角。本研究将流动儿童赋权服务过程中从需求评估到活动策划与实施以及最后的效果评估能够使赋权目标发生偏移的因素进行总结归纳，以补充以往实践及理论中被忽视的部分，这就是本研究可能存在的理论意义。

## 二 文献回顾

### （一）赋权的起源与定义

（1）赋权的起源

赋权，也可以说是自助，最早源自18世纪英国开始的睦邻友好互助组织。[①] 这些组织鼓励贫穷群体将钱存入互助组织中，以备不时之需，或者可以从非营利性组织中借钱。[②] 20世纪60年代，赋权概念又因反对压制性团体的社会和政治运动而广泛传播与应用，如公民权利运动和马丁·路德·金的种族平等运动是其中最为人熟知的代表。[③] 各种激进主义与社会主义理论指导下的政治反抗、女性主义理论与实践等，都推动了政治团体以及社区与社会行动的更快发展。社会工作中赋权是一个新近的理论支撑，直到20世纪80年代，才算真正进入增强权能取向时代。理论来源也是由相关学科延伸而来，如政治学、哲学、社会学与宗教等。[④] 生态理论的观点是赋权理论的重要基石，如Gitterman和Germain指出的，生态理论将个体及其所处的环境相连接，着重强调社会经济

---

① Leadbetter, M., "Empowerment and Advocacy," in Adams, R., Dominelli, L. and Payne, M. (eds.), *Social Work Treatment: Interlocking Theoretical Approaches* (4th edn) (New York: Free Press, 2002), pp. 145 - 147.

② Adams, R., "Advocacy and Empowerment," in Adams, R., Dominelli, L. and Payne, M. (eds.), *Critical Practice in Social Work* (2nd edn) (Basingstoke: Palgrave Macmillian, 2009), pp. 103 - 104.

③ Leadbetter, M., "Empowerment and Advocacy," in Adaams, R., Dominelli, L. and Payne, M. (eds.), *Social Work Treatment: Interlocking Theoretical Approaches* (4th edn) (New York: Free Press, 2002), pp. 177 - 180.

④ Lee, J. A. B., *The Empowerment Approach to Social Work Practice: Building the Beloved Community* (2nd edn) (New York, Columbia University Press, 1996), pp. 78 - 79.

地位的公平性与个人的创伤性感受。[①] 而针对环境与个体相互间的关系，基于生态理论的赋权理论在社会工作中的个人、小组、社区等相关社会实践与应用都是值得深入探索的。

（2）赋权的定义

赋权定义的准确性应该来源于服务使用主体的现实境况，而不应该完全来自那些提供、管理与传输服务的客体，或者来自那些为了针对服务进行研究、记录与授课的人。因为专业服务有可能在社工施恩者的姿态下，对受助者产生反赋权的效果。[②] 赋权相伴的概念自助，是社会工作重要的价值理念——“助人自助”的彰显，其内在精神是帮助个体真正成长，如果这种精神能够通过人的生命得以彰显，就能成为整个国家的活力和实力的真正来源。[③]

1960 年末期至 1970 年初，赋权概念开始出现，是由巴西教育家 Paul Freire 所提出的教育理念，其定义为：赋权是一系列的倾听、对话互动、反思行动的过程，赋权者与被赋权者相互之间互动、对话、觉醒、反思后，赋权者能直接或间接提供所需要的资源、自我决策的动机与权力给被赋权者，目的是使其对生活具备掌控感，在此基础上影响更大的组织或社区。[④] 而在社会工作专业中，赋权是一个不断改变的话语，到 21 世纪，赋权也许已经被视为超越了社会、政治和政策等诸多限制的方法，将会使社会工作者及其服务的案主都得到解放。但是它也可能被视为一种被掩盖的浮夸表态、一种统治上的策略，好让政策福利体系中的接受服务的相关对象在等候获得事业救济金等福利时在队列中有序而各就各位。[⑤] 尽管存在各种争议，目前对于赋权的概念却已经越来越

---

① Gitterman, A., and Germain, C. B., *The Life Model of Social Work Practice: Advances in Th eory and Practice* (3rd edn) (New York: Columbia University Press, 2008), pp. 26 – 38.

② 〔英〕罗伯特·亚当斯：《赋权、参与和社会工作》，汪冬冬译，华东理工大学出版社，2015，第 6—10 页。

③ Smiles, S., *Self-Help: With Illustration of Conducts and Perseverance* (London: John Murray, 1890), pp. 18 – 19.

④ 张丽春、李怡娟：《赋权概念分析》，《护理杂志》2004 年第 2 期。

⑤ 〔英〕罗伯特·亚当斯：《赋权、参与和社会工作》，汪冬冬译，华东理工大学出版社，2015，第 18—20 页。

趋向于操作化。《社会工作词典》中将“赋权”和“自助”相关联，即赋权可以是接受服务者参与的、开展的一般自助活动，在这些活动中既可以是团体自己组织活动，可以是团体与相关法定服务合作，也可以独立于法定的服务之外。① 赋权就是要“变得更有力”，在社会工作专业服务中，赋权意义既包含理论也应涵盖方法。《社会工作词典》进一步解释：赋权是一种理论，关系到想要赋权的主体如何掌握其生命的价值，以至于整个团体的利益可以得到提升；赋权也是一种方法，通过赋权方法，社会工作可以提高弱势群体的力量。② Leadbetter 进一步补充认为，赋权作为理论，应该可以引申出以下观点：每个主体都需要而且能够把控自己的生活，并可以获得自身发展所需要的资源，在此基础上进行自我发展。而作为方法的赋权，则包括挑战那些有压迫性的个体与机制体系。③

根据《社会工作词典》的陈述，罗伯特·亚当斯（Robert Adams）提出赋权可以被定义为：个体、组织和社会群体认识自身境况、行使其权利并达成自我发展目的的能力，以及主体和集体能够借此帮助自身或与之相关人员生命品质有最大限度提高的整个过程。其中赋权有三个要素：人们自身的能力，人们能够正常有效行使权力的过程，以及人们达到的成就。④ 为了赋权，社会工作者及接受服务者需要了解自身，需要力量改变环境的各重要方面，最关键的是接受服务者包括个体与集体有改变的意愿。⑤ 在“感觉到被赋权了”和“赋权的结果是最重要的”两种观点中存在一种张力。Ruth Alsop 的报告提供了有用的标准，让赋权可以被衡量，

---

① Thomas, M., & Pierson, J., *Dictionary of Social Work* (London, Collins Educationa, 1995), pp. 134 - 135.

② Thomas, M., & Pierson, J., *Dictionary of Social Work* (London, Collins Educational, 1995), p. 134.

③ Leadbetter, M., *Empowerment and Advocacy*, in R. Adams, L. Dominelli and M. Payne (eds.), *Social Work: Themes, Issues and Critical Debates* (2nd edn) (Basingstoke: Palgrave Macmillan, 2002), pp. 163 - 166.

④ 〔英〕罗伯特·亚当斯：《赋权、参与和社会工作》，汪冬冬译，华东理工大学出版社，2015，第 19—20 页。

⑤ Lord and Hutchison, P., “The Process of Empowerment: Implications for Theory and Practice,” *Canadian Journal of Community Mental Health* 12 (1993): 5 - 22.

他们主张赋权是“一个人做出有效选择的能力……将选择变成动机的能力……”。也就是说，“赋权的程度要通过选择的存在、选择的使用以及选择的结果来衡量”。①

（二）赋权社会工作技巧应用上的困境

（1）国际上不同国家间的文化差异使赋权社会工作的可推广性遭到质疑

Payne在理性主义基础上对赋权展开研究，认为赋权与人道主义和存在主义的理论和实践相关，强调自觉（self-knowledge）和自制（self-control）。人们相信能够用理性的方法掌握自己的命运，同时认为环境能满足服务使用者的要求而直接被改变。② 但是，这种赋权发展是建立在西方个人主义与自我提升的特殊文化背景之中。而在另外的文化中，如在东方国家日本以国家、社区和家庭维系为最高原则的赋权发展中，自助似乎就缺少民主多元主义以及强调组织管理的突破。③ 在西方，赋权和个人主义以及个体的权利有关，但在许多发展中国家里，互助以及家庭生活和社区的传统却是重要的。

在中国内地和香港及其他国外的华人社群中，对于赋权所做的理论性辩论，④ 以及在特定领域中的实践，例如离婚妇女的赋权团体，虽然取得一些进展，但是研究文献就显得相对匮乏，要对普遍的社会工作概念取得共识有些困难。⑤ 在世界的许多地方，赋权和参与式的积极行动之间存在连贯性。⑥ 西方国家对于发展中国

① Ruth Alsop, and Jeremy Holland, P., *Empowerment in Practice: From Analysis to Implementation* (New York: World Bank Publications, 2005), p. 4.

② Payne, M., *Modern Social Work Theory: A Critical Introduction* (Basingstoke: Palgrave Macmillan, 1992), p. 227.

③ Oka, T., "Self-Help Groups in Japan: Trends and Traditions," *Prevention in Human Services* 2 (1994): 69 - 95.

④ Yip, K-S., "The Empowerment Model: A Critical Reflection of Empowerment in Chinese," *Social Work* 49 (2004), 479 - 487.

⑤ Hutchings, A. and Taylor, I., "Defining the Profession? Exploring an International Definition of Social Sork in the China Context," *International Journal of Social Welfare* 16 (2007): 382 - 390.

⑥ Steeves, H. L., and Melkote, S. R., *Communication for Development in the Third Word: Theory and Practice for Empowerment* (2nd edn) (London: Sage, 2001), pp. 45 - 47.

家更倾向于聚焦在工作任务的达成上，其焦点被放在当地参与式发展方案和赋权方案上。不过太狭隘地将重点放在与受服务者的伙伴关系和倾向听他们的声音上会有一些危险，会错失对一些重要因素的察觉。例如，如何结构性地改善最受到排斥的人和穷人的境况，如何对付根深蒂固的不平等的权力行使等。①

有些学者如 Lee 认为赋权应该是一种普世概念，而不是种族中心主义或欧洲中心主义的概念。赋权的概念与实践并不专属于发达国家，它们跨越区域和国家的疆界，并且提供各种策略来处理由全球不平等所造成的问题。对这些问题的回应不仅需要与个体交涉，还必须涉及团体、组织、法律和政策等层面。②

（2）社会工作者与服务接受者之间的权力差异悬殊

社会工作者在赋权理念下开展服务"助人自助"，是要帮助案主提升自我意识、自由地思考、学会自主选择，是一种自我解放的过程。在这一过程中，社会工作者要做的其实就是建立与服务接受者之间的平等关系。"助人自助效果是与自尊的增长而不是降低相连"③，但是在社会工作增权服务中，在无意识情况下，为了服务顺利开展，社会工作者会做出"强迫解决、威胁案主服从以及操纵案主的决定"④ 等不妥行为，而这些都是与社会工作价值理念、赋权服务目标逆向而行的误区。

（3）专业限制和文化识盲

当社工处于一个复杂的服务环境中时，尤其是在跨文化服务中，社会工作者时常会处于一种文化无知的状态。社会工作者越是身心投入服务的情境之中，越会感到文化环境的差距，而这些差距往往会让社会工作者在其中举步维艰。专业的培养带给他们

---

① Mohan, G., and Stokke, K., "Participatory Development and Empowerment: The Dangers of Loclism," *Third World Quarterly* 21 (2000): 247 - 268.

② Lee, J. A. B., *The Empowerment Approach to Social Work Practice: Building the Beloved Community* (2nd edn) (New York: Columbia University Press, 1996), pp. 89 - 90.

③ 〔德〕马克斯·韦伯：《儒教与道教》，商务印书馆，1997，第203—220页。

④ 姚振强：《从"助人自助"看社会工作实务开展的文化背景问题》，《社会工作下半月》（理论）2009年第6期。

莫名的自信感，他们有理论知识和专业技巧，但最终专业带来的是一种限制。在跨文化服务中，人类学的文化识盲概念有助于社会工作者在实践中进行反思，推动专业知识与实践的真正融合。[①]

（三）阻碍服务使用者赋权的因素

英国某些机构、组织、专业和个人快速地向参与和赋权靠拢，欣然接受它们作为工作人员、服务使用者和照料者的目标，由此导致一个讽刺的结果是，很少有人注意到要对此进行评估，以此了解这种态度与趋势对于社会工作服务的质量究竟产生什么样的影响。[②] Carr 注意到：我们确实具备一定相关赋权技巧的知识，但是对于使用者导向的实质改变过程与成就之间的关系，却很少或根本没有检讨。这并不是说某些率先行动无助于服务的改善，而是说这些改变未被监督与评价。[③] 以下将妨碍服务使用者有更高参与和赋权的最重要障碍进行相关文献总结与归纳。

（1）结构性的权力失衡

关于健康服务的研究证明，在英国健康与社会服务领域中，服务使用者的参与意愿和趋势越来越明显，但是有些实务人员不愿意采取积极的行动，以免失去对服务使用者的掌控和影响力。法定规则的最大局限在于它无法打破专业人员和患者之间结构性的权力失衡。[④] 在对照中，专业人员处于相对优势的地位，是一群被集结在一起的利益群体，不断被加强到相对强势的位置。相反大部分服务使用者却被安置到不同地方，处于分散的境地。他们之间很少有机会找出一个共同的路径和方法去和实务工作者协商。一般人们之间的分裂常常是因为各自在地方信念和习惯上的分歧、

---

① 古学斌、张和清、杨锡聪：《专业限制与文化识盲：农村社会工作实践中的文化问题》，《社会学研究》2007年第6期。

② 〔英〕罗伯特·亚当斯：《赋权、参与和社会工作》，汪冬冬译，华东理工大学出版社，2015，第47—48页。

③ Carr, S., Has Service User Participation Made a Difference to Social Services? (London: *Social Care Institute for Excellence*, 2004).

④ Rogers, A., Pilgrim, D., and Lacey, R. (eds.), *Experience Psychiatry: Users' Views of Services* (Basingstoke: Macmillan Mind, 1993).

竞争以及为琐事而发生的争吵。[①]

（2）对服务使用者的差别对待

服务使用者与专业人员之间的权力落差和动力关系性，依旧是想要通过提高参与来赋权民众的主要障碍，即排他性的结构、制度的惯性操作与态度仍影响着服务使用者所能改变的程度。也就是说，在正式咨询机制和传统意识形态里，权力共享是困难的。尤其当你是少数族裔或者同性恋，当你选择作为一个个别的“福利消费者”时，是很受限制的。[②]

（3）专业人员与组织的抵制赋权

强化以当事人为中心的焦点，借由满足立即性的需求，哄骗人们就地行动就可以解决他们的问题，转移人们的行动，使他们不再追求他们理当享有的可能服务，这一忽视环境改变的聚焦方式成了政府官员和相关机构忽视人们应得的权益与服务的托词；[③]另外就是实务从业人员可能退场的问题，服务使用者的参与使他们逐渐成为志愿实务从业者，但是使用者成功赋权不应该被看作让法定服务得以缩水、成本得以删减的一种手段。[④]

（4）专业人员与组织的腐化

有三种腐化趋势会破坏社会工作者与服务使用者和照料者之间的关系，分别为：剥削服务使用者[⑤]、服务使用者的专业化、专业人员的帝国主义（这涉及实务人员对服务使用者空间的侵占与接管）。剥削服务使用者主要体现在利用代表性，只对他们做象征性咨询；自助活动中，容易在不知不觉中逐渐倾向于参与者专业

---

① Robinson, D., & Henry, S., *Self-Help and Health: Mutual Aid for Modern Problems* (New York: Jason Aronson, 1977), p. 130.

② Carr, S., Has Service User Participation Made a Difference to Social Services? (London: *Social Care Institute for Excellence*, 2004).

③ Robinson, D., & Henry, S., *Self-Help and Health: Mutual Aid for Modern Problems* (New York: Jason Aronson, 1977), p. 126.

④ Darvill, D., & Munday, B., *Volunteers in the Personal Social Services* (London: Tavistock, 1984), p. 5.

⑤ Holme, A., & Maizels, J., *Social Workers and Volunteers* (London: Allen & Unwin, 1978), p. 88.

化的过程。但是据观察，许多健康照护团体无法将这样的机会转变成他们的资本，他们并未弄懂其所拥有的权力的内涵。[①] 自助或使用者导向活动最大的威胁，是被专业实务接受。无论是在什么背景下，自助或使用者导向活动越奏效，他们被实务人员吸收成为新的专业成员的风险就越高。[②]

（四）青少年的赋权服务及其应用模式

Arnstein 根据等级体系图像的形象比喻区分了工作者和服务对象的不同关系：就像一架梯子，从最低梯级最具控制性或可操作控制性的阶段逐渐爬升到最高梯级的完全参与阶段，[③] 分为八个阶段，而在概念上的区分一般不会像它们看起来的那样纯粹且界限分明；Hart 的描述定义有所不同，将青少年看作主体，依据其能动性程度来进行划分；Rocha 将阶梯比喻的阶段数量减少为五个，并且将它们视为社区参与和个人参与之间的分类差异序列；[④] Wilcox 采纳了 Arnstein 的阶梯概念，但将其阶段数减少成他所说的五种“立场”。[⑤] 具体总结如表 1 所示。

**表 1 参与和赋权：阶段、模式和立场**

| Arnstein（1969）参与阶段梯级 | Hart（1992）参与阶段梯级 | Rocha（1997）赋权模式 | Wilcox（1994）五个立场（无等级之别） |
| --- | --- | --- | --- |
| 社区介入 | | | |
| 阶段八：公民控制式参与 | 阶段八：青少年与成年人共同决策 | 阶段五：政治赋权 | 支持独立社区的利益 |
| 阶段七：委托式参与 | 阶段七：青少年主动发起并领导的积极行动 | | |

① Robinson, D., and Henry, S., *Self-Help and Health: Mutual Aid for Modern Problems* (New York: Jason Aronson, 1977), p. 129.

② 〔英〕罗伯特·亚当斯：《赋权、参与和社会工作》，汪冬冬译，华东理工大学出版社，2015，第 52—53 页。

③ Arnstein, S. A., "Ladder of Citizen Participation," *Journal of the American Institute of Planners* 35 (1969): 216 - 222.

④ Rocha, E. M. A., "Ladder of Empowerment. Journal of Education," *Planning and Research* 17 (1997): 31 - 44.

⑤ Wilcox, D., *A Guide to Effective Participation* (New York: Joseph Rowntree Foundation, 1994), p. 4.

续表

| Arnstein（1969）参与阶段梯级 | Hart（1992）参与阶段梯级 | Rocha（1997）赋权模式 | Wilcox（1994）五个立场（无等级之别） |
|---|---|---|---|
| 阶段六：伙伴式参与 | 阶段六：行动由成年人发起，成年人与青少年共同决策 | 阶段四：社会政治赋权 | 共同行动 |
| 象征主义的程度 | | | |
| 阶段五：安抚式参与 | 阶段五：成年人为青少年提供咨询并告知 | 阶段三：调解式赋权 | 共同决策 |
| 阶段四：咨询式参与 | 阶段四：成年人安排青少年担当一个特别角色并告知他们如何参与 | 阶段二：联结式赋权 | 咨询 |
| 阶段三:告知式参与 | | | |
| 非参与阶段 | | | |
| | 阶段三：“象征主义”——青少年表面上拥有话语权，但是在现实中对于他们如何参与却没有太大的影响力 | | 提供信息 |
| 阶段二：治疗式参与 | 阶段二：“装饰”——青少年被利用间接去促进一个方案或者活动 | 阶段一：原子式个体赋权 | |
| 阶段一：操纵式参与 | 阶段一：“操纵”——为了利用青少年，成年人假装宣扬与重视某个目标 | | |
| | | 个体介入 | |

资料来源：摘自〔英〕罗伯特·亚当斯《赋权、参与和社会工作》，汪冬冬译，华东理工大学出版社，2013，第82页。

Shier建立了一种模式，这种模式联结了儿童和青少年参与的五种层次，其特色在于：以学校为背景，倾听儿童、支持儿童、考虑儿童的观点、儿童可参与决策、儿童分享权利并进行决策。[①]

（五）国内流动儿童服务的经验研究

在传统中国，儿童被看作私有财产，其应有权利得不到关

① Shier, H., “Pathways to Participation: Openings, Opportunities and Obligations,” *Children and Society* 15 (2001): 107-117.

注。[①] 儿童的权利观在中国现代化过程中逐渐确立，以前的儿童作为家庭依附品的观点已不存在，现在儿童作为家庭发展的核心，都应该具有平等的发展机会。传统中国家庭内部重心不平等导致的儿童权利得不到保障虽然已经解决，但是现阶段制度上导致儿童发展机会的不平等越来越严重。[②] 过去20年中，儿童权利问题得到关注，尤其是制度导致的发展机会不平等问题，政策上有了很多调整，但是在具体实践领域，还不够到位。[③]

随着流动人口尤其是农民工群体增多，随迁儿童也在不断增加。最早期对流动儿童的研究多集中在理论分析与现状描述层面，包括流动儿童的社会适应[④]、社会融入[⑤]、幸福感等心理问题[⑥]及受教育状况[⑦]等方面的研究。目前对于流动儿童的社会工作实务研究也明显增多，主要围绕先前研究中描述的问题开展实务工作。

近些年，政府和社会组织已经提供了很多的资源改善流动儿童的状况，促进流动儿童的协调发展，但是目前大多数服务的切入点还是以问题视角为主，通过对儿童个体的干预，期望实现儿童社会融合和个人发展。最为常用的是成长类活动[⑧]，在服务中为了协助儿童树立未来发展目标和提升发展动力，项目组通过小组活动、外展活动，从优势视角出发提升其学习能力、自我效能感、抗逆力等多方面的能力，构建流动儿童社会支持系统，促进流动

---

① 皮艺军：《儿童权利的文化解释》，《山东社会科学》2005年第8期。

② 陆士桢、任伟、常晶晶：《儿童社会工作》，社会科学文献出版社，2003，第81—103页。

③ 顾群、贺成立：《我国儿童成长过程中“无权”问题探析——写在〈儿童权利公约〉履行20周年之际》，《现代中小学教育》2012年第11期。

④ 范兴华、方晓义、刘杨等：《流动儿童歧视知觉与社会文化适应：社会支持和社会认同的作用》，《心理学报》2012年第5期。

⑤ 周皓：《流动儿童社会融合的代际传承》，《中国人口科学》2012年第1期。

⑥ 袁晓娇、方晓义等：《流动儿童压力应对方式与抑郁感、社交焦虑的关系：一项追踪研究》，《心理发展与教育》2012年第3期。

⑦ 周国华、翁启文：《流动儿童教育问题文献研究述评》，《人口与发展》2011年第5期。

⑧ 于卉：《生态系统视角下社会工作介入流动儿童成长过程研究》，南京大学博士学位论文，2012，第5—15页；段凡：《流动儿童城市适应性的社会工作介入研究》，华中农业大学博士学位论文，2012，第7—12页。

儿童城市适应与城市融入。

另外还有针对流动儿童开展的教育类活动[①]，其中包括家庭教育、亲子关系、学业困境教育等方面的改善活动。这类服务中，一般服务者认为流动儿童进入城市生活，由于父母工作时间限制，他们无法给孩子足够的陪伴，而相对较差的经济地位使大部分农民工家庭生活环境较差，遂在社区开办了以课后补习为主的系列教育活动。[②]

（六）文献评述

关于赋权的研究起源于西方，而且西方在赋权理论与赋权实践中已经有了不少的建树。而在中国，赋权作为引入理论和实践技巧，在其本土化过程中却面临一些困境。例如与西方个人主义和个人自由不同的是，中国更加强调团体、民族和国家层面且把这些因素作为处理事情的第一要义。这些文化环境在很大程度上会使我国赋权理论的发展路径与西方不同，但是目前我国关于赋权的应用实务文献偏少，而对赋权效果的评估也不到位。

而目前我国社会工作介入流动儿童进行的实务设计的基本预设是流动儿童发展层次较低和精神生活匮乏，儿童在这些方面的城乡差异是导致其在城市发展受限的主要因素，由此衍生出一系列旨在提升其奋斗目标和丰富其生活的服务活动。这类活动具有两个特点：一是聚焦儿童的个体问题，关注儿童所处宏观系统的不足；二是强调对流动儿童的改造，社会工作者的“专家”角色明显。而在多元文化群体服务中，文化和权力应该是社会工作者关注的重点议题。但从国内实践文献回顾来看，无论是“教育类活动的困境”还是“成长类活动的困境”，最主要都体现在实践者

---

① 张慧：《社会工作机构参与化解流动儿童教育困境研究》，苏州大学博士学位论文，2013，第5—20页；曾守锤、章兰根：《流动儿童家庭教育的若干特点及其对社会工作的启示意义》，《华东理工大学学报》（社会科学版）2008年第4期；代彩：《社会工作介入流动儿童学业困境的实务研究》，郑州大学博士学位论文，2013。

② 刘玉兰、彭华：《嵌入文化的流动儿童社会工作服务：理论与实践反思》，《华东理工大学学报》（社会科学版）2014年第3期。

缺少对服务背后所蕴含的文化和权力议题的足够认知。社会工作者开展的增能性服务，在需求评估、过程开展以及效果评估过程中很容易就会忽视文化能力与文化敏感度，因此社会工作者往往在“施恩者”的视角下开展服务，结果造成反赋权的效果，这是以往研究没有深入分析的层面，本研究将会重点分析这些影响赋权效果的因素。

## 三 相关概念界定

（1）赋权

社会工作中的赋权是一个不断改变的话语，尽管存在各种争议，现阶段对于赋权概念的发展已经越来越趋向于操作化。赋权字面意思就是“变得有力”，《社会工作词典》进一步解释：赋权是理论，关系到人们如何为其生命取得集体的掌控，以达到整个团体的利益；赋权也是方法，社会工作通过它提高缺乏力量的民众的力量。①

本文采用 Ruth Alsop 和 Nina Heinsohn 关于赋权的操作化定义：赋权是一个人做出有效选择的能力以及将选择变成动机的能力。个体赋权受到两种因素的影响：个人的动力与机会。个人动力由以下有利条件组成：心理的、资讯的、组织的、物质的、社会的、经济的以及人的各项资产。而机会方面则受到立法、各种管理的架构和规则以及社会中约束行为的社会规范的影响。②

（2）“虚假”的赋权

本文借鉴了 Ruth Alsop 和 Nina Heinsohn 对赋权的操作化定义，将赋权的程度分为选择的存在、选择的使用以及选择的结果三方面来衡量。③ 故进一步延伸出“虚假”的赋权的表现，即：有限的

① Thomas，M.，and Pierson，J.，*Dictionary of Social Work*（London，Collins Educational，1995），p. 134.

② Alsop，R.，and Heinsohn，N.，“Measuring Empowerment in Practice：Structuring Analysis and Framing Indicators，” *Social Science Electronic Publishing* 4（2005）.

③ Alsop，R.，and Heinsohn，N.，“Measuring Empowerment in Practice：Structuring Analysis and Framing Indicators，” *Social Science Electronic Publishing* 4（2005）.

选择、行使选择权的限制性以及通过赋权活动不能达到相应的个人成就或是目标成就。

(3) 文化能力

本文采用美国社会工作者协会(National Association of Social Workers, NASW)给出的文化能力定义:个人或组织能理解所有不同文化、语言、阶级、族群、宗教的差异,且能接受、认可对方的尊严,在跨文化情境中有效能地运作。[①] 本研究中文化能力的具体表现就是社会工作者在开展流动儿童赋权服务中,是否能够理解不同的流动儿童及其家庭所自带的原生文化、考虑到工作者与服务对象之间的年龄差异,并且能够在服务设计与传递过程中嵌入性地思考他们的特殊性而设计出符合服务对象真实需求的方案。

## 四 理论基础与研究框架

### (一) 理论基础

行动研究是从一系列的研究发现和结论中发展出来的,但它不仅仅局限于专业学者建构的诸种理论。一般认为,行动研究是由社会心理学家库尔特·勒温(Kurt Lewin)在20世纪上半叶"创造"出来的,他当时试图发展出一些可以利用研究主体能量的方法,并将其实用性研究应用到他们的难题中,例如贫困与剥夺。行动研究的过程呈现周期循环的模式[②](见图1)。

行动研究的基础是行动,行动的概念来自社会学,韦伯的行动理论和帕森斯的社会行动理论都是有名的。行动是宽泛的社会现象,它包含了人的意义,将人的意义投入里面互相观看、互相理解进而采取行动,这就是当时的社会行动。而社会工作的社会

---

① "National Association of Social Workers," in Standards for Cultural Competence in Social Work Practice. www. socialworkers. org/practice/standards. NASW Cultural-Standards. pdf, accessed on 3rd december, 2009.

② Lewin, K., "Action Research and Minority Problems," in G. M. Lewin (ed.), *Resolving Social Conflicts: Selected Papers in Group Dynamics* (New York: Harper Row, 1948), pp. 201 -216.

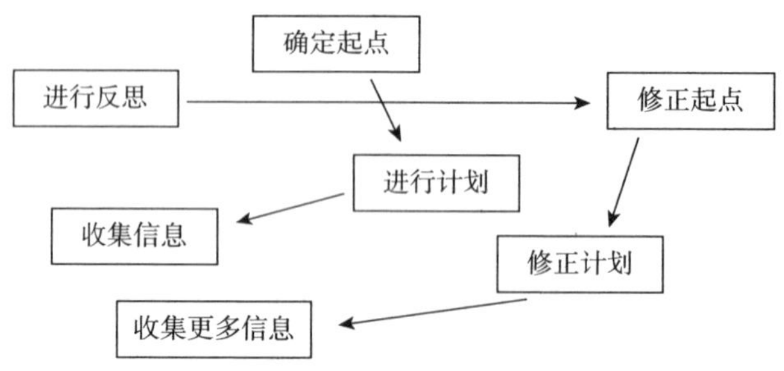


**图1 行动研究周期循环模式**

资料来源：摘自〔英〕罗伯特·亚当斯《赋权、参与和社会工作》，汪冬冬译，华东理工大学出版社，2013，第214页。

行动是社会工作者和服务对象一起投入意义理解的过程。行动本身是一个具有关系性的东西，这个说法强调了关系性。社会学强调理论，并到此为止，不会进一步去实践，而社会工作把行动概念引进来，为的是实践。

社会工作的行动有可能是内省的，也有可能是认知的，这里涉及行动的多样性问题。当研究者应用它进行实务研究时，确认行动的边界就成为一个问题了。我们看到了什么行动，你又怎样对待这样的行动，这是需要也是研究者想要说清楚的事情。

改变性的行动研究，改变谁？那些介入者认为“合理的”“应该的”改变服务是服务对象需要的吗？这需要研究。行动是为了改变，在行动过程中，双方是主体性地相互认识和理解，但如果研究人员要用自己的想法去改变对方，是否所有的“改变”都合理，这也需要研究。对改变行动的选择也是如此——选择什么行动，为什么选择这个，逻辑是什么，更需要研究和思考。

赋权式的行动研究，也是改变性的行动研究。本研究按照赋权式行动研究理论框架对流动儿童赋权实践行动进行反思，从需求评估到方案设计乃至效果评估的每个阶段进行反思，探究社会工作者在提供服务过程中“制造”的赋权假象如何产生，其中关键的影响因素是什么，行动的结果如何，以及社会工作者接下来该如何行动。

（二）研究框架

本研究基于赋权式的行动研究理论，通过反思L社区开展的针对流动儿童社会工作服务的全过程，从需求评估开始，到活动策划与执行阶段多层面挖掘赋权目标如何发生了偏移及其中关键的影响因素。接着揭示在服务效果评估阶段，社会工作者为何以及如何“掩盖”了赋权目标发生偏移这一现象的。研究框架见图2。

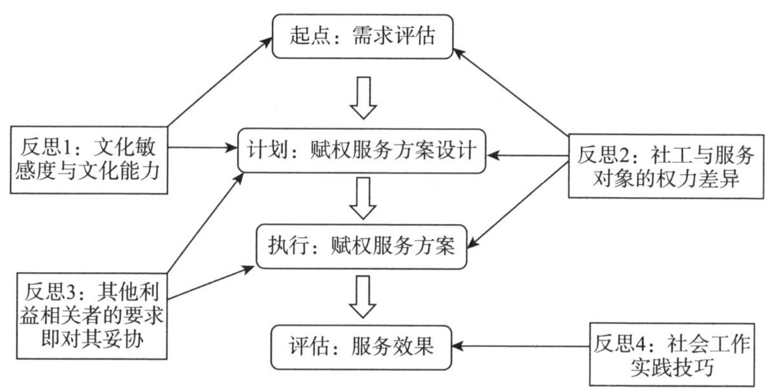


**图2 多阶段多层面反思性研究框架**

## 五 研究类型与研究方法

（一）研究类型

本研究是实践反思性的行动研究，通过对行动案例的整个过程进行严格的评估，反思问题预设情况下我们的服务方案存在的问题，探讨行动的结果是否符合我们的方案预期，以及确定以上问题出现的原因，并且能够为接下来的服务或类似服务提供可能的新的行动方向。

（二）研究方法

（1）观察法

观察法是指资料收集者有明确目的，凭感官及其辅助工具，直接从实际情境中收集资料的方法。[①] 在社会工作服务开展中，无论是前期资料收集还是专业介入时期，接受服务者的表情、状态、

① 吴增基等主编《现代社会调查方法》，上海人民出版社，2003，第174页。

态度都是重要的一手资料，而资料具体获得途径有参与式观察和非参与式观察两种，观察法是社会工作服务研究中资料收集最基本的研究方法之一。

在本研究中，观察法贯穿整个服务过程。从第一次进入社区与流动儿童接触，社工就开始了对他们的仔细观察，包括他们对社工进入他们领地的态度和行为反应。他们积极接受新事物，对于社工的加入他们也很好奇，为社工开展活动做好了铺垫。接着在需求评估阶段，更是通过观察他们的行为及与其同伴互动行为，发现了他们在团队分工任务上表现不够好，以及注意力集中方面的问题也是在多次活动观察中发现的。观察也是活动开展过程中及时发现问题并调整方案的重要手段。当然很多时候观察只能作为一个问题的突破点，而一般来说需要更多的辅助性工具来证实。

（2）访谈法

访谈法可以弥补观察法资料收集过于表面的缺陷，也可以从更深的层次与访谈对象进行沟通了解，以获取资料。访谈法作为质性研究收集资料的重要方法之一，通过较长时间的访谈，可以获得更加真实、具有直观感受的资料。

本研究中，除了社工开展活动过程中观察收集到的资料，一方面，笔者开展与流动儿童线上和线下的访谈，既询问他们参与活动的感受，也通过深入交流验证我们在观察中看到的他们的行为表现。另一方面，笔者及其他社会工作者会与家长、社区工作者开展访谈以收集资料，了解流动儿童服务的满意度，更重要的是了解儿童参与社会工作小组及社区活动后的变化。这些资料很可能比问卷量表能更有力地证明服务开展的效果如何。

## 第二节　需求评估与赋权活动方案设计及其过程反思

### 一　起点：需求评估

（一）实务开展地点：L社区基本情况

L社区是武汉市洪山区一个老旧型小区，很多户主将房屋拿来出租，所以实际居住在这里的大部分居民是外地来武汉务工的流动人口。社区里的基础设施比较破旧，还可见电线电缆悬挂在楼栋之间；社区内基本上没有公共娱乐设施，卫生环境也不佳；社区并不是封闭性的，无院墙、门卫，道路很杂乱，出入的车辆很多，对于社区儿童来说存在很多安全隐患；社区空间中也没有比较好的适合儿童互动的场地。L社区内有一所公办小学——D小学，但是随着L社区及周边社区的流动人口越来越多，D小学的学生中很多都是流动儿童，即随务工父母来武汉就读的学生。

小学生尤其是这些随迁儿童的课余时间比较多，但是社区并没有提供较好的活动场所，父母务工太忙也不能照看或陪伴孩子，所以大多数学生完成作业后的时间多是与电视、电脑、手机为伴。这一年龄阶段的孩子，价值观还尚未完全形成，他们在独自面对网络世界中可真可假的大量信息时，在社会观点采择时很有可能受不良信息的影响。所以我们在与L社区合作的基础上形成了目前这个社区的四点半课堂，能够在流动儿童放学后将他们召集起来，在这个老旧型社区内打造一个可以为孩子们提供活动、促进其健康成长的空间。

社工们在社区内接触到不同年级的学生，针对个别特殊家庭的流动儿童，社工开展个案工作，改善家庭关系，链接相关资源，促进孩子健康成长和生活空间的拓展。不过大部分来到四点半课堂的学生基本上都是流动儿童，父母多为务工农民，多是三年级到五年级的学生。在前期大约一个月内进行成员招募，社工和孩子们建立了比较稳定的关系。

### （二）需求评估的对象

四点半课堂招募的比较固定的21名儿童，其中有12名女生，9名男生。他们来自D小学不同年级，而且都生活在L社区（日后大型的社区性活动会有更多的儿童参与，但他们都不是固定成员）。其父母多为湖北农村来武汉的务工人员，也有其他省份的农村务工人员，以河南、湖南以及四川这些省份的居多。有的儿童父母双方都在身边，有的只跟随母亲或者父亲进入城市生活、学习。

### （三）需求评估的内容和方式

依据布朗芬布伦纳提出的生态系统理论，我们决定从影响流动儿童成长发展的家庭、学校和学生自身三个环境系统对服务对象展开全面的需求评估。具体的评估内容和评估方式如表 2 所示。

**表 2　需求评估的内容和方式**

| 评估对象 | 评估内容 | 评估目标 | 评估方式 |
| --- | --- | --- | --- |
| 针对流动儿童自身的评估 | 兴趣爱好 | 了解学生的兴趣爱好 | 观察 |
| | 行为习惯 | 引导学生讨论日常行为方式，加深对自身行为的理解 | 社工课堂 |
| | 情绪控制能力 | 了解学生对情绪的认识以及情绪控制能力 | 情绪量表 |
| 针对流动儿童家庭的评估 | 家庭经济情况 | 了解学生的家庭经济状况 | 问卷 |
| | 家庭教育方式 | 了解学生的家庭教育内容、教育期望等 | |
| | 家庭亲子关系 | 了解学生的家庭结构和亲子关系 | |
| | 家庭社会联系 | 了解学生家庭参与社会活动的情况，以及家庭与他人的社会联系 | |
| 针对流动儿童所在学校的评估 | 学习情况 | 了解学生的学习内容、学习态度、学习成绩和学习能力等方面 | 观察<br>访谈 |
| | 人际交往 | 了解学生与老师、同学的关系 | |
| | 课余生活 | 了解学生课余生活的娱乐群体、娱乐方式 | |

### （四）需求评估结果

#### （1）流动儿童自身层面

日常行为方面，学生课余活动主要集中在看电视、玩手机和平板电脑、玩网络游戏、听歌等室内活动方面。自我认知方面，流动儿童对自身能力认识不足，很多时候对自己的认知来自家长、老师对他们的评价和定位。此外，流动儿童对周围环境的掌控力更不佳。

#### （2）家庭层面

家庭经济情况方面，流动儿童的家庭社会经济地位总体偏低，父母受教育水平较低。家庭教育方面，一方面，家长很重视学生的学习成绩，这也是很多家长将孩子带到城市生活、学习的主要原因，想让孩子接受更好的教育；另一方面，流动儿童父母偏向于摆事实、讲道理以及批评的教育方式，亲子之间没有形成有效的沟通方式与沟通渠道。

（3）学校层面

学习方面，我们服务的流动儿童所在的学校是武汉市公立小学，教学条件较好，教学设施也有较高质量。但是这些流动儿童与老师的关系多处于一种单向否定的状态，老师在一定程度上会在不知不觉中表现出对这些流动儿童关注少或者不信任的行为。人际交往方面，流动儿童基本能够融入所在学校的班级，且关系较为融洽，但是学生群体难免会有摩擦。课余生活方面，学生们表示课余生活比较单调，除了完成作业、看电视、玩手机等活动之外，缺乏丰富的课余活动。

（4）社会生活环境层面

根据我们前期的社区走访以及对社区工作人员的访谈，发现这些流动儿童生活的社区环境并不是太好。社区的楼栋破旧，基础设施差而且安全系数低；社区内公共空间只有一方破碎的水泥地，也没有可供儿童互动娱乐的设施；社区内没有门禁和较规范的物业管理，社区内人员十分复杂。在这样的社区环境中生活，孩子们虽然进了城市，却还是在城市中破旧落后的环境里生活，家庭经济状况不佳以及家长以学习为主的观念，使流动儿童进入城市后没有完整的城市生活认知，他们十分渴望有机会多了解这个城市更为繁华的一面。

## 二　计划：赋权小组及社区活动方案设计

### （一）赋权活动服务目标

（1）总目标

通过多个赋权增能小组和社区活动协助流动儿童提升其对自身生活和学习现状的认知，并在此基础上能够转变流动儿童应对其日常生活、学习的行为方式，增进儿童的自我概念、自尊感、福祉感及重要感，增强流动儿童对未来生活的自主权及掌控感。

（2）具体目标

第一，通过多个视角（人际关系、社区生活小环境以及城市社会大环境）让流动儿童能够认识到自身的处境。

第二，继续在这些视角下推动流动儿童行为方式转变。

第三，促使在城市生活的流动儿童对以后的城市生活充满信心，可以为其日后的生活、学业选择增加主动性，对自己的未来有想法，并能为之做好计划。

（二）赋权方案设计

根据我们的需求评估发现，流动儿童进入城市生活，完全依附于务工父母，生活的社区环境状况比较糟糕。在父母重视学习成绩的压力之下，很多孩子都有很强的好胜心，但又由于家庭经济条件不济，他们也时常表现出自己的倔强。他们也渴望能够进步，不过在人际交往和自身能力挖掘方面却需要更多的指导，故我们设计了三个增能的小组，同时也规划了一系列社区活动，来协助流动儿童可以充满主体性和主动性地面对以后的生活，以实现对个体心理层面的赋权。具体服务方案的内容如表3所示。

**表3　服务方案的内容**

| 个人层面的服务 | 社区层面的服务 |
| --- | --- |
| 流动儿童团队协作小组 | 相亲相爱，欢度双旦 |
| 流动儿童注意力提升小组 | 大手牵小手，华科大一日游 |
| 流动儿童安全防拐小组 | 情系端午，爱在莲溪 |

## 三　反思：权力差异及文化能力缺位对赋权目标的影响

### （一）权力差异因素对赋权目标的影响

社会工作者进入L社区，是依托社区服务中心来开展工作的。但社会工作者最开始接触服务群体并不是以社区工作人员召集会议的形式进行，因为社工考虑到如果能够以一种大哥哥或大姐姐的形象与他们接触，或许可以更快地与他们建立关系。在最初的几次社区访问中，社工多在社区内唯一一个儿童可以聚集互动的场所，尝试加入他们的活动，在互动中得知他们的一些家庭信息，也能在观察中得知服务对象的行为方式，并由此推及他们的心理活动与性格特点。

社工以大学生的身份介绍自己，并没有对社会工作者的身份做过多的解释。我们尝试着像他们一样，和他们分享自己的家乡，也和他们谈论我们一个人在武汉的大学生活。但是通过这些技巧是否就让我们对流动儿童的生活状况感同身受？这些流动儿童是否可以主动向我们表达他们的需求？而即便他们有自己的需求表达，我们是否能够对这些需求进行积极的回应？经过反思后，笔者发现社工与服务对象之间的权力差异是难以发现也更难以消除的。因为在社工与服务对象互动过程中，从需求评估开始，主动权就牢牢掌握在社工手里。

首先，社会工作者以自身的专业眼光与专业技巧来评估服务对象的需求。一方面，从个人、家庭以及学校等层面进行详细的信息录入，更多的时候社工能回应的只是他们自己所能设想到的需求层面，而忽视了服务对象的表达性需求或没有表达出来的需求。当然，一般来说服务对象的表达性需求并非可以解决他们实际问题的需求，如在与流动儿童互动的过程中，他们最多的表达性需求就是要求物质性奖励，例如 P 同学要求文具奖励，H 同学要求零食奖励。但是学生的表达性需求也不能完全被忽视，因为要考虑到小学生比较普遍的特点，他们需要一种有效刺激来参与某项活动。学生会因为新鲜感参与社工的课堂和活动，但是他们需要有激励措施才会持续参与。服务者最初忽视了学生的物质性奖励的需求表达，很快在活动开展中就有了服务对象的反抗——间接或直接不参与活动。另一方面，社会工作者虽然拥有专业的知识素养与见解，在接触服务对象后很快能够开出评估列表，但是很多时候社工恰好为自身的专业素养所局限，开出的只是“麦当劳化”的评估列表，而没有依靠更加深入的较长时间的观察来发掘服务对象的需求。而本研究中的评估内容和方式就存在这样的问题，虽然社工评估内容比较全面，但是评估方式中多采取问卷、量表的方式，而通过这一方式收集的信息总归不太全面。所以在需求评估过后，社工忽略了很多没有被专业评估出来的需求如一些表达性需求。

其次，在服务对象很多，而社工极少的情况下，社工需要运用自己的权力来掌控局面，尤其是当服务对象都是处于非理性的人生阶段时越需要这种权威。一旦社工在极力掌控局面时，社工会给服务对象造成一种管理者的印象，而这恰恰是与我们最初心理上的增能赋权相违背。在开展L社区流动儿童活动过程中，整个实习团队只有4名社工硕士，而每次活动开展都有20个左右的小学生参与，在大型社区性活动中，参与的学生以及家长更多。而学生注意力很容易被分散，尤其是当活动中有个别“捣乱”学生出现时，如D同学经常会破坏活动规则或者招惹别的学生以致发生冲突。在这种情况下，如果社工太温和，活动就会很混乱。社工只好选择权威角色，让活动有序进行。

（二）文化能力缺失对赋权目标的影响

（1）流动儿童服务中的文化困境

社工通过各种方式对流动儿童进行了需求评估，认识到他们生活的困境，设计出一系列的活动来“改造”儿童，让他们可以更快地融入城市生活。这是本次流动儿童活动的服务路径，基本做法就是改造他们，城市生活与学习都有新的规范需要重新掌握，在此基础上将他们打造成城市人，让他们心理上可以主人翁的心态去寻找城市生活、学习的机会。但是，由此可以发现我们方案设计的起点缺少一个多元文化视角，使服务偏离了“儿童为中心”这样的专业理念，做不到真正的增能赋权。从赋权活动方案可以看出，不管是团队协作小组、注意力提升小组以及安全防拐小组，还是社区的元旦活动、端午活动，这些活动方案设计中都没有纳入流动儿童服务所需要的跨文化多元视角理念，而占据主导地位的还是城市文化。尤其在社区活动中更加明显，社工没有将流动儿童自带的原生文化纳入活动设计，而设计的元素都是现代都市文化元素，比如双旦活动，这一节日本身就是都市文化的代表，活动设计更没有考虑将流动儿童自带的民乡民俗元素纳入活动，没有为流动儿童建设起跨文化认识的桥梁。所以社工在缺少文化敏感性和文化能力的情况下，会给流动儿童的权益造成损失。

不论我们承认与否，社工在方案设计或者行动时先入为主的观念还是城市中心主义。尽管是专业出身的社会工作者，在跨文化服务中难免将自己已有的世界观、价值观带入。在流动儿童服务中，社工认为农村儿童可能缺少对城市生活的认知，而我们认为这些是他们融入城市生活的阻碍，在此基础上我们设计的服务方案包括提高流动儿童对自身的认知、人际交往技巧的处理等，无时无刻不在提醒儿童，他们已有的生活方式是有问题的，他们需要“进化”来回应这些问题。

一方面，社会工作者更多关注流动儿童城市适应，忽视了学生及其家庭的主体性。社工认识到了流动儿童及其家庭在城市生活中的劣势，从赋权视角出发开展工作，但是当社工进行服务方案设计时，往往又是基于问题视角。从社工进行文献回顾开始，已有文献的建议是增加服务接受者的素养资源，所以在很大程度上社工提供的服务是基于社会修复功能来解析需求和问题，并依此设计服务方案的。社工很少从城市文化自身调整这样反向思考的角度去反思提升流动儿童及其家庭在城市中的社会地位的可能方法。[①] 本研究的方案设计乃至现有的很多实践服务都缺少以流动儿童为中心的服务理念，忽视了流动儿童及其家庭主体性的重要性。而一旦开始强调服务对象的主体性，首先就要认同和理解这些儿童及其家庭自带的原生文化，而不应该一味简单强调以我们所认同的主流文化——城市文化来改造他们的原生文化。[②]

另一方面，从服务方案上看，我们的取向太过强调问题的微观化，使我们的服务以及研究过于碎片化，最终我们还是落入协助流动儿童解决自身个人问题的套路中去，而对儿童和家庭的生态系统关注不足。从表3 中个人层面的小组服务中我们可以看出赋权小组活动关注的层面太微观，比如流动儿童团队协作小组、流动儿童注意力提升小组。虽然流动儿童安全防拐小组偏向中观层面，但是活动设计中碎片化问题依然比较明显。生态系统需要建立微观、中观、外部以及宏观四层分析结构，所以当我们对流动

① 刘玉兰、彭华民：《跨文化社会工作视角下的流动儿童服务模式重构》，《学术论坛》2014 年第 4 期，第 95—100 页。

② 刘玉兰、彭华民：《跨文化社会工作视角下的流动儿童服务模式重构》，《学术论坛》2014 年第 4 期，第 95—100 页。

儿童进行增能赋权时既要关注流动儿童的微观层面的需求，同时也要关注流动儿童中观层面的关系融入；既要及时让流动儿童认识到他们的外部系统，更要关注宏观系统上的文化与社会政策可能带来的影响。

（2）服务困境的文化根源

在类似这样带有跨文化服务的实务中，文化是我们需要时刻关注的因素。而服务在设计上出现的困境其实是源于服务提供者对服务背后应有的文化议题的认知不充分。长期受到城市生活影响的实践者们理所当然将城市中心主义作为服务设计的出发点和依据，由此衍生出一系列非初衷的实践活动来同化流动儿童。我们探究其根源，需要归结于我们整个国家秉承的发展主义思想。发展主义思想认为社会进步的先决条件是经济的增长。所以发展主义建立了一个在中国通行的范式，即传统－现代之间的二元对立。我们深受发展主义影响，强调发展经济，这些建构出了我国独有的城－乡关系。

从20世纪90年代开始，越来越多的农村人口开始进入城市，这一城市化和现代性所带来的新的城乡关系，使农村开始虚空化，开始夺走了农村经济和文化上的价值观。随着城市经济的快速起步与加速发展，城市已经是商品经济的核心地点，我们这一经济发展路径实际上是实行“工农业剪刀差”政策，在这样一种不利于农村发展的经济情势中，城市和乡村之间的不平等越来越严重。这些不平等往往是通过制度的设置加以强化的。户籍制度就是最明显的例子，这些制度设置在原来经济不平等的基础上造成了政治的不平等。

文化上，在国家开放之初，发达、文明是西方社会的标签。而随着国家经济发展，城市作为商品经济中心，在城乡差距不断扩大的情况下，城市也就成为发达与文明的标签。而农村因为经济上的落后，在文化上也要低城市文化一等，作为“传统”和“落后”的代表出现在人们的脑海中。农民似乎自带“愚昧”“无知”等类似的标签。在发展主义话语下，农村是需要被改造的，而进城的农村人口更是需要改造的对象，当我们面对流动儿童时也毫无例外会有这种想法。

我们作为社会工作专业的实习生，进入流动人口聚集的城市社区，在开展服务的时候依然受到发展主义的路径与逻辑的影响。我们在缺少文化敏感度的前提下，文明的城市与落后的农村观念始终不能逃脱我们的行动指导，没有积极反省的同时，通过我们的专业关系权力不断影响服务对象，给他们造成了新的文化压迫。社工是资源的掌握者，而当实践者以改变流动儿童为目的去开展服务时，我们的赋权目标就已经开始进入服务困境了。

## 第三节　赋权服务方案的实施及其过程反思

### 一　执行：流动儿童赋权小组及社区活动

（一）小组活动情况

根据前期需求评估和服务方案设计，本研究针对流动儿童开展的赋权服务方案分为两大部分，其中一部分是个人层面的服务，致力于提升流动儿童对自身生活现状与学习现状的认识，培养他们良好的应对行为，其中有流动儿童团队协作小组、流动儿童注意力提升小组及流动儿童安全防拐小组。根据服务方案细化活动策划，具体内容分别如表 4、表 5 及表 6 所示。

**表 4　流动儿童团队协作小组**

| 第一阶段：了解团队协作 | | | |
|---|---|---|---|
| 服务时间 | 服务主题 | 服务目标 | 服务形式 |
| 2016. 03. 06 | 彼此相识 | 让参加活动的流动儿童相互熟悉 | 小组课堂 |
| 2016. 03. 07 | 行为习惯认知 | 引导流动儿童认识到他们之前的坏习惯 | 分组讨论 |
| 2016. 03. 13 | 了解团队 | 引导流动儿童认识到团队协作的重要性 | PPT、游戏 |
| 第二阶段：学习团队协作 | | | |
| 服务时间 | 服务主题 | 服务目标 | 服务形式 |
| 2016. 03. 14 | 表达与倾听 | 通过盲人拾物、叠报纸、数字传递等活动，让流动儿童学习表达和倾听技巧 | 游戏、讨论 |

续表

| 第二阶段：学习团队协作 | | | |
|---|---|---|---|
| 服务时间 | 服务主题 | 服务目标 | 服务形式 |
| 2016.03.20 | 信任与默契 | 通过合作作画、扶倒游戏，以及无敌风火轮，让流动儿童体会到同伴的信任 | 游戏、分享 |
| 2016.03.21 | 合作 | 通过合力吹气球、拥挤的公交车、欢乐甜甜圈等活动，让他们慢慢领会合作的魅力 | 游戏、讨论 |
| 第三阶段：巩固能力 | | | |
| 服务时间 | 服务主题 | 服务目标 | 服务形式 |
| 2016.03.27 | 活动回顾 | 通过之前视频的观看，让流动儿童回顾学到的知识 | 视频、讨论、竞答 |
| 2016.03.28 | 展望 | 了解流动儿童参加活动的想法，以及商讨建立学校团队小组的建议，巩固团队协作能力，处理离别情绪 | 送卡片留念 |

**表 5　流动儿童注意力提升小组**

| 第一阶段：小组初成 | | | |
|---|---|---|---|
| 服务时间 | 服务主题 | 服务目标 | 服务形式 |
| 2016.05.06 | 完成前测 | 制定团体活动规范 | 前测问卷 |
| 2016.05.07 | 抛砖引玉 | 阐明组建本次团体的目的，讨论团体成员对团体的期待 | 游戏（五毛一块、我该怎么办）、讨论分享 |
| 第二阶段：主题训练与阶段总结 | | | |
| 服务时间 | 服务主题 | 服务目标 | 服务形式 |
| 2016.05.13 | 注意力训练 | 训练组员“仔细听和仔细描述”的能力 | 游戏（我是组长、鹦鹉游戏、看图描述）、讨论分享 |
| 2016.05.14 | 注意力训练 | 训练组员“仔细听和仔细描述”的能力 | 游戏（下雨了、异口同声、词语接龙）、讨论分享 |
| 2016.05.20 | 注意力训练 | 训练组员“仔细听和仔细描述”的能力 | 游戏（绕着地球跑、报数字）、分享讨论 |
| 2016.05.21 | 中期总结 | 倾听、总结组员的收获与困惑，商讨改进举措 | 分享讨论 |

续表

| 第二阶段：主题训练与阶段总结 | | | |
| --- | --- | --- | --- |
| 服务时间 | 服务主题 | 服务目标 | 服务形式 |
| 2016.05.27 | 注意力训练 | 锻炼学生们集中注意力于行动上 | 游戏（捉手指、舒尔特量表、青蛙跳水）、分享讨论 |
| 2016.05.28 | 注意力训练 | 锻炼学生们集中注意力于行动上 | 游戏（乒乓球静止训练、舒尔特量表）、讨论分享 |
| 第三阶段：小组完结 | | | |
| 服务时间 | 服务主题 | 服务目标 | 服务形式 |
| 2016.06.03 | 小组完结 | 开展提升注意力的最后收尾活动，回顾收获与经验、分享总结，畅想未来 | 游戏（逢七拍手）、讨论分享、后测 |

**表 6　流动儿童安全防拐小组**

| 第一阶段：了解拐骗的基本现象和技巧 | | | |
| --- | --- | --- | --- |
| 时间 | 服务主题 | 服务目标 | 服务形式 |
| 2016.04.06 | 防拐知识测试 | 了解小组成员对防拐骗的了解程度 | 个案访谈、需求问卷 |
| 2016.04.10 | 初次认识生活中的拐骗现象 | 小组成员知道生活中存在哪些骗局 | PPT 展示、微电影放映 |
| 第二阶段：学习防拐骗知识和技巧 | | | |
| 时间 | 服务主题 | 服务目标 | 服务形式 |
| 2016.04.14 | 学习正确的防拐骗知识 | 小组成员掌握正确的防拐骗知识 | PPT 演示、防拐骗宣传手册 |
| 2016.04.17 | 评估防拐骗知识 | 考核小组成员防拐骗知识的掌握程度 | 防拐骗知识评估问卷 |
| 2016.04.20 | 学习防拐骗的基本技巧 | 小组成员学习防拐骗的基本技巧 | 观看《盲山》电影、情景模拟、角色扮演 |
| 2016.04.23 | 巩固防拐骗知识和技巧 | 小组成员综合掌握防拐骗知识和技巧 | 情景剧、防拐推理故事、防拐知识和技巧评估问卷 |
| 2016.04.27～2016.04.30 | 社区防拐知识宣传 | 增强社区居民（流动儿童家长）的防拐意识 | "防拐"小小志愿者防拐宣传活动 |

续表

| 第三阶段：总结和反思阶段 | | | |
|---|---|---|---|
| 时间 | 服务主题 | 服务目标 | 服务形式 |
| 2016.05.01～2016.05.07 | 活动回顾，总结反思 | 总结防拐骗小组组织中成功和不足之处 | 评估问卷、自评表、社区意见、家长反馈信 |

（二）社区活动情况

流动儿童的赋权服务活动除了有个人层面的服务活动，还跟进了社区层面的服务活动。一部分是根据服务开展的时间节点举办的社区内的节庆活动，如“相亲相爱，欢度双旦”（见表7）和“情系端午，爱在莲溪”（见表9）两个社区活动；还有一部分社区活动带儿童走出他们每天生活的小社区，进入了武汉的大学校园，让他们有更多的机会接触平时不太能认识和了解的文化社区（见表8）。

**表7　元旦社区活动——流动儿童与社区互动**

| 相亲相爱，欢度双旦 | | | |
|---|---|---|---|
| 活动时间 | 活动板块 | 活动目的 | 备注 |
| 2015.12.24（14：00～14：30） | 爱的传递 | 营造节日氛围，让流动儿童感受到节日的快乐 | 社工给流动儿童发放元旦礼物 |
| 2015.12.24（14：35～15：25） | 多才多艺的我与社区互动 | 鼓励流动儿童积极地展示自我，提升其自我认同感和自信心 | 流动儿童表演歌曲、小品、舞蹈等节目，邀请社区工作人员、老人观看 |
| 2015.12.24（15：30～15：50） | 写给将来的我 | 引导流动儿童树立积极向上的目标 | 鼓励流动儿童写下对自己的期待和目标 |

**表8　“大手牵小手，华科大一日游”——对外层空间的了解**

| 大手牵小手，华科大一日游 | | | |
|---|---|---|---|
| 服务时间 | 服务主题 | 服务目标 | 服务形式 |
| 2016.05.15 10：00～12：00 | 学习环境参观 | 带学生参观图书馆、校史馆和教学楼，让学生了解大学的学习环境 | 外展活动 |

续表

| 服务时间 | 服务主题 | 服务目标 | 服务形式 |
|---|---|---|---|
| 2016. 05. 15<br>12：00～14：00 | 生活<br>环境体验 | 引导学生前去食堂就餐，带领学生参观大学生宿舍，让学生了解大学生的生活状况 | 外展活动 |
| 2016. 05. 15<br>14：00～16：00 | 课余<br>活动体验 | 带学生进入操场，开展小活动，让学生了解大部分大学生的课外活动 | 外展活动 |

**表 9　端午节活动——再次强化流动儿童与社区的互动**

| 情系端午，爱在莲溪 | | | |
|---|---|---|---|
| 服务时间 | 服务主题 | 服务目标 | 服务形式 |
| 2016. 06. 09<br>8：30～9：30 | 送粽子活动 | 促进社区居民与流动儿童交流 | 流动儿童去居民家送粽子 |
| 2016. 06. 09<br>14：00～16：00 | 表演《屈原》话剧，邀请家长、社区成员观看 | 增强流动儿童对自己潜能、有能力的认同 | 话剧表演 |
| 2016. 06. 09<br>16：00～17：00 | 父母与子女一起缝香囊 | 让流动儿童感受到父母对他们满满的爱 | 自制香囊 |
| 2016. 06. 09<br>17：00～17：00 | 留下美好的记忆 | 让流动儿童可以感受到自己是被关爱的 | 合影留念 |

## 二　反抗：来自服务对象

### （一）流动儿童间接反抗行为

（1）活动时自己看书或写作业

这部分流动儿童对社工的期许是社工可以给他们进行课业补习，帮助他们提高成绩，或者让社工教他们一些学习方法。这类学生都是比较乖巧的，很听从父母和老师的教导，比较重视成绩。但他们在学校里的成绩并不是最好的，属于中等偏上。社工开展活动需要 1 个小时左右，流动儿童认为活动占用他们太多写作业的时间，就会默默回到活动室隔壁的小会议室写作业。多数时候只有 2～3 位社工开展活动，很可能顾全不了所有的流动儿童，所以当个别儿童去小会议室写作业时，就需要一个社工去和他进行交流，很多时候会影响活动进程。这一情况在小组赋权活动中出现更多，社区性活动更具有娱乐性，而且一般安排在周末。这一间接反抗行为最早是发生在团队协作小组的后期——巩固能力阶段。此时儿童参与新活动的兴奋已经减弱，但是这部分儿童也不会退出小组活动，只是在他们觉得无趣味时选择做自己的事情。

这一间接的不参与行为一方面是因为社工对自己身份的阐释不够清楚，另一方面也反映出社工在服务对象专业需求和表达性需求之间没有做好权衡，没有处理好两者的关系，使这一情况出现。

（2）加入小组后不按时参与

赋权小组活动是在每周的周五放学后开展的，周五小学生放学早，家长可能不会在家。所以，很多时候家长也是很愿意让学生在周五放学后来社工在社区设立的活动中心的。在小组形成之初社工就要协助组员制定小组规则，社工发现儿童喜欢将自己的玩具（男生的乒乓球拍、乒乓球、玩具枪等，女生的贴画、芭比娃娃等）和零食带进活动室，这些事物很容易分散他们的注意力，有时候儿童的注意力只在自己的玩具和零食上，对活动兴致缺乏。当社工引导儿童定下规则不再允许他们将玩具和零食带入小组活动后，很多学生会在放学路上分享玩具，或在社区里面的零食小铺逗留很久，不再按时参与社工开展的活动。流动儿童是孩子，玩具和零食对他们的诱惑力很大，他们的行为选择也可以理解。社工在处理这一问题时一方面没有循序渐进地引导，或者将规则制定得不够灵活，使不按时参加现象时有发生；另一方面这些玩具和零食其实也是儿童的表达性需求，如果社工能够更好地注意到这一需求，并且能够通过合理的奖励方式让他们最后选择自己最想做的事情，或许这一反抗行为可以得到很好的解决。

（二）流动儿童直接反抗行为

（1）直接打断活动，并鼓动其他学生不参与

一个小的群体中，尤其到小组的后期，会发展出群体中的非正式领导。这个非正式领导是在小组互动的过程中形成的，那些有领导气质的成员在团队互动中能够无意识或有意识指挥整个团队。一般能够成为团队非正式领导的个人是很难去服从他人的，

因为他们自己有很多想法。

在社工组织的团队协作小组、注意力提升小组活动中，这种直接被打断活动的情况很多。其中 P 同学在活动互动中就表现出自己很独立的想法，因为在学校也是佼佼者，很多学生都愿意和他玩。所以在小组活动开展过程中，P 同学经常会直接打断活动，提出自己的想法，或者和附近的儿童窃窃私语，说活动不好，鼓动其他儿童不再参与。当社工因为人数太多而忽略他的要求时，他会直接离开活动室。在这样的情况下，社工会很被动，更多的是尽快安抚他的情绪，让活动可以顺利进行。活动中会经常出现这样一些被打断的情形，使活动不够紧凑，主题活动效果很不好。社工没有处理好和这些团队中的非正式领导组员的关系，没有将他们拉入社工的统一战线，反而会被他们的领导力量干扰。

（2）直接不再来参与活动，小组成员流失

这一现象最关键的原因是父母，流动儿童的家长对儿童前来社区活动中心的最大期许就是补习功课，帮助其学习。但当儿童参与活动几周后，有些家长发现孩子可能还是不爱学习，或者没有期待中学习方式的改善，就不再让孩子前来参与活动，还有的为孩子报了其他课后补习班。然而，这些流失的服务对象正是更需要社工协助的，因为他们在学习成绩的压力下，在城市生活得并不开心。很多父母把孩子带到自己务工的城市就读，在很大程度上是为了好好管理孩子的学习。但是学习并不是生活的全部，而且良好的学习态度与学习方式的习得才是能够提高学习成绩的重要因素。但是，由于家长工作时间的原因，除了大型的社区性活动外，我们的活动很少能够将家长纳入进来。如果社工能将家长多纳入活动之中，由此能够促进家长与孩子之间的沟通与交流，小组成员流失现象可能会变少。

（三）流动儿童反抗的原因

（1）社会工作者专业主导地位

在需求评估完成后的服务方案设计阶段，流动儿童作为服务对象并没有参与到方案的制定当中。提供专业服务的社会工作者根据评估的专业需求，设计了小组工作与社区工作。社会工作者通过前期参与社区流动儿童放学后的游戏环节，与部分流动儿童建立了比较好的“友谊”关系。在前期互动过程中，社工处于配合他们游戏的角色，儿童可以制定好准入规则、游戏规则和奖惩规则。而在实践者的正式社会工作服务开展时，社工与儿童们的相对位置进行了互换，社工占领主导地位，提出活动规则，并且为了掌控好局面，社工还需要有自己的权威。这样一来，参与活动的流动儿童直观地感受到了前后两种情景的差别。给小学生开展服务，尤其是当我们想要增能赋权给这些流动儿童时，社工在服务开展过程中应该尽量多地让儿童参与到计划的制订和实施中来，以此激发他们的积极性，更重要的是可以提升儿童参与的主体性和主动性，而这恰好也是我们服务的目标。但遗憾的是在服务过程中作为实践者，我们忽视了这一因素。

（2）流动儿童对社会工作者的认知误区

社会工作作为“舶来品”，香港以及广东一些城市比较早地开展了社会工作服务。而内地教学先于实践，就武汉市来说，虽然这几年社会工作机构在不断增多，政府购买的服务也更广泛地传递给有需要的大众，但是大多数群体对社会工作是一门什么样的专业或职业都是不了解的。所以当我们进入L社区与流动儿童进行接触时，一方面，为了与他们建立关系没有刻意强调和解释我们的社会工作者身份，但是我们已详细告知家长并进行了疑惑解答。另一方面，儿童对于事物的归类是没那么详细的，所以对于这些流动儿童来说，社会工作者的大学生身份也更为他们所熟悉。

有的儿童和家长认为，我们是可以免费帮儿童补习功课的老师；在前期与我们有交流的儿童可能误以为我们是他们的“大朋友玩伴”，所以，在正式活动开始时，他们对我们制订好的计划毫无兴趣；还有一些儿童把我们当作志愿者，因为我们与经常去他们学校做志愿者的大学生很相似，只不过志愿者借助于学校与他们接触，而我们借助于社区。大学生志愿者进入班级经常会带给他们小礼物，因而很多儿童对我们的期待也是会给他们一些奖品，而对活动本身兴趣不大。

## 三 要求：来自不同利益相关人群的需求

### （一）合作方要求——社区行政性工作的需求

（1）社区工作中有党员考核的要求，即定期安排党员参与组织活动

社区党员为了帮扶群众需要组织相关志愿活动。在社工进入社区开展长期固定的活动后，社区工作人员开始建议将他们的考核党员加入我们的活动。最初我们对他们的角色定位是作为志愿者加入活动，协助社工开展社区或小组活动，这样还可以缓解社工人数不够的压力。但当我们同意接受社区这一要求后，却久久不见他们有志愿者参与进来。而在一次流动儿童安全防拐的小组活动中，活动快要结束时，社区工作人员带领一名党员前来，然而此前并没有与社工沟通。这样新来的人员打断了我们的活动，与流动儿童拍照留念后就离开。这一现象不仅会干扰我们服务活动的开展，更有可能给我们的服务对象造成间接的伤害，会让他们觉得自己被这些城市人“利用”，觉得自己是帮扶的对象，从而对我们的赋权增能服务目标造成了反向的影响。

（2）社区多次举办为流动儿童送物资的活动

在社区一些送温暖的活动中，流动儿童也是他们经常关注的对象。当社区需要开展这些送温暖活动时，并不会给所有的流动儿童送物资，需要我们提供信息，寻找几个家庭条件较差的孩子作为代表。其实，现在进入城市务工的家庭虽然从事的工种比较辛苦，但是整个家庭的经济收入还是比较好的，他们并不缺少社区赠送的一个书包或者一些其他的学习用品。而社区对重点挑出的学生进行物资帮助时，不是因为他们的成绩好，也不是因为他们在活动上表现好，而是将其作为弱势一方提供帮助，这其实也会造成消极的影响，尤其是对流动儿童的赋权活动效果产生反向的影响。例如，当他们接受捐赠的消息被其他学生知道以后，会带来其他人的议论甚至是异样的眼光。这些并不是现阶段的流动儿童所需要的，而社工并不能拒绝社区的要求，就算拒绝他们的

要求，他们还是可以通过其他途径来达成他们的任务。而为了与社区维持稳定的关系，社工一般会答应他们的要求。这从另一个方面也可以看出社工在社区开展活动时的主体性不够，在很大程度上需要依附于社区。

（3）社区行政工作材料整理事项

当社工进入社区后，与社区虽说是合作的关系，但实际上社区除了提供给社工场地外，基本上不会参与到活动组织中。但是L社区作为一个行政单位，他们现在随三社联动的潮流，也在积极引进社工服务，这是他们工作的亮点，也会为他们申请到上级的活动资助。所以社区虽然不参与活动，但是他们需要我们的大量活动材料，甚至将他们需要完成的汇报材料交由社工负责，这样给社工增加了很多行政性的工作。在这一情况下，社工也很难拒绝社区工作人员的要求。

（二）家长的要求——改善孩子成绩的需求

这一点在之前已多次提到，家长对社工最大的期许就是帮助孩子辅导功课。很多家长认为，如果在社工活动中心社工不能帮孩子好好辅导功课的话，他们更愿意去帮孩子报更多的课后辅导班。当然，并不是所有的家长都这样，但是社工在做城市流动儿童的服务时，并不能只考虑儿童的需求，简单地给流动儿童本身提供服务是不够的，更需要从家庭的层面开展服务，让父母可以从更大视野认识他们的孩子及其生活的环境，从而了解孩子的需求，从不同的侧面去关心孩子的健康成长。

## 四 妥协：服务方案的完善及其对赋权目标的影响

（一）对流动儿童的回应

首先，儿童与社工的角色在开展正式活动前后有所不同，给他们带来很大的不适应。儿童由游戏的主导地位变成社工活动中被引导的地位，这一落差导致儿童的“捣蛋”行为，不配合活动。所以，社工在后来的活动开展中，都会提前一周和儿童讨论下一次的活动，包括活动内容、活动规则。如果儿童对活动安排有更好的想法，社工会和他们讨论并对活动方案进行完善。比如在一次安全防拐的小组活动中，在观看影片过程中儿童间有很多讨论，社工发现有些儿童曾间接或直接接触到拐骗儿童的信息，而且他们很愿意和其他儿童分享这些信息。所以，在巩固防拐骗知识之前，社工决定增加一节活动用于直接或间接经验分享。这些类似的调整让儿童参与的主动性更强，提高了他们参与的积极性。

但有些儿童的提议只是作为儿童自身所表达的需求，与社工评估的专业需求不相符合，所以在我们拒绝部分需求时，会造成儿童对我们的误解，认为社工只是想完成自己的任务而不理会他们的想法。如在团队协作小组活动中期，在社工开始询问儿童的想法和建议后，很多儿童对每次在室内开展的活动都不是很满意，要求在室外开展活动。但是社工考虑到安全因素和对活动的控制，并没有答应服务对象的要求。但是社工这一强权行为，又有可能导致儿童的不满和反抗，导致活动开展不顺利，儿童参与积极性不高。

其次，很多活动中制定的规则，遇到个别儿童破坏时社工也没能坚持执行，尤其是玩具和零食的限制更难执行。社工活动是使人做出行为改变的方法，但是对于特殊年龄阶段的儿童，有些天性上的行为也是很难改变的。社工为了活动能够按时正常开展，很多共同制定的规则都没有执行下去。

### （二）对社区的回应

尽管笔者实习的平台是社工与社区合作，由湖北省妇联出资支持，且在活动开展过程中社工有一定的主动性和主体性，但是在和社区工作人员互动过程中，社工总会有一种依附于社区的感受。

为了维持好与社区的关系，社会工作者很少能拒绝社区提出的行政上的工作要求，甚至还不得不答应很多会对服务对象产生一些消极影响的要求，例如党员志愿帮扶工作和社区常有的送温暖活动。

对于社工开展的小组活动，社区持不参与也不支持的态度，但社工开展的大型社区活动和能有较大社会影响的活动，他们鼓励多举办。当然，在为流动儿童开展服务时，多让儿童走进社区，让儿童认识社区，同时也让社区居民与这群流动儿童能有更好的互动，这也是社工想要做到的。社工在与社区互动过程中，应该尽可能地从服务对象的角度出发，为他们争取到最多的福利。

（三）对家长的回应

对于家长的要求社工不能断然拒绝，因为家长对于我们工作的支持是重要的。当然，社工经过讨论后认为如果能够通过课后辅导提高流动儿童的成绩，或者增强他们的学习兴趣，这对我们的服务目标也是有帮助的。这样能够改变流动儿童对自身潜力的认识，能够更有信心去面对家长、老师和同学。

面对家长的要求，社工做出了让步，将原来周五的社工活动时间推迟到周六，而周五放学后的时间集中给儿童辅导功课。社工购买了大量儿童书籍，在社区设立图书角供儿童阅读。社工还会集中帮儿童改进学习方法，也会采取一些方式激发儿童的学习兴趣。但其实在效果上，短时间内很难看出成效，一方面是因为社工并没有小学老师的权威，尤其是当社工与儿童建立了友好关系之后，给儿童辅导功课时，儿童很难进入学习的氛围；另一方面是因为社工虽是大学生，但并不擅长辅导小学生，成年人的思维方式和小学生不太一致，所以要熟练地辅导他们需要长时间的摸索。

## 第四节　赋权效果评估及其过程反思

### 一　评估：过程评估与效果评估

（一）过程评估

过程评估指的是在社工服务的过程中，评估服务对象对服务形式和服务内容的满意度，以及服务对象在连续性社工活动中的变化。过程评估主要通过以下几种方式进行。

（1）活动反馈评估

活动反馈是导学案中的一部分，导学案由活动名称、活动目标、活动内容、活动分享、活动总结和活动反馈六部分内容组成。

活动反馈部分通常与每小节社工服务的活动形式和活动内容相关，也构成过程评估的主要方式。服务团队在开展社工服务之前，会给服务对象介绍此节活动的导学案内容。在此节社工课堂服务结束后，让服务对象填写并回收活动反馈表，即可看到服务对象对此节社工活动的评价。

（2）观察

通过观察进行评估，指的是在开展每次社工服务的过程中，观察服务对象的表现和活动气氛，以了解服务对象对社工服务形式和服务内容的满意度。此外，连续的观察可以了解服务对象在社会服务过程中的变化，如从被动转向主动。

（3）访谈

用访谈的方式进行过程评估，主要分为面谈和 QQ 聊天两种形式。面谈指的是针对服务对象在社工活动中的不同表现，利用活动开展前的时间或者活动结束后清理活动场地的时间，有选择地与服务对象进行面对面的交流，以了解每次社工活动的服务效果。QQ 是服务对象最普遍和频繁使用的网络聊天工具，在休息日，团队成员利用此方式与服务对象交谈，以了解服务效果。

（二）效果评估

效果评估指的是评估服务对象对社工活动的满意度和服务效果，主要运用服务对象满意度问卷和基线测量法评估。

（1）流动儿童团队协作小组的评估结果

团队协作小组的评估结果显示，学生对社会工作活动效果总体上是比较满意的，而在服务效果评估中，通过基线测量，介入后儿童的团队协作意识与协作行为都有明显改善，内容如表 10 所示。

（2）流动儿童注意力提升小组的评估结果

流动儿童注意力提升小组的评估结果显示，服务内容的满意度评价中，结果显示都是比较好的。在服务效果评估中，从注意力集中时间、一定时间内描述事物的完整性、增强儿童抵抗注意力分散的动机等方面进行了评估，主要根据观察法、量表测量法评估，各个方面的效果都是比较好的，如表 11 所示。

**表 10　流动儿童团队协作小组评估结果**

单位：%

| 服务满意度 | | | | | |
|---|---|---|---|---|---|
| 评价内容 | 评价结果 | | | | |
| | 非常满意 | 比较满意 | 一般 | 比较不满意 | 非常不满意 |
| 你如何评价你所接受的服务的质量 | 20 | 57 | 13 | 8 | 2 |
| 活动是否满足了你的需求 | 30 | 43 | 20 | 4 | 3 |
| 你对我们的活动大部分满意吗 | 25 | 35 | 30 | 5 | 5 |
| 你如何评价我们活动的内容 | 20 | 57 | 13 | 8 | 2 |
| 你如何评价大部分活动对你的帮助 | 35 | 47 | 15 | 3 | |
| 我们如果再举办活动你会参加吗 | 80（参加） | 12（不参加） | 8（不知道） | | |

| 服务效果 | | |
|---|---|---|
| 理想效果 | 介入前 | 介入后 |
| 改变服务对象的行为习惯 | 经常与同学打架，抢东西 | 打架现象有所改善，并且有些东西也会懂得分享 |
| 学习表达与倾听的技巧 | 不擅长与同学沟通，以及不跟家长交流 | 在与同学沟通方面，懂得如何与同学良性交流，但是与父母沟通方面，效果不明显 |
| 培养信任与默契 | 流动儿童之间总是不信任对方，对同学有看法 | 同学之间信任有一定的改善，但是默契还是需要进一步培养 |

**表 11　流动儿童注意力提升小组评估结果**

单位：%

| 服务满意度 | | | | | |
|---|---|---|---|---|---|
| 评价内容 | 评价结果 | | | | |
| | 非常满意 | 比较满意 | 一般 | 比较不满意 | 非常不满意 |
| 你如何评价你所接受的服务的质量 | 30 | 47 | 13 | 7 | 3 |
| 活动是否满足了你的需求 | 33 | 40 | 20 | 4 | 3 |
| 你对我们的活动大部分满意吗 | 25 | 35 | 30 | 5 | 5 |

续表

| 服务满意度 | | | | | |
|---|---|---|---|---|---|
| 评价内容 | 评价结果 | | | | |
| | 非常满意 | 比较满意 | 一般 | 比较不满意 | 非常不满意 |
| 你如何评价我们活动的内容 | 25 | 57 | 13 | 3 | 2 |
| 你如何评价大部分活动对你的帮助 | 35 | 47 | 15 | 3 | |
| 我们如果再举办活动你会参加吗 | 75（参加） | 1（不参加） | 15（不知道） | | |

| 服务效果 | | |
|---|---|---|
| 理想效果 | 介入前 | 介入后 |
| 增加流动儿童注意力集中时间 | 写作业不能集中精力 | 在写作业的效率上面提高了，但是集中精力的时间有限，需要进一步加强 |
| 提高在一定时间内描述事物的完整性 | 只关注事物的关键内容，总是忽略事物的其他相关内容 | 提高了流动儿童仔细描述事物的能力 |
| 改变流动儿童在注意力方面的行为习惯 | 集中注意力的意识淡薄 | 提高了流动儿童对集中注意力重要性的认识 |

（3）流动儿童安全防拐小组的评估结果

流动儿童安全防拐小组的评估结果显示，在服务内容的满意度评价中，这是三个小组中活动满意度最高的。在服务效果评估中，从防拐意识提升方面、对环境认识方面以及应对行为方面进行了评估，主要通过访谈法和观察法评估，各个方面的效果都是比较好的，如表 12 所示。

**表 12　流动儿童安全防拐小组评估结果**

单位：%

| 服务满意度 | | | | | |
|---|---|---|---|---|---|
| 评价内容 | 评价结果 | | | | |
| | 非常满意 | 比较满意 | 一般 | 比较不满意 | 非常不满意 |
| 你如何评价你所接受的服务的质量 | 40 | 47 | 10 | 2 | 1 |

续表

| 服务满意度 | | | | | |
|---|---|---|---|---|---|
| 评价内容 | 评价结果 | | | | |
| | 非常满意 | 比较满意 | 一般 | 比较不满意 | 非常不满意 |
| 活动是否满足了你的需求 | 37 | 40 | 20 | 2 | 1 |
| 你对我们的活动大部分满意吗 | 40 | 30 | 25 | 5 | |
| 你如何评价我们活动的内容 | 28 | 57 | 13 | 1 | 1 |
| 你如何评价大部分活动对你的帮助 | 40 | 45 | 10 | 5 | |
| 我们如果再举办活动你会参加吗 | 85（参加） | 5（不参加） | 10（不知道） | | |

| 服务效果 | | |
|---|---|---|
| 理想效果 | 介入前 | 介入后 |
| 提高流动儿童的防拐意识 | 防拐意识薄弱 | 在防拐意识上面有了一定的提升，对何为拐骗内容熟悉 |
| 提高流动儿童的环境认识 | 环境认识淡薄 | 对身边复杂的环境进一步了解熟悉 |
| 强化流动儿童的防拐行为 | 如果被拐骗了，不懂得如何逃脱 | 通过情景模拟后，基本都学会一些逃生的方法 |

## 二 技巧：社会工作服务效果的修饰及其对赋权目标的影响

第一，将专业效果评估大部分转换为服务对象对社工服务满意度的评估。在效果评估中，更多的部分是通过服务效果满意问卷进行调查的，其中包括学生的、家长的以及社区的。

社工与流动儿童之间建立了很好的伙伴关系，在长期相处过程中，社工的角色更多的是流动儿童的朋友。所以当进行服务满意度的问卷填写时，儿童对社工的服务是很满意的。社工通过与家长互动，满足了家长对于辅导儿童学习的要求，而社工也会经常向家长反馈的活动参与情况；家长基于孩子参与活动后在家行为的变化，例如及时完成作业、与父母关系更亲密、性格更开朗等方面的变化，也会在服务满意度问卷中有较高的评价。

社区层面的满意度也很好，社工与社区之间建立了合作伙伴关系，与社工接洽的社区工作人员对我们的工作表示积极支持。而社工也为了与社区保持良好的关系，满足了社区的许多行政性工作要求，这样一来，作为互利双方，社区对社工的服务满意度很高。

第二，只关注主题小组每项活动目标是否完成，没有考量服务过程中出现的反赋权行为带来的消极影响。社工通过观察法、访谈法以及量表等多种方式对每节活动效果进行评估。必须承认的是，这些活动作为增能赋权的手段，确实在一定程度上改变了儿童对自身现状的认识，其中包括团队协作小组以及游览大学校园的活动效果；同时，社工的活动也激发了学生的潜能，包括创造力、组织能力以及与人沟通互动的能力，其中包括注意力提升小组和大型社区活动的活动效果。但是，社工在评估时并没有将包括需求评估、活动策划以及活动开展过程中发生的一些干扰甚至阻碍流动儿童赋权增能的因素考虑进去。这些因素中就包括服务对象与社工之间的权力差异、社会工作者的文化敏感度和文化能力，以及社会工作者为了活动正常开展而向家长与社区的要求妥协等方面。而这些方面对赋权增能的效果是削弱的，甚至对流动儿童产生反面的效果。

## 三　结果："制造"虚假的赋权

社工通过一系列的评估技巧，通过对不同群体服务满意度的评估，还运用观察法、访谈法以及相关量表测量的方法对流动儿童开展的服务进行评估。在对不同群体的服务满意度的评估中，流动儿童、家长以及社区都对社工的活动给予了很高的评价，虽然这也是社工工作成效的证明，但没有直接响应赋权增能的服务目标。

观察法、访谈法以及量表测量方法虽然是专业的评估方法，但都是对服务单个活动的效果评估，而未延伸考虑在需求评估以及活动开展过程中社工没有注意到却对流动儿童造成反赋权效果的行为。而社工通过一些“评估技巧”让服务效果显示很好，表面上是达到了增能赋权的效果，但这些技巧没有考量社工在开展活动前以及开展活动中的反赋权行为，如社会工作者与服务对象之间的权力差异带给儿童一种社工是其管教者的印象，以及社区的送温暖活动对儿童造成的消极影响。尽管有以上各阶段赋权目标发生偏移的现象，但是社工在评估效果时却通过转移评估的内容“制造”了虚假的赋权表象。

## 第五节 结论与讨论

### 一 赋权服务的反思性结论

（1）赋权服务过程中服务目标可能发生了偏移

社会工作者进入L社区，经过调研和需求评估后决定开展赋权小组与社区活动。希望借助三个赋权小组及三个社区活动协助流动儿童提升其对自身生活和学习现状的认知，并促进其日常应对行为方式的改变，以此增进流动儿童的自我概念、自尊感、福祉感及重要感。但是，实践反思发现，在服务传递的过程中，从需求评估开始出现的社工与服务对象之间的权力差异，以及在社会工作者文化敏感度与文化能力缺失的因素影响下，赋权的服务目标开始发生了偏移，乃至在服务传输过程中，遭到了服务对象直接和间接的反抗，这些反抗行为让社工的服务计划有了多次调整。而利益相关者——社区及父母在服务过程中提出的要求也在不同程度上使赋权服务目标偏移甚至有些“反”赋权的效果。

（2）“虚假”的赋权发生在赋权服务的效果评估中

由于社工所申请项目评估的需要，社工在评估中更加注重的是服务对象及相关人员的服务满意度，而没有将专业评估真正落实，这就在一定程度上掩盖了赋权目标发生偏移的事实。

（3）在多种因素的影响下，赋权服务目标发生了偏移

第一，社会工作者的文化能力素养对赋权服务目标实现具有重要作用。在跨文化的赋权社会工作服务中，社会工作者必须时

刻注意服务对象与社会工作者之间的不同文化价值观，不仅需要具备文化识别能力，能够具备一定的服务对象生活系统的信息与文化知识，还需要具备文化敏感性和文化能力，尤其是文化能力的锻炼。这些则需要实践者们有辨别文化差别的能力，有不强加给服务对象其文化价值理念的能力，以及当社工面对跨文化的服务对象时，能够采取适当行为的能力。

如果不能具备这些能力，在跨文化的赋权实践中很容易在需求评估一开始，社会工作者就会因为自带的文化特征而对服务对象的需求产生评估偏差，从而制定的服务也就不能满足服务对象的需求。那么在跨文化赋权社会工作中，社工缺少了这些能力将达不到服务目标甚至会出现反赋权的结果。

第二，社会工作者在开展服务的过程中，如何处理好直接服务对象的要求、间接受益对象的要求也很关键。本次服务的目标是对流动儿童增能赋权，激发流动儿童的内在潜力，这是从社工对流动儿童评估后的专业需求的结论出发，但是流动儿童自身的表达性需求却在不断干扰服务；家长提高孩子成绩的要求也削弱了正式活动的连贯性，会使服务主题不明确、社工角色也不明确；社区的行政性要求，是建立在流动儿童是弱者的前提下，包括党员志愿活动、社区送温暖活动，这些要求及行为给流动儿童带来了消极的影响，其实是一种反赋权行为，而社工没能处理好这一要求。

第三，效果评估中专业服务效果不能从服务满意度评价中得出，而每节活动的效果反映出总服务目标是否完成。在我们的增能赋权过程中，社工需求评估不到位，或者是在服务过程中某些行为和态度就完全可能造成反赋权的效果。但通过一些技巧的修饰，却能制造出一种增能的正面效果。

## 二　相关问题进一步讨论

在反思中，笔者认为社工的文化能力以及其他参与者的行为削弱了服务效果，提出在跨文化赋权实践中社会工作者需要不断提升自身的文化敏感度和文化能力。在面对跨文化情境的服务时，社工首先就是要积极培养自身的文化能力。这不仅仅要求实践者具备识别能力、文化敏感性，最重要的是还要有文化能力。文化识别能力指的是实践者需要具备一定的服务对象所生活系统的信息与文化知识。文化敏感性则需要实践者们有辨别文化差别的能力，以及不强加给服务对象其文化价值理念的能力。而社工真正最为需要锻炼的就是文化能力，在前两者的基础上更进一步，是当社工面对跨文化的服务对象时，能够采取适当行为的能力。

当社工具备以上能力后，就能在服务理念、主体、内容以及方法上实现转变。

在服务理念上，需要强调“人在情境中”的服务理念。身处自身社会文化脉络中的服务对象，他们长期所生活的社会的宏观经济结构、政治制度以及文化规范往往会对他们的社会地位、人际交往以及可获得资源多寡产生重大影响。流动儿童从农村进入城市，这一场域变化必定会带来文化认知的不同。所以实践者需要采取身处文化脉络中的社会人的理念，将流动儿童的个人问题与主流城市文化、农村亚文化以及各项社会制度连接起来。

在服务主体上，实践者除了对服务主体本身的关注外，还需要关注能够造成重大影响的儿童生活的系统及其内部之间的互动。注重其家庭和亲属的支持网络，可以增强其网络的力量，更加全面系统地改变流动儿童所面临的困境。

在服务内容上，需要避免单一的问题干预。在给不同文化背景的对象提供服务时，必须关注其中的不同文化要素，而社工需要做的就是提升服务对象的文化适应水平。当我们服务于流动儿童时，首先就要尊重他们的原生文化。深受城市生活影响的社会工作者需要时时反思自身文化观念中是否带有偏见，要敏感于流动儿童家庭文化，掌握不同家庭的文化适应水平，了解流动给儿童及整个家庭带来的消极影响程度，了解他们的语言喜好或者语言障碍。其次，社工需要增强自己对流动儿童文化的认同，消除以往视农村及农村人口为落后的、不文明的潜意识观念，因为在此观念指导下的服务会给流动儿童带来自我认同的困惑和自卑感。

在服务方法上，实践者不能仅仅将流动儿童作为单独的个体，所以工作方法上也不能仅仅从个案工作、小组工作或者社区工作这样割裂的考虑给流动儿童提供服务，应该强调一种整合的工作视角给流动儿童提供服务。而且在任何服务过程中，社会工作者都必须进行不断的反思，包括对主流位置的反思、对自身拥有权力的反思，这是一种能力要求。

社工在处理流动儿童表达性需求与专业需求、家长的要求以及社区行政性要求时，因为社工做出的妥协而对服务目标和服务效果产生了消极的影响。但是对于面对这些情景时，如何始终能够以服务对象的利益为中心，并且选择适当的行为方式来解决这些困境的具体讨论并不深入。这些真正在实践中解决问题的技巧更值得进一步研究，为今后的实践提供直接的经验指导。

## 三　研究的不足

在研究理论选择中，本研究选择的是行动研究理论。而行动研究是指在实践过程中进行反思回顾，通过修改方案，继而回到实践中去这样一个循环往复的过程。而本研究虽然是建立在实践反思的基础之上，却是对结束的社工服务的研究反思，而现在作为学生社工已经回到学校离开了服务的社区，故没有办法将反思后的成果带进新一轮的实践中。但作为反思性的研究，也可以为今后类似的社工服务提供借鉴意义，终究也能够进入实践的循环之中。

# 双重权威下政府购买服务中的专业关系探析

## ——以L社区项目小组工作为例

谭雅文

## 第一节　绪论

### 一　研究背景

近年来，随着专业社会工作在我国的逐步发展，政府购买社工服务这一行为也逐渐开始从超一线城市（如广州、上海等）走向内地。从发展的角度来看，这种试行与全球公共治理理论和实践的发展相契合，也符合我国政府转型的思路。2012年，民政部颁发了《关于政府购买社会工作服务的指导意见》，其中清楚解释了政府购买社工服务的含义，这说明了官方对政府购买社工服务的肯定，当今社会和谐发展对专业社工服务存在迫切的需求。

但作为西方社会的舶来品，专业社会工作进入我国福利服务领域依然存在问题。本土性社会工作从中华人民共和国成立起发展至今，陈旧的管理思维和服务方式在实践中根深蒂固，仍然占据着主流和主导地位。而且从专业社会工作的起源来看，我国的文化背景对专业社会工作的发展来说也存在先天不足的问题。这使专业社会工作想要在国内有所发展，必须进行本土化的改造工作。

目前在专业社会工作实务中，通过项目购买来发挥专业社工作用的服务方式正在飞速发展。就社区服务项目来看，在服务项目购买中，社工通常会通过进驻社区综合服务站来开展工作，在管理上独立于社区基层组织，如居委会等。但由于同在社区工作，同为社区服务，两者之间不可避免会产生交集。专业社会工作在这一过程中要保障专业服务的效果，保持其区别于传统社会工作的属性，则需要通过专业关系来对实践工作进行规范。

已有研究证明，目前我国专业社会工作依托政府购买服务这一形式的蓬勃发展，实际上是一种“嵌入式”的发展，特征是政府力量大于专业力量。而小组工作作为专业社会工作的三大手法之一，在目前国内政府购买社工服务中，既是项目考核的重要指标之一，也在项目实践中被广泛应用。本研究期望通过分析笔者在L社区实习期间参与的一个康乐小组，解构内地专业社会工作在目前嵌入式发展下的专业关系。针对我国目前政府一方面通过大力购买社工服务推进专业社会工作发展，另一方面在基层又缺乏专业社会工作认知的情况，从权威视角出发，分析在社区服务中，基层社区组织与专业社会工作的权威结构，探析在政府购买实践中专业关系的特点，为专业社会工作的本土化提供理论和服务参考。

## 二　研究意义

### （一）理论意义

目前国内外对于专业关系的研究，从理论上来看主要集中在社会工作者与服务对象的双向关系中。在针对微观社会工作的讨论里，无论是个案工作还是小组工作，强调的都是服务关系中双方的责任和权利。就个案工作研究而言，对于专业关系问题的探析重点以专业边界和超越界限为主，强调社工的职业伦理。对于小组工作的专业关系来说，则重点关注组内关系在发展过程中的动态变化，采用的理论模型也重点关注组内情境和专业社会工作机构等专业相关因素对小组的影响。但笔者在L社区实习期间发现，在内地政府购买社工服务的背景下，目前国内的专业社会工作提供服务的过程中，专业关系从生成到发展，都深受社区行政工作和本土文化背景等专业外因素影响。就这一部分来说，目前研究还少有深入。本文通过案例小组，尝试从专业关系外部出发，以权威为分析工具，解析专业外因素对专业关系的影响，以探寻现行政府购买中专业关系本土化的特征与发展。

(二) 现实意义

专业关系作为社会工作价值体系与伦理最为集中的表现场域之一，其作用在于能帮助社会工作者建立一套标准以规范自己的专业关系模式。由于我国特有的文化背景与社会工作发展形势，专业关系也存在本土化问题。笔者通过实践，认为在我国目前的政府购买服务下，想要建立健康的专业关系，除了社会工作者本身的能力之外，以社区基层组织为基础的社区权威和以专业社会工作为基础的专业权威之间的博弈过程对专业关系的影响也是不可忽视的重要因素。在现有条件下，虽然上级政府希望通过购买服务的方式补充社区福利服务，满足社区中日渐多样化的需求，但专业社会工作在与社区基层组织合作时，由于在服务对象人群中的权威地位不同而损害到专业关系，最终难以达成购买方和服务提供方所期望的项目效果。本文旨在通过案例分析，为目前受双重权威影响的专业关系提供研究的实证材料，为相关实践提供可借鉴经验。

## 三 概念界定

(一) 政府购买社工服务

本文中的政府购买社工服务，指的是购买专业性的社会工作服务。其工作者是经受过专业培训的人员，在服务过程中遵照社会工作的价值观，采用社会工作专业方法提供服务，这类专业人员即专业社会工作者。他们受雇于专业组织，即社会工作服务机构。在政府购买服务的过程中，当社会工作者面临与专业问题相关的困境时，机构中的督导会向一线社会工作者提供指导建议，保障专业服务过程的顺利实施和开展。

(二) 项目购买

从政府购买社会工作服务的实践出发，目前主要有两种类型的购买模式：岗位购买和项目购买。

岗位购买是指购买方根据服务需求设置岗位，经过资格审核和竞争机制聘用符合岗位要求的社会工作者，服务提供方不是独立法人而是自然人，买卖双方在合同的约束下，构成劳动契约关系。在岗位购买模式中，社工机构负责招聘考核一线社工，政府将服务经费拨付给社工机构，再由社工机构派发给一线社工。在这一过程中，政府与一线社工不存在直接的雇佣关系，社工仅仅是在政府部门内工作而已。但由于其工作场景发生在政府部门内，因此这一岗位的实际活动依然会受到政府组织的监管与制约。[①]

项目购买是指政府通过招标，把资金投入符合其需求的社会工作服务项目中。在这一过程中，社工机构需要为整个服务项目负责，清晰量化服务的目的和内容。对于整个项目实施流程，包括人力和财力两方面的考核都有可查证的记录。社工机构以自身能保障的专业服务能力为基础，拟定相关计划书，写明实施服务的详细内容和方法，通过招投标程序，最终由政府选择机构及其方案。[②] 在项目购买起步较早的广州地区，项目服务购买主要通过各街道的家庭综合服务中心进行运作。政府通过项目购买，将民办社工机构的服务放置到街道的家庭综合服务中心等场地中开展，在这里构建起跨专业的合作团队，实施专业服务的运营工作。

本研究中的政府购买服务即项目购买，是指政府就其关注的某一问题征集解决方案，各个有资质的社工机构通过拟定项目方案参与竞标，最终由专家团队选出其认为能够解决问题的方案实施，资金由政府拨款。项目时间有长有短，目前国内社区服务类项目一般以一到两年为主。合同期满后，政府会对项目进行重新招标，之前执行项目的团队也需要重新参与竞标。在购买社区项目后，中标的社工机构派专业社会工作者到社区中进行驻点，在项目期间为需求方提供服务。

---

① 刘志鹏、韩晔：《交易成本理论视角下的政府购买社工服务：模式比较与策略选择——以广州、深圳的实践为例》，《广东工业大学学报》2013 年第 6 期。

② 贺静：《政府购买社会工作服务运行模式的研究》，中国青年政治学院硕士学位论文，2012，第 7—18 页。

（三）专业关系

本研究主要探索小组工作中的专业关系，即社工与小组成员之间的关系。专业关系是指一种基于专业社会工作服务需要而建立起来的工作关系，是专业角色间的互动体验，它规范了社会工作者和服务对象在工作中各自的行动框架与权利义务。在服务过程中，专业关系的产生具有职业性和功效性，其必定围绕专业目的展开。良性的专业关系应当建立在服务对象对社会工作者专业与职业充分认识和信任的基础上。本研究的基本观点是，在国内社会工作嵌入式发展下，要建立理论中所描述的专业关系仍存在障碍，其中在服务对象认识和信任专业社会工作这一点上尤其存在非专业因素，导致专业权威对专业关系的影响力不足。

（四）嵌入式发展

本文中嵌入式发展概念来自王思斌教授对目前我国专业社会工作发展路径的特征概述，即我国专业社会工作目前是嵌入本土社会工作领域中进行发展的这一宏观专业发展背景。王思斌认为，嵌入式指一个事物进入另一个事物中的过程和状态，社会工作嵌入则是专业社会工作和传统社会工作在实践中的相处方式。就现状来看，目前专业社会工作嵌入实际社会服务具有四个特点：第一，社会工作嵌入在政府主导下进行，政府的工作重点、价值取向在很大程度上决定着社会工作的参与和嵌入；第二，社会工作的介入空间基本上是由政府让渡的，虽然也有由转型和改革而产生的新拓展空间，但总体而言，让渡空间大于拓展空间；第三，目前专业社会工作嵌入在社会服务合作与服务功能表达上，常常处于次要地位；第四，在专业社会工作发展过程中，嵌入性发展是一种必然的发展道路。[①]

（五）社区权威

本文中的社区权威特指社区基层组织权威，其享有主体为社区居委会。这一定义来源于我国宪法及相关法规。针对社会工作的研究来看，在专业社会工作介入以前，传统社会工作的功能在

---

① 王思斌：《中国社会工作的嵌入性发展》，《社会科学战线》2011年第2期。

社区中通常借由这一基层组织进行实践。专业社会工作进入社区中发展，实质上也是专业社会工作的专业组织（社会工作机构）及专业人员（社会工作者）与社区居委会相互协作融合的过程。在本研究中，社区权威的表现主要在于社区居民对社区基层组织的服从与认可，在实践中主要体现为由官民二元角色所产生的形象权威、资源权威和话语权威。

### （六）专业权威

本文中的专业权威特指专业社会工作的专业权威，在政府购买服务项目中，具体表现为两个方面：第一，服务对象对于专业人员和专业体系的信任与认可；第二，在专业关系中，专业权威对服务对象的影响力。专业权威来源的内在核心在于该专业特有的知识体系与科学理论。同时，专业权威的树立也是一门专业在某项领域中通过话语权的掌握在公众中树立权威的过程。就专业社会工作而言，作为一门饱含价值理念的学科，专业权威的呈现重点除了实质上的服务提供之外，也包括专业价值的表达。而在实践中，如何在对专业社会工作缺乏认知的群众中树立专业权威也是一线工作者需要关注的重点与难点。本文对社会工作专业权威的论述重点也在于这两个部分。

## 四　研究设计

### （一）研究内容

本文研究重点在于探讨在政府购买的社区服务项目中，专业关系如何受到专业内外因素的影响。在专业社会工作嵌入社区行政工作中发展时，在居民中原本存在的社区权威和专业社会工作的专业权威是如何影响专业关系的建立和维系的？基于此，本文主要探讨了以下三点。

第一，在政府购买服务时，社区这一场域里的权威体系与构成是怎样的？其构成的各个要素具有哪些特征？其整个体系又存在怎样的特点？

第二，这种权威体系在服务过程中是如何影响专业关系的建立和发展的？具有怎样的表现？

第三，双重权威体系中，对健康的专业关系建立存在怎样的困境？这种困境对专业社会工作的发展和服务中的专业关系存在怎样的影响？又要如何化解？

本研究希望借由针对以上问题的研究，探索政府购买服务中专业关系的实践经验，为政府购买社工服务的实务工作提出发展建议，在日后类似项目开展时，能够提高服务开展的质量与效果，更好地实现项目购买的目的。

### （二）研究思路

根据研究问题，本研究的研究思路包括以下三个方面。

第一，查阅目前国内外权威理论、社会工作专业关系、社会工作本土化的相关文献，确立本研究的研究范围及方法。

第二，对国内外文献进行归纳分析，结合笔者所经历的实际案例，确定文章的研究视角和基本框架，对政府购买中的专业关系进行呈现和分析。

第三，从社区中的权威体系出发，以L社区康乐小组为案例，讨论在社区工作场域中专业关系受到了怎样的影响，这种影响随着专业关系的发展又发生了怎样的变化，最终产生了怎样的结果，并在此基础上论证目前政府购买服务项目中专业关系的构建与未来发展方向。

### （三）研究方法

（1）资料收集方法——观察法、访谈法

本研究主要是探讨在政府购买社工服务的情境下，项目社工在小组实务过程中专业关系建立、发展的影响因素，关注的是专业关系的互动过程与实现平衡的方式。通过观察和访谈，笔者能获得充分的小组实务经验，同时也能获得一线社工、小组成员和社区工作人员对政府购买的服务项目与小组实务过程评价的感性材料，用以成为支持本文的研究论据。综上，本文主要采用观察法和访谈法两种资料收集方法。

参与式观察指研究者直接观察处于自然情境下的研究对象，获得最直接、最具体、最生动的感性认识。在本次研究中，笔者在案例所选择的小组中担任过主持人和观察员两种不同的角色，能够从场景中更加深刻地体会一线社工在小组实务中与服务对象的专业关系，获取第一手感性资料。

深度访谈主要以笔者所实习的L社区中的驻点社工、案例小组中的部分成员以及社区工作人员为访谈对象。为了充分论证本文研究，在具体执行上，笔者在选择调查对象时主要选择了在小组中担任不同角色的成员，而社区工作人员中以被访者的工作年限、担任职位来进行划分。

（2）实务工作方法——小组工作

本研究采取的实务工作方法为小组工作。小组工作是指社工以专业价值为基础，以一定专业理论为指导，通过小组过程和动力去影响小组组员的态度和行为，从而实现解决问题、改变行为、恢复和预防社会功能偏差的实践过程。笔者通过对小组发展过程中的背景和实务情况进行分析，研究政府购买的社区项目中专业关系的影响因素和表现，并在此基础上提出有针对性的改进建议。

## 第二节　文献综述

### 一　权威的相关研究

#### （一）权威基础理论的相关研究

一般认为，社会设置的维持和运转都依靠一定的权威，权威是规范和准则所支持的对他人施加影响的一种力量，其大小取决于人们的服从程度。[①]

在社会学中，马克斯·韦伯对于权威的系统研究具有开创性意义。他根据合法性基础的不同，将权威划分出三种类型：传统型权威、魅力型权威和合法型权威。传统型权威来自传统的习俗道德，这种权威中支配者对于权力具有终身制和无限制的特点，而且可以将这种权力传承给自己的后裔。魅力型权威依赖于非人

① 郑杭生主编《社会学概论新修》（第三版），中国人民大学出版社，2003，第256页。

格的组织机构和制度规范，建立在理性和对法定授权的信任之上。合法型权威则建立在对个人的人格品质和优秀的感召力之上。通常认为，为了维持支配的稳定性，魅力型权威最终会向传统型权威或合法型权威转化，或成为两者的结合。[①]

美国学者丹尼斯·朗从权威的服从动机出发，将权威划分成强制性权威、诱导性权威、合法权威、合格权威和个人权威五种类型。[②] 强制性权威是指权威客体如果拒绝服从，可能会产生消极后果。诱导性权威则依靠给予奖励而非剥夺威胁达到使权威客体服从的目的。合法权威是建立在合法性权力关系之上，权威主体享有法理性地发出命令的权力，权威客体也理应有服从义务。合格权威则是来源于权威主体对专有技能或知识的掌握，提供的服务能够满足符合权威客体的利益需求。权威客体在这种关系中的服务是处于一种对其掌握的知识技能的信任。这种权威的综合性和强度一般较低，取决于权威客体所获得的服务质量，维持持续性必须满足其最低水平的服务需要。个人权威的来源有两种：一方面是权威主体个人的品质和魅力，另一方面则是权威客体对权威主体的个体特殊感受。

切斯特·巴纳德的权威理论强调了权威客体在权威关系中的重要性。巴纳德认为，权威关系是由主体和客体两部分构成的，分别是发出命令者和接受命令者。在这一关系中，接受命令者对权威关系成立具有决定性作用，假如接受者不服从发出者的下令，则意味着该命令的权威对他并没有发生作用，权威也就无从产生。因此，在巴纳德的理论中，权威是自下而上产生的一种过程，是由接受命令者而非权威享有者决定的。[③]

国内学者对于权威也提出了诸多见解。朱智贤从权威的表现将权威分为正式权威和非正式权威。正式权威也称官方权威，是由法

---

① 〔德〕马克斯·韦伯：《经济与社会》，林荣远译，商务印书馆，1997，第238页。

② 〔美〕丹尼斯·朗：《权力论》，陆震纶、郑明哲译，中国社会科学出版社，1992，第51—53页。

③ 〔美〕切斯特·巴纳德：《经理人员的职能》，孙耀君等译，中国社会科学出版社，1997，第127—132页。

律、章程和条例等正式法定手续所赋予的，在使用这种权威时，主体会受到其在群体中的角色的制约。非正式权威也可以叫作民间权威，来自个人的某些特殊品质、生活阅历或者专业知识技能等在某些群体或社会组织中产生影响，从而得到权威客体的自发承认。但无论是哪一种权威，其最终所呈现的都是某个个人或群体对其他个体或群体的影响。① 程继隆认为权威是不包括暴力形式在内的，使人信从的力量，是基于两个基本要素产生的：自愿服从与信仰体系。② 学者洪向华认为，在实际研究中，权威按照不同的标准，可以存在多种多样的划分方式，但由于权威反映的是一种服从关系，这种服从包括强制性和自觉两个方面，因此可以将权威划分为强制性权威和自觉的权威两种基本类型。③ 学者刘迟结合韦伯对形式理性和实质理性的分析，将个人权威分为形式权威和实质权威。形式权威的首要特征是源于法律法规的支持，其来源是正式制度的法律法规设置，这种权威来源于对制度的服从。实质权威则是共识范围中，服从者通过心理感受建立起主观认同与信服，与韦伯的魅力型权威不同的是，实质权威是界定在城市社会中以形式权威为前提的一类人群。④ 王力则根据权威的概念和分类，认为权威关系可以从影响层面、认同层面和命令层面进行测量。⑤

（二）双重权威的相关研究

（1）社区权威

国内学者朱健刚对国际上关于西方城市社区权力的研究进行了总结，认为社区权力存在三种途径："精英"途径、"多元"分析途径、"民族－国家"途径。"精英"途径认为从社区权力分配来看，主要部分是由商业精英所占有的。"多元"分析途径则认为社区内部实际存在多头民主，行政长官是由各种不同的少数人团

---

① 朱智贤主编《心理学大辞典》，北京师范大学出版社，1989，第512页。

② 程继隆主编《社会学大辞典》，中国人事出版社，1995，第464页。

③ 洪向华：《权威理论浅析》，《科学社会主义》2005年第5期。

④ 刘迟：《和谐社会视野下权威新内涵探析》，《辽东学院学报》（社会科学版）2011年第1期。

⑤ 王力：《权威理论综述及权威关系测量研究》，《理论界》2009年第5期。

体代表各方利益的博弈结果。“民族－国家”途径则分析了社会转型过程，认为社会转型是一个社区受到国家和全民文化渗透的过程，包括行政制约、社会规范、意识形态等，通过全民性的渗透，社区逐渐走出独立自主，成为国家和新社会的行政细胞。[①]

关于本土社区权威的研究，学者刘迟在其《制度空间与基层社区权威生成》一书中，从纵向的历史性背景出发，讨论了我国城市基层治理的强政治性特点。他认为这种特点并非从现代中国开始，而是与古代中国城市建设一脉相承，在王权的专制统一背景下城市建立之初就带有一致的政治色彩。随后，他又从制度空间和总分分析视角出发，从权威生产的区域性因素、制度层面的社会性因素探讨了当代社区组织权威生成的可能性——制度空间构成了社区组织权威得以不断生成、运作和接替的背景，为其提供了区域性场所和必要的网络资源，这也是社区组织权威生成问题的内在机制。最后，研究从社区微观层面的互动中，分析了两种不同的社区权威类型——实质权威与形式权威，以及这两种权威背后的形成机制，并考虑了寻找合理性社区权威的可能性。[②]

（2）专业权威

早期的职业社会学研究从结构－功能主义视角出发，对于专业的讨论主要是从专业特征的角度出发，评估专业的标准和特征。格林伍德在其《专业的属性》中则从专业特征的角度提出了一个专业之所以成为专业，应该有其理论依据和科学基础，在社会中被广泛认可，专业技能的掌握和运用能力成为该领域的重要评价标准，专业内部有一套完整的伦理守则，专业文化在职业群体中得到广泛认可这五种特征。[③] 国内学者赵康结合国内外对专业属性的研究，认为充分成熟的专业应该有六条标准：形成了一个正式的全日制职业；具有专业组织与伦理法规；具有被鉴定为实用且需要学习的知识技能科

① 朱健刚：《城市街区的权力变迁：强国家与强社会模式——对一个街区权力结构的分析》，《战略与管理》1997年第4期。

② 刘迟：《制度空间与基层社区权威生成》，吉林大学出版社，2012，第110—155页。

③ 王思斌主编《社会工作导论》，高等教育出版社，2004，第8页。

学体系；服务和社会利益定向；社区的支持和认可；实现专业自治。[①]

学者埃弗雷特·修斯则提出从叙事、话语实践的角度来理解专业，将专业主义视为一个权力建构过程的研究方法和角度。他指出，真正的问题并非“一个职业是否足以成为专业”，而是“在何种情况下一个职业和职业群体尝试转变为一个专业和专业人士”。这一提问将“一个职业是否称得上是专业”转移到了“一个职业如何争取专业地位”的努力上去。这一视角将专业化视为一个不断与外部政治、经济和社会力量互动，并谋求对专业资源、认知权威的控制的动态过程。[②] 埃利奥特·弗莱森则认为在我们生活的现实环境中充斥着各种“专业权力”，专业权力的建构过程是对书面知识制度化的实践过程。专业权力的来源并非专业标准，而是某类资源占有者和服务生产者制造并控制专业市场的过程，根本话语权来源于社会权力因素。[③] 在这一背景下，新闻专业主义提出了实现专业认同、建构专业权威的需求；认为专业权威是专业理想信念和实践伦理相结合的专业门槛，是将新闻专业与其他社会专业进行区分的标志。对于新闻业来说，树立专业权威是使专业保持独立自主，规范自身，实现为公众服务的一种必需的要求。[④]

在专业权威的实践研究方面，国内外关于教师权威的研究较多。郑锦松在其《教师权威研究》中提出，教师权威是权力因素和威信因素相结合的产物，权力因素是教师权威的外源影响因素，包括传统权威、法理权威和制度权威；威信因素则是内源影响因素，包括道德权威、知识权威和感召权威。[⑤] 美国学者 R. 克利夫顿和 L. 罗伯特根据韦伯对权威的划分提出了教师权威是制度与个

---

① 赵康：《专业、专业属性及判断成熟专业的六条标准——一个社会学角度的分析》，《社会学研究》2000 年第 5 期。

② 陈楚洁、袁梦倩：《新闻社群的专业主义话语：一种边界工作的视角》，《新闻与传播研究》2014 年第 5 期。

③ 陈楚洁、袁梦倩：《新闻社群的专业主义话语：一种边界工作的视角》，《新闻与传播研究》2014 年第 5 期。

④ 芮必峰：《新闻专业主义：一种职业权力的意识形态——再论新闻专业主义之于我国新闻传播实践》，《国际新闻界》2011 年第 12 期。

⑤ 郑锦松：《教师权威研究》，华中师范大学硕士学位论文，2008，第 5 页。

人相结合的产物，合法性的制度让教师这一职业获得了传统权威和法定权威，教师自身的专业能力和人格魅力等个人因素则让教师获得了专业权威和感召权威，两种因素相互结合，构成了教师专业权威的完整体系。[①]

## 二 专业关系的相关研究

### （一）专业关系理论的相关研究

专业关系作为社会工作实务的重要维度，是展开专业服务的基础，它有利于规范专业工作者角色，为专业实践限定责任权利框架，能够在专业规范中帮助案主解决问题，提升案主能力，实现案主发展。我国学界把专业关系的性质主要归类为以下六点：目的性、时间性、不平等性、兼容性、动态性、非互助性。[②] 专业关系的性质在一定程度上将专业社会工作与普通的助人服务划分开来，让专业有界限依据可循，从实务上来讲，对于专业关系性质的认知和实践是明晰专业工作的参考标准。对专业关系的定义，国内外学者虽然对专业关系都各有阐释，但基本都认为专业关系是一种动态的、交互的关系，发生在案主与服务对象之间，最终目的是帮助案主增能，解决问题和满足需求。比斯提克认为专业关系呈现的是专业关系双方的感受与交互反应关系。[③] 黄维宪等人认为专业关系是社工与案主的情绪态度的交互反应过程，目的在于建立帮助案主适应解决问题的情境。[④] 廖利荣也提出，专业关系是指专业人员和案主的内在感觉和外在表现的动态交互反应过程，专业工作者能够借助这种交互作用以协助案主社会生活适应能力的改善和增强。[⑤]

---

① 吴康宁：《教育社会学》，人民教育出版社，1998，第207—208页。

② 陈志霞：《个案社会工作》，华中科技大学出版社，2006，第70—71页。

③ 林万亿：《当代社会工作——理论与方法》，台北：五南图书公司，2010，第283页。

④ 黄维宪、曾华源、王慧君：《社会个案工作》，台北：五南图书公司，2001，第112页。

⑤ 廖利荣：《社会个案工作》，台北：台北幼狮文化事业公司，1992，第324—326页。

在专业关系问题的理论研究中，主要包含了对专业界限与多重关系（也称双重关系，本文采用多重关系这一命名）两个概念的讨论。其中，专业界限的本质起源于社会分工，是划分专业的重要特征。对专业界限的研究，学界中主要区分为专业界限破坏与专业界限重叠两种——专业界限破坏通常带有恶性色彩，专业工作者可能为了个人利益，利用其专业权力，通过违背专业伦理和职业道德对案主造成精神或物质伤害；专业界限重叠在学界讨论中则具有两面性，良性的专业界限重叠有可能推进专业关系的发展，但依然存在不良的风险。多重关系则是指在社会工作实务中，除专业关系外社工与服务对象之间还存在其他关系。对多重关系进行控制的主要原因在于，在服务过程中，社会工作者与案主进行接触可能会产生一些私人情感或价值，从而使社工从个人角度出发做出某种行为，破坏专业伦理与行为规范。控制多重关系需要专业工作者认清在服务中的专业角色和个人角色，保障服务的专业性。虽然也有研究者认为临床社会工作实践限制多重关系可能会带来诸多问题，但从西方社会工作官方守则上来看，主流上仍然认为多重关系存在潜在危害性应该尽量避免，在避免不了时，社工应当对多重关系保持谨慎态度，以保护案主利益，预防对服务对象的潜在伤害。

### （二）专业关系本土化的相关研究

（1）政府购买服务项目对专业社会工作的影响研究

政府购买公共服务起源于西方国家，在国际上通常被称为公共服务合同外包，香港则称之为社会福利服务自主，内地一般称之为政府购买公共服务。[①] 政府购买社工服务从属于这一概念，在对政府购买社工服务具体的研究中，一些学者从政府购买社会工作服务的实践出发，认为目前形成了两大类购买模式：岗位购买与项目购买。[②]

在项目购买起步较早的广州地区，项目服务主要通过各街道

---

① 谢海山：《国内外政府购买服务的简要历程》，《社会与公益》2012 年第 8 期。

② 代曦：《政府购买社工服务的模式选择》，《今日中国论坛》2011 年第 7 期。

的家庭综合服务中心进行运作。政府通过购买服务的方式，在街道的家庭综合服务中心引入民办社工机构承接运营，建立以社工为主体的跨专业合作团队，为社区居民提供专业服务。[①] 有学者总结分析了项目购买模式的优势，认为项目购买模式下，政府与社工机构职能分离，社工在社工机构内开展服务时，社区与政府的关系较弱，项目承包的方式使社工机构和社工能更好地发挥自己的专长，独立自主地开展服务，减少行政限制，提高服务质量，与岗位购买模式下政府需协调岗位设置处理机构、用人单位和社工之间的矛盾相比具有一定优势。[②] 朱希峰认为，项目化最大的好处是把社会工作者的人力资源成本放在了比较合理的位置。[③]

但项目购买的方式依然存在不足，就实务开展而言，最主要的部分在于专业机构对政府的过分依赖。韦鹏通过分析社工机构的资金来源指出，在美国，政府拨款只占非营利组织资金来源的31%，中国香港地区社工机构的资金来源也由多个部分构成，主要包括特区政府、市场和第三部门，其中政府拨款仅占资金来源的 67%。[④] 但就内地专业社会工作发展来看，内地社工机构的资金来源显然不具备多样性特征，基本完全依赖于政府。张省等人认为目前项目来源渠道相对单一，造成社工机构对政府的依赖，自主运营能力不足，同时还有社工专业性服务领域局限、履行社会公益程度低等问题。[⑤] 董云芳则认为在买卖关系不对等的情况下，社工作为一线专业人员的合法地位和权益都难以保障。在嵌入式发展的背景下，实际上专业社会工作面临的是被政府吞并甚至吞

---

① 吴金发：《深圳社会工作发展载体的比较——岗位社工运营、项目社工运营、社区服务中心运营优劣势分析》，《中国社会工作》2012 年第 24 期。

② 刘志鹏、韩晔：《交易成本理论视角下的政府购买社工服务：模式比较与策略选择——以广州、深圳的实践为例》，《广东工业大学学报》（社会科学版）2013 年第 6 期。

③ 朱希峰：《政府购买社工服务从“四性”向“四化”转变》，《社会工作》2007 年第 11 期。

④ 韦鹏：《浅析社工机构的利益相关者》，《社会工作》（上半月）2010 年第 6 期。

⑤ 张省、刘延刚、李博：《政府购买社工服务模式研究》，《绵阳师范学院学报》2013 年第 12 期。

没的困境，影响着专业社会工作的实践与健康发展。[①]

（2）关于本土化的专业关系研究

笔者通过文献阅读可知，目前我国对于本土化专业关系的探析基本从价值层面和文化制度出发，探析了我国专业关系的建构与西方专业关系的不同和本土特点。

从价值基础来看，张菡通过分析西方宗教背景，认为基督教中的博爱思想带有浓厚的普世主义色彩，这赋予了利他行为一种神圣感和使命感，而儒家文化中孔子主张的“仁”实现方式则是“亲亲”，是以自己为中心对他人划分出远近亲疏。[②] 李莉、张璐瑶通过比较中西方社会工作价值观特点认为，西方社会受文艺复兴影响，以个人主义为核心，强调独立精神与平等，中国文化则受儒家思想影响，具有群体性特征，强调中庸之道，因此在遇见困难时首先会考虑自我消解或寻求亲近关系辅助。[③] 曹翠翠则指出本土价值观中“官本位”的求助思想，在中国古代封建社会中，就把接受上级领导看作理所当然，因此在遇到问题时也会自觉依靠政府解决问题。[④]

王思斌指出，中国社会的求助关系深受文化、社会制度与社会结构的影响，专业社会工作在本土进行发展时，需要从这三个角度来考虑如何进入求助体系，发挥社会工作的作用。[⑤] 刘志红认为专业社会工作在考虑专业关系问题时，应该从中国文化背景来进行本土化思考。中国社会关系是人情、人伦与人缘的三位一体，专业关系应该以此为落脚点进行探究。[⑥] 马志强从社会工作求助模式的转向出发，分析了专业社会工作在本土的发展，需要经历熟

---

① 董云芳：《政府购买社会工作服务发展初期的困境与突破——对J市的质性研究与思考》，《华东理工大学学报》（社会科学版）2013年第3期。

② 张菡：《中西方社会工作专业发展机制比较研究》，《商业经济研究》2011年第9期。

③ 李莉、张璐瑶：《社会工作价值观的中西方差异及本土化发展》，《人力资源管理》2015年第3期。

④ 曹翠翠：《社区工作本土化探析》，山东理工大学硕士学位论文，2011，第28页。

⑤ 王思斌：《中国社会的求—助关系——制度与文化的视角》，《社会学研究》2001年第4期。

⑥ 刘志红：《传统社会的人际交往特性对建立社会工作专业关系的影响》，《求索》2003年第2期。

人关系到专业关系的转换过程，当专业社会工作大范围铺开发展时，以熟人关系为基础的求助模式必然会式微，国内现状正处于这种转向的拐点。[①] 李爽、俞鑫荣则从人情与面子理论出发，探讨了本土社会工作中情感对专业关系的重要性，这种影响本质是来源于中西方信任模式的差异。[②]

在诸多相关研究中，可以看出我国主流学界对于专业关系基础的看法，认同国内处于差序格局的熟人社会中，在面对专业关系时，不能仅依靠制度信任建立专业关系，而且需要以中国人情关系的人际信任为基础。王思斌提出人文主义社会工作模式，主要包括：一是社工需要通过主动探询而启发有需要者表达自己的需要，积极主动地提供帮助；二是不能一味要求案主自决，而是需要与案主进行真切的交流互动，帮助案主甚至与案主共同做出对其有利的选择；三是认识到社工与案主之间应该是一种合作信任的关系，其建立基础是情感信任与理性沟通两者的结合。[③]

而对于多重关系的探讨，曾群认为在本土文化背景下，良性的多重关系是可以接受并存在的。[④] 闫涛认为在中国这种熟人社会中，追求建立纯粹的专业关系并不一定就对服务有利，在秉持专业价值观的情况下，社工采取措施主动突破专业界限，通过建立良好的私人关系“曲线救国”，进而开展专业服务。[⑤] 余佳妮认为对专业关系的界限界定应当进行适应国情的思考，对其可能带来的潜在伤害则应该通过制度的完善与监督来控制。[⑥] 由这些研究可

---

① 马志强：《从熟人关系到专业关系——社会工作求助模式的转向》，《西北师范大学学报》（社会科学版）2014年第1期。

② 李爽、俞鑫荣：《人情与面子——本土社会工作专业关系建立的探索》，《中华女子学院学报》2014年第8期。

③ 王思斌：《中国社会的求—助关系——制度与文化的视角》，《社会学研究》2001年第4期。

④ 曾群：《人情、信任与工作关系：灾后社区社会工作实务的伦理反思》，《社会》2009年第3期。

⑤ 闫涛：《信任与双重关系：社会工作伦理本土化中的专业界限》，复旦大学硕士学位论文，2010，第18页。

⑥ 余佳妮：《“人情社会”中社会工作专业关系处理方式探讨》，《法制与社会》2013年第2期。

以看出，在国内对本土化专业关系的双重关系基本持承认态度，认为在国情之中，主动适应和理性发展双重关系是一种符合本土专业社会工作建设需求的选择。

## 三 对现有研究的评价

通过对相关文献和研究成果的整理归纳，可以发现：权威并不是天然的，其存在是具有条件的，通过有影响力的方式进行呈现。在权威关系中，权威客体对权威主体的承认是权威关系成立的重要条件。就社区权威而言，除了城市基层组织自古以来的政治因素影响外，现代社区权威的合法性主要来源于制度规范，并通过对社区资源的控制得以不断强化。专业权威则来源于专业独有的专业知识技能，属于一种合格权威。其发展是一种与经济和社会互动的动态过程，在实践过程中，专业权威实际包含了专业与专业者两个方面，是制度性权威与非制度性权威结合的产物。在实务领域中要建立和维系专业权威，通常需要将专业知识技能和专业人员的个人魅力相结合，才能稳固支撑起一种职业的专业权威。同时，专业权威的建立无疑对专业建设发展也影响深远，更加利于制定专业规范和框架守则。

从专业关系的角度来看，以往学者都注意到了专业关系对专业社会工作的重要性，发现了专业关系中存在的问题。而在对专业关系本土化的研究中可以发现，无论是从政府购买社工服务这一行政层面，还是从文化与价值层面来看，我国社会工作都存在本土化的问题，这种问题投射到专业关系中，使我国专业关系与西方社会工作存在差异。在已有研究里，针对这种差异也有学者提出了建议和方法，探索性地指出了专业关系适应本土发展的一些新模式。

但同时可以发现，在目前的研究里，针对政府购买服务项目中专业关系的微观研究还存在空白。对于本土化专业关系的讨论，基本是基于文化或行政的一种宏观角度展开的。社区服务项目作为目前专业社会工作发展的重要场域之一，当专业社会工作嵌入本土社会工作中发展作为一种既定事实存在时，专业关系存在怎样的问题，受到了怎样的影响，对于政府购买服务的目的和专业社会工作的目的造成了怎样的冲击，这些问题都还存在讨论的空间。

本文以案例小组为基础，将社区权威和专业权威作为切入点，分析在社区空间中非专业与专业两个部分对专业服务的影响力，探讨在政府购买社区服务项目中社会工作专业关系的特点。文章从权威主体与客体的关系出发，根据社区权威与专业权威在服务进程中的特征，分析在政府购买服务的社区空间中，专业关系具体所受到的影响，解释并进一步剖析政府购买服务中存在的专业关系问题与困境。

## 第三节 案例概况

### 一 案例项目背景概况

案例所选取的项目的宏观背景是在人口老龄化的发展趋势下，由政府提供的正式资源已经逐渐无法满足辖区内老年人的需求，为增进老年人精神及身体健康，提升老年人幸福感而设立针对老年群体的关爱项目。L社区是一个单位型的老旧社区，组建于2000年11月，由4个辖区单位小区组成，社区版图面积0.01平方公里，辖区内居民有2604户，常住人口5000余人，其中，老年人口约为1100人，多为企业单位退休老人。社区中空巢率较高，大多老年居民与子女分开居住。经项目前期调研发现，此类老人由于退出了工作舞台，社交圈缩小，出现严重的心理落差，他们仍希望能够像从前一样多参加集体活动，充分展示自身才华，因此，他们有继续实现自我价值的需求。社区内有一部分因后天疾病或意外致残的老人，他们的心理落差很大，生活中往往产生负面情绪，影响生活质量，他们有获得情绪开导、心理辅导的需求。老年社会工作是专业社会工作的一个重要分支，在此情况下，政府希望通过购买专业社会工作服务，增强试点社区的养老功能，促进社区的和谐发展。本案例项目于2015年9月正式启动，于2016年9月由专家团队进行审核评估，项目周期为一年。

## 二 服务机构概况

A社会工作服务中心（以下简称A机构）于2014年1月成立，成立初期得到了市民政局、区民政局、当地街道办事处的大力支持。A机构是由某高校老师牵头创办的，与当地高校社会学系合作，旨在打造一批专业社会工作服务队伍。A机构现有员工共计32人，其中专业督导8人，储备社工2人，专业社会工作硕士7名，另有志愿者300人。秉承“平等友爱、挖掘潜能、助人自助”的服务理念，A机构致力为以老年人、青少年和残疾人等弱势群体为主，同时包含其他普通社区居民的服务对象提供个性化、专业化服务。截至目前，A机构所参与的服务项目主要涉及领域有5个，分别为青少年社会工作、残疾人社会工作、妇女社会工作、老年人社会工作、企业社会工作。在部分项目所在的社区中，其采取的工作方式主要以通过派遣1名专业社工以长期驻点和机构统筹服务的形式链接项目点周边资源，为项目中对应的社区服务对象提供服务。本研究案例中，机构在社区的运营正是采取的这种方式。

## 三 案例小组概况

案例所选取的小组是社区驻点社工与专业实习生根据项目要求及社区需求而设计的，针对老年人的一个开放性娱乐小组，小组以“老能行”为主题，成员由项目社区中有自理能力的老年人组成，由于是单位型老旧社区，组员之间大多在小组开始之前就相互认识多年。小组内容设计以鼓励老年人自我展示为目标，希望组员在过程中能够获得快乐和放松。

小组一共开展8节活动，每节小组参与人员在10人到15人之间，所有小组活动均在室内开展，地点在社区综合服务中心二楼会议室。小组由社区驻点社工、含笔者在内的两名实习社工轮流带领，每节主题以小组准备期社区内的访谈为依据，确保能够调动组员兴趣，而且是组员力所能及的内容，在最大限度上围绕小组目标而开展活动，详细活动主题及核心内容见表1。

表1　小组活动概况

| 小组节数 | 主题 | 核心内容 |
| --- | --- | --- |
| 第一节 | 金曲怀旧 | 通过听歌猜名、我会唱等游戏环节，进行歌曲才艺展示 |
| 第二节 | 光谷与我 | 由组员们分享自己眼中光谷几十年来的变迁和自己的生活变化，感受自我积极的改变 |
| 第三节 | 谁说我不行 | 通过头脑风暴和小游戏，围绕小组主题“老能行”鼓励组员表达出对自己、家人、朋友甚至社会力所能及的事 |
| 第四节 | 老当益壮 | 由小组带领者教组员八段锦、手指操等基础养生操，同时通过小游戏等方式讲解养生知识，并且在接下来的活动中，每次活动初始让一名组员来带领其他小组组员复习养生操 |
| 第五节 | 学无止境 | 由小组带领者通过播放视频、自主教学等方式，传授一些实用的生活小常识，之后鼓励组员积极分享自己所了解的生活诀窍 |
| 第六节 | 从心知道 | 社工播放老年心理健康短片，通过游戏让老年人分享他们所想要的老年生活，同时分享对老年的感悟 |
| 第七节 | 忘不了 | 社工讲解 PPT，向老年人介绍日常生活中训练记忆力的窍门。开展游戏让老年人练习小窍门，同时分享生活中的一些“记事诀窍” |
| 第八节 | 社区是我家 | 巩固回忆小组所有章节的内容，分享收获和之后对社区生活的展望，告知组员小组即将结束 |

由于案例中的小组是开放性小组，中间出现过人员流动，但也有六位核心成员参与了整个小组。同时，根据社区给予的信息，这六位核心成员也是平时社区活动的积极参与者，在社区居民中有一定的影响力。从最终的小组评估来看，小组成员对于小组活动基本持肯定态度，但在小组结束后对于专业社会工作和社工依旧存在理解误区。本研究将通过对小组过程的分析呈现，研究政府购买社区服务中的专业关系问题。

## 第四节　政府购买服务中的权威体系要素及特点分析

本文认为，社区权威实质是一种正式权威，其形成是基于社区居民对于基层组织机构和制度规范的信任。自计划经济时期以来，为了应对社区管理和巩固城市基层的需要，中国各地城市中开始广泛地建立起居民委员会，发挥其动员和传达功能，加强对基层社会的管理。在改革以前，由于单位制对基层权威的主导地位，基层组织的权威实则是在单位制之外的补充产物。但在改革后，这一形式则发生了变化，单位制的消解让街居体制下的社区基层组织权威回归成为维护社会基本稳定、实现社会发展的现实选择，使社区权威以现有方式延续、固定了下来。

从专业权威的来源和构建过程来看，专业社会工作作为一门新兴的、舶来的专业，要在本土社会工作中建立专业权威，需要专业与专业者共同进行本土化发展和适应。自中国进入转型期以来，基层中的社会问题也日渐复杂，就社区服务这一部分来说，仅仅依靠社区基层组织已经很难再满足社区公共福利服务的需求，专业性的非政府组织在这种时候兴起并进入社区发挥作用，政府购买服务所体现的也正是这一现状。专业社会工作通过社区服务项目进入社区开展专业活动，为服务对象提供服务，基层社区空间是专业实践的具体场地，而专业权威在这一空间中，通过专业服务所发挥的作用和专业者的能力得以展现。

根据巴纳德对权威的理解，权威的确定从根本上是由权威客体进行的，是一种自下而上的产生过程。在本文中，要分析两种权威对专业实践中专业关系的影响，首先需要分析的是服务过程中存在的权威要素，在这类政府购买社区服务中，权威的主客体是什么，它们具有哪些特点。权威的主体是指享有权威的一方，权威的客体是指信任权威的一方，在权威关系中，权威客体对于权威主体的确认具有真实意义。通过对实务的分析，笔者认为在服务过程中，实际存在两个权威主体——基层社区组织（后文简称“社区”）与专业社会工作，权威客体即服务对象。由于在社区中的发展时长和功能深度不同，权威客体对于两种权威主体的信任必然也存在差异，接下来将会就此进行详细探讨。

## 一　服务对象——权威的客体

服务对象作为权威客体，在权威关系中是信任权威的一方，在专业关系中，也是服务项目的接受者。要分析权威体系对专业关系的影响，首先需要探析作为服务对象在现实情况下具有哪些特点，这一人群在权威体系中的选择对专业关系甚至专业服务是否能够顺利开展具有重要影响。笔者通过在L社区为期8个月的实习中，总结出目前的服务对象具有以下特点。

（一）对专业社会工作缺乏认知

由于在日常生活中并没有听说或接触过专业社会工作相关的名词，因此对“社会工作者”一词感到陌生，并不能理解这一名词背后的专业体系和含义。在小组成员的招募阶段，社工要开展工作必须依靠服务群体相对较为熟悉的社区基层组织力量，如居委会等。笔者在小组开展初期对部分小组成员进行访谈，也得到了如下回答：

> 社工就是专门学过社区的工作了再到社区吗？我感觉这样还是比较好的，说明国家在重视我们这些老年人的养老。像你这种学生毕业了之后到社区来也很好啊，在居委会工作还是不错的，你们这种进来有没有编制？（C-SNN1511）①

在这种情境下，小组成员很容易将社工与社区工作者对等，把社工看作社区基层组织内的一种新型的工作者。在社工对此进行解释之后，小组成员往往依然对社工一知半解，对“社会工作者”这一身份无法给予合法性判断。

（二）群体关系黏性较大

在现有老旧型社区中，与社区基层组织相对关系密切的通常是社区的本地居民而非流动租户，这一类居民之间关系通常也较为密切，即使从前并不认识，但是其在一片地域内生活，数十年在社区的共同经历也使这些服务对象非常容易进行沟通和交流。

这种特征有利于小组初期良好气氛的建立，缓解小组中由于

---

① 引文代码根据引文性质、来源、获取时间进行编码，C指访谈内容，SNN是被访者化名，1511指访谈时间为2015年11月。

对社工等不理解而产生的压力，同时提升小组成员参与的积极性和动力，让小组成员不会因为“我是一个人”而对小组坚持抱有犹疑的态度，以推动小组发展。

但同时，这种黏性使这些小组成员很容易形成固定的抱团团体，由于本来就相互熟识，当组员对小组的想法与社工不同时，小组成员会自动将社工划分到“外人”的行列，从而可能引发社工与小组成员之间的对抗。

## 二　社区基层组织——权威的主动主体

社区基层组织作为权威主体之一，在社区中事实上享有的是一种法理型的正式权威。在本文中，正式权威是指通过法律、法规和条例等正式手续而被赋予了权力，从而产生具有社会意义的影响，其存在通过被当前的社会制度设置认可，获得合法性，继而获得权威。自 1980 年《城市街道办事处条例》《居民委员会组织条例》公布后，1989 年七届全国人大常委会第十一次会议又通过并颁布了《城市居民委员会组织法》，通过这些条例和实践，社区基层组织的权能得到法定确认，其权威来自政府和国家体系赋予，享有官方资源和渠道，是一种正式的体制内权威。在专业社会工作服务的实践表现中，主要包括三个方面：形象权威、资源权威、话语权威。

第一，在政府购买社工服务下，专业社会工作作为嵌入客体进入本土社会工作中发展，其专业服务的开展必然会受到本土社区基层组织的影响与制约。对于作为信任主体的服务对象来说，社区基层组织所发布的各种活动消息与由社工或机构发布的消息，造成的影响力和可信度的区别，其本质是来自社区基层组织的权威感。作为本土社会工作的基层机构，社区基层组织在社区中工作时间较长，由计划经济时代所延伸下来的“官方”性质与社区居民形成官民二元的角色构成。中国文化中也存在“官本位”的思想，这样即构成了社区基层组织在社区中的形象权威。

第二，社区基层组织是政府借以承担行政职能的依托，当政府要在基层发放居民福利时，也会通过社区基层组织进行。比如在过年时给居民发放台历等物资，居民在获得这种资源时不会去质疑物资的合法性等问题——其背后逻辑其实是对官方资源的肯定，认定社区基层组织的资源渠道是正常正规渠道。同时，当社区居民面对困难时，也可以通过社区的资源渠道进行沟通和解决。

第三，在社区中，社区基层组织在群众中话语权较大，社区居民对于来自社区的发言通常都较为信任。一般的社会组织或其他外来单位要在社区进行活动或宣传通常需要经过社区的许可后，才能执行。

由此可知，社区基层组织作为权威主体之一，在获得信任时，服务对象通常表现出一种自愿性与自主性，其中既有社会设置的原因，也有文化价值的原因。但结合本文研究来看可以确认，社区基层组织作为权威主体，其享有的权威是积极主动的权威，这种积极主动不由它主导，而是通过作为权威客体的服务对象对“正式权威”的充分信任来实现的。

## 三 专业社会工作——权威的被动主体

在政府购买服务中，专业社会工作是通过驻点社会工作机构和专业社会工作者来进行专业表达的，而专业权威的形式享有也通过这两者得以实现。但在目前的社区中，无论是社会工作机构还是专业社会工作者，服务对象都感到陌生，对于专业社会工作的概念也难以准确认知。王思斌教授曾经指出，中国目前专业社会工作发展是嵌入传统社会工作中进行的，在本文的政府购买社区服务项目案例中，则主要体现为以下三个方面。

首先，从社区资历来看，社工机构的成立时间较短，专业社会工作者在社区内的工作经验相比起社区基层组织的工作人员也显得十分单薄。尤其在老旧型社区中，由于社区本身发展时间较长，其内部各类关系也更加复杂。年轻的社工机构虽然专业背景丰富，但通常缺乏在社区中与各类人群或居民打交道的实践经验，在对社区中一些关系的处理上不及社区基层组织。

其次，链接资源作为专业社会工作的一项重要工作内容，在进入社区后却很容易陷入较为尴尬的境地。笔者在与驻点社工的访谈中了解到，目前专业社工机构之间的资源信息交换很少，一线社工也没有查找这类资源的平台，当进入社区之后，机构能给社工提供的资源非常有限，社工只能从较浅的层次开展工作，难以满足服务对象的需求。同时，机构内的督导资源也存在限制，督导的社区工作经验通常也较少，能给社工提出的建议通常也局限在专业以内。

最后，在目前的社区中，专业机构通常不为社区居民所了解，社工在进行专业方面的自我介绍时，其机构背景的资历与影响力难以取得社区居民信任。在服务项目开展的过程中，机构方主要的沟通对象也是政府、社区等官方部门，在普通社区居民之间影响较小，在服务对象中几乎没有正式的、官方层面的宣传。

在服务中，要建立健康的专业关系，服务对象对专业社会工作的信赖是必需的，但现实情况所呈现的问题是，在服务项目初始之际，专业社会工作作为服务项目的权威主体之一，并没有从权威客体处获得其主动的信赖，而是需要通过种种专业内容的展示、专业社会工作者的积极主动来获得其对服务项目的支持。因此，笔者认为，专业社会工作作为权威主体之一，是一种被动的主体。这种被动的根源是专业社会工作在社区中并不享有独占资源，也没有制度性背景让服务对象快速接纳，同时在社会中也没有建立起强有力的专业威望。

## 第五节　双重权威对专业关系的作用过程分析

专业关系的本质对于社会工作者来说应该是一种专业性的工作关系，有如医生之于患者。社会工作者通过专业的方法和程序，帮助服务对象进行自我实现与自我增能，从而达到专业目的。社工作为专业者，在这一过程中应当对服务过程和内容有来自专业权威的解释与影响，在案例所示的小组实务工作中，这种专业权威通常通过社工承担小组领导这一角色得以展现。在专权式小组中，专业权威体现在小组领导者以“权威”“专家”自居，小组动力围绕小组领导者产生；在民主式小组中，专业权威则体现在小组领导者能够通过澄清、综合、反映和过程分析等专业技巧，使小组发展沿目标前进；而在放任式小组中，小组领导者角色与社工处于同种位置，权力、责任与组员无差别，这种情况下社工的专业权威就难以对小组产生作用，存在组员无所适从、小组失去目标方向、小组解体的风险。

由此可见，专业权威在服务过程中对小组来说具有控制的效果，根据不同的小组形式，专业权威的呈现方式也存在不同，但其存在对实现小组目的、完成小组计划具有重要影响，是维系小组专业关系的重要力量。但在上一节中，本文业已论述政府购买的社区服务项目在实践中会受到社区权威和专业权威的双重影响，这种双重影响也会投射到专业关系中。本节内容主要就专业关系的维系过程怎样受两种权威的影响进行分析，并探讨两种权威对专业关系产生作用这一现状会对服务产生怎样的影响。

## 一 双重权威在专业关系初期的作用

### （一）社区权威在专业关系初期

在专业社会工作进入社区之前，基层社区组织是本土社会工作的一线组织，负责行政意义上的社区公共服务福利工作，与服务对象关系密切。专业社会工作在社区中谋求发展，是在已有的本土社会工作基础上进行的，在服务对象眼中具有“外来”特征，单凭专业能力很难获取服务对象的信任。笔者在对社工的访谈中了解到，在项目初期开展小组活动时，招募的过程通常也是由社区帮忙进行：

> 一开始的时候，谁都不知道社工机构是做什么的，所以电话都由社区来帮忙打。打电话的时候社区工作人员会绕过社工的概念，也不会使用小组工作等专业词语，而是直接告诉服务对象，社区里针对老年人要开展一系列的娱乐活动，欢迎他们来参加。这些老年人来了以后，在小组开展之前，社区领导和工作人员会向服务对象介绍社工，但这一过程里，社区不可避免地会对政府形象进行强调，说社工是政府出钱

> 请来的，政府希望能够提高社区老人的生活质量等。这种说法虽然没有问题，但对于并不了解专业社会工作和社工的居民来说，很容易产生误解，将社工与社区工作人员对等。（C-WYJ1601）

在这种时候，社区权威对专业关系的建立就具有决定性的影响，事实上是作为一种联系专业社会工作与服务对象的桥梁存在。笔者通过对社区领导进行访谈，也对这种情况得到了确认：

> 如果没有社区的支持，专业社会工作在社区就毫无立足之地，根本无法进行。目前街道里让五个社区进驻了社工，据我所知我们社区应该是开展得最好的，因为我个人很欢迎新的东西，也认为这种发展模式是一种必然的趋势。但对于一些相对保守的社区领导来说，他（们）会认为专业的社工会挤压社区的工作空间，而开展活动也会给社区带来一些管理上的问题，拒绝为社工的工作提供支持。这样一来，一是增加了社工机构融入社区的成本，二是让各种服务活动寸步难行，因为无法获得服务对象最基本的信任，工作也就无从开展。（C-HDY1606）

由此可见，专业服务能否顺利开展，社区权威的影响力较大。在这一阶段，社区权威完全主导服务进程，决定了专业关系是否能够顺利构建。当社区基层组织愿意与进驻的机构及其社工合作并给予支持时，服务项目就能获得服务对象的信任，这种信任并不包含任何专业权威的因素，完全是建立在社区居民对社区基层组织和政府理性与普遍的正面预期之上的。这种现象是本土社会工作经历了漫长发展的必然结果，服务对象相信社区权威，认为“官方”提供的服务福利具有制度性保障和利益保护。与之相对应，如果社区基层组织不愿意配合社工机构和驻点社工，整个服务项目就会被服务对象不信任，建立专业关系自然也无从谈起。可以说，在我国的社区现状中，虽然政府购买专业服务是为了补充基层社区组织难以完成或实现的新领域的工作，但社区权威在这一新领域依然处在具有起点意义的主导地位，是社会工作专业关系开始的前提。

（二）专业权威在专业关系初期

在专业关系初期，专业权威需要通过一线的社会工作者进行表达，对服务对象产生影响。由于服务对象缺乏对专业社会工作的基本认知，社区中驻点的一线社工就成了专业的代言人，其所展现出的个人形象则显得尤为重要。在服务初期，社工需要为健康的专业关系打下良好的基础，必须在“被动”的环境中积极主动，通过与服务对象积极对话、沟通，表达对服务对象的关怀等方式来提升与服务对象的人际关系，在服务对象心中留下一个正面的、积极的形象，通过这种方式获得服务对象的信任。

在这一情况下，与其说是专业权威对专业关系产生影响，实际上更多的是作为在社区中活跃的一名工作人员的个人魅力影响专业关系的建立与稳固。服务对象在专业关系建立初期愿意参与到服务活动中，并非因为看重社会工作专业的知识内容和社工的专业能力，而是社工的个人特质。笔者在小组初期对服务对象进行访谈时，一些在小组中较为活跃的组员曾表达过这样的看法：

> WSG这个人非常不错，对居民态度比较亲切友好，人也长得憨厚老实。每次开活动也很懂事，比较照顾我们这些老年人，端茶倒水，跑上跑下，开活动都很热情，大家都还是很喜欢他。（C-LN1603）
>
> 主要还是社工比较热情嘛，在活动开展之前，WSG就经常下楼来找我们这些老太婆聊天，一来二去就熟了，他要为我们开活动，我们肯定也要支持一下他的工作。（C-WP1604）

可以看出，在专业关系建立初期，比起活动中内容的专业性等问题，一般类型的服务中社区居民更加看重的是社工作为个体的优点，凭借对社工个人的认可，从而对社工的工作即专业社会工作服务产生信赖与支持。在专业关系初期，专业权威完全是依靠社会工作者的个人表现获得机会发展的，而背后的专业知识和技能本身对服务对象的影响力则相当薄弱。可以说，专业权威中专业知识的权威在专业关系初期是缺失的，由此导致专业权威在专业关系之初就存在先天不足的特点。

## 二　双重权威在专业关系发展期的作用

### （一）社区权威在专业关系发展期

除了在专业关系建立之初，社区权威在服务过程中依然会产生影响。笔者在实习过程中发现，通过社工提供的服务，服务对象对专业社会工作手法虽然有所理解和领会，小组气氛较好，或与社工互动比较愉快时，其对于专业社会工作和社工都会给予肯定的评价。但在获得肯定的同时，笔者通过对驻点社工进行访谈，得到了如下资料：

> 组员来参加小组，其实还是出于对社区的信任。即使在服务后期，服务对象已经了解我不是受雇于社区的工作人员，但是他们对机构或是社工专业的概念仍然是模糊的。服务对象现在对我们专业的信任停留在形式和手法上，比如在服务过程中他们觉得小组开展得不错，对小组的形式和内容比较满意，知道这是社工带来的，但回头他们向其他服务对象宣传小组时只会说："是政府出钱请人开的活动，有空就可以参加。"（C-WSG1606）

从访谈中可以发现，在现阶段社区服务项目的服务关系中，对服务对象来说，社区的形象权威比社工专业权威依然更具有说服力和吸引力，在小组不断发展的过程中，服务对象对服务的看法与评价也无法摆脱以社区权威为基础的特点，并且这种观点会在潜在的服务对象中扩散，而社工很难去制止这种用社区权威的眼光看待小组的误解。

在这种情况下，无疑会限制服务对象对社工与组员身份的认识程度发展，所导致的结果就是在服务展开的过程中，当组员对社工设定的小组内容不满意或不愿意参与时，其与社工的互动往往很容易就超越小组，变为以社区居民和社区的二元关系来进行看待和讨论，造成社工很难以专业身份进行组内沟通。

> 比如说某一节小组里，设定的内容他们比较喜欢，但是由于每节小组目标不同，不会每一次都使用这个内容，有些组员就会直接在小组中提问，为什么这次没有上次那个什么什么了。我对此进行解释说明之后，组员也还是难以理解，有些可能性格比较强势的组员就会直接要求我停下当前的活动内容，开展他们喜欢的。往往这个时候他们会表现出一种“大家都喜欢就每次都搞这个就行了，本来社区请你们来开这种活动就是让大家高兴的”态度，再加上他们之间本来就关系密切，很容易抱团对抗社工。（C-WSG1606）

从对驻点社工的访谈中可以看出，组员对于服务关系中的专业角色并没有因为随着服务展开而逐渐深入，始终停留在片面的阶段。当组员对服务内容有所不满时，组员会立刻把自己的身份设置回“社区居民”这一层面上，以这一身份与社工进行对话。服务关系中的身份是对应的，在这种情况下，社工难以维持自身的专业身份，专业权威也就无从谈起，只能通过“社区”这一层面的身份与服务对象沟通。这种妥协从短期来看，虽然起到了维护小组的作用，让小组得以继续进行，但从长远来看，其实损害了社工的专业形象，是让服务对象产生误解的一种正强化。当这种情景多次出现时，最终影响的是社工对于小组的内容安排，从而影响整个服务过程的效果。

### （二）专业权威在专业关系发展期

在社区服务项目中，专业权威的影响从小组组建成功，服务正式展开开始。因为在加入小组后，服务对象的关注点会发生变化与转移——从“社区开展的活动”这一模糊概念转移到“开展什么活动”这一实质问题上来。笔者通过对案例的观察和访谈资料，认为在服务过程中，专业权威从两个方面呈现：服务内容与服务形式。

对于专业社工来说，这一步是让服务对象了解专业社会工作、建立专业关系的关键时期。以本研究案例小组来说，在小组组成以后，社工与服务对象才在小组中有了频繁的交流与沟通，专业服务才有了展开的空间。在与小组成员的沟通中可以发现，就本土社会工作而言，以往社区也会为老年人组织一些活动，但这些活动通常是零散的、片段的，通常以节假日的噱头开展，活动本身也没有专业目的。这种情况在笔者与社区工作人员的访谈中也得到了验证：

> 社区里这些老人大多数都是相识的，认识几十年了，社区组织他们开展活动其实就是让大家高兴高兴，有理由坐在一起聚一聚，尤其是节假日的时候，有些老人子女隔得远，难回来，这些活动可以让他们开心一下，没有什么别的目的。(C-CMZ1512)

专业社会工作与本土社会工作的主要区别之一就在于专业社会工作的服务过程有一套自有的专业价值与专业伦理，而在服务过程中，通过表现伦理价值和进行实践介入来体现社会工作。

在此基础上，介于社区与个案之间的小组工作是让社区居民接触与接受专业社会工作的一个较为恰当的形式。首先，从地域文化来看，在面对较新的事物时，受中庸文化的影响，服务对象可能会对“第一个吃螃蟹”这种情况产生抗拒，不愿意单独接受服务，或单独接受服务时，由于对社工缺乏了解而产生被标签化的心理。其次，由于本土社区经验缺乏，在社区服务中难以达到预期效果，或加深居民对于社工身份的误解。小组工作作为一种团体社会工作，既能够缓解社区居民对陌生事物（专业社会工作）的焦虑，同时也设定了专业空间，让社工能够通过服务表达出专业价值与伦理。

在案例中，由于开展是开放性的康乐小组，每节活动组员的构成都相对自由，小组气氛也相对民主轻松。在每节活动之后，社工都会通过征求和收集组员对于小组活动的意见与满意程度对小组活动进行评估，对小组内容进行修正。组员在小组过程中有临时性的表现欲望（如即兴表演）时，社工通常也会给予肯定和支持。在渐进的互动中，服务对象会因为这类正向反馈而对小组形式产生好感，使小组成员乐于参与到小组中，从而达到服务效果。

从小组成员的反馈来看，服务对象自身也能感受到这种服务与由社区开展的本土社会工作服务的区别，从访谈中可以了解到小组成员对小组形式和与小组互动的看法：

> 这种活动相当于让我们这些社区中的老年人有了一个新的娱乐项目，丰富娱乐生活，和以往那种开展一次就结束的相比，这种团队组织的方式感觉更固定、更靠谱。每次你们准备的内容也比较用心，看得到对我们提出的意见的反馈，大家在这里面还是很开心的。（C-LN1605）

可以看出，服务对象所提出的“更固定、更靠谱”的评论，是对小组活动这一形式的点评。在这一阶段，服务对象的信任客体逐渐转移，从对社区的制度信任转移到对专业社工的服务过程的信任上，服务过程的“质”作为专业权威的衍生品，使组员愿意参与到小组中。

## 三 双重权威在专业关系中的作用评价

本节内容从社区权威和专业权威两种权威出发，探讨了在政府购买社区服务中，两种权威是如何分别对专业关系造成影响的。无论是在专业关系初期，还是在发展期，社区权威在这一过程中都始终占据着深层次的地位，对专业关系产生着影响。而专业权威在服务过程中，则表现出一种从无到有的成长趋势，随着服务进程的不断推进，逐渐取得服务对象的信任，建立起了社会工作的专业权威。但在小组遭遇质疑的时候，专业权威的作用依旧是微弱的，从服务对象的表现可以看出，当小组内容与服务对象想法相左时，专业权威就会遭遇社区权威的胁迫和绑架，而为了维持专业关系的稳定，社工则不得不对此妥协，其本质是服务过程中专业权威对社区权威的妥协。

因此，笔者认为，在目前的政府购买中，专业关系实际上受到的是深层次社区权威和浅层次专业权威的双重影响。其中，专业权威虽然通过服务过程中社工对专业社会工作服务方法和价值理念的表达，渐渐让服务对象产生信任并接受，但这种专业权威所产生的影响力显然是片面的、短时效的。这种专业权威并没有真正扎根于服务对象的认知中，因此也无法真正使社工能够依靠它对服务过程进行控制和维系。这种专业权威成长的根本土壤其实来自社区权威的支持，体现的是这类服务中专业权威对于社区权威的依附性。当冲突发生的时候，社工则很难通过这样脆弱的专业权威来控制小组，甚至连让组员在专业框架中与社工对话都难以做到。可以说，在一线实务中，社工对于专业关系的控制，本质上是专业权威与社区权威争夺对专业关系的控制过程，社工需要通过一系列的工作，使专业权威真正在服务对象心中占据一席之地，能够真正以“专业者”的身份与服务对象进行对话。

在服务对象看来，基层社区组织在社区中开展的各类福利服务具有制度性保障，无论什么形式的福利服务，对其负责的主要组织都应该是社区，而非其他机构，这种观念是传统社会工作在社区中运营多年的结果，在短时期内难以改变。因此，专业权威在社区这一场域中开展工作时，不可避免地会陷入对社区权威的依附与对抗，且由于专业权威的弱势地位，在服务过程中，专业关系显然难以单纯地在专业框架中维持与存在。

## 第六节　双重权威下专业关系的困境探析

由前文论述可知，在政府购买的社区服务项目中，专业关系同时为社区权威和专业权威所影响。其中，社区权威作为一种非专业因素，对专业关系的影响却贯穿整个服务过程，其结果也必然导致专业关系的一些本土化问题。本节内容从专业关系问题中的专业界限和多重关系出发，探讨双重权威影响下，要避免专业界限和多重关系存在怎样的困境。

## 一 双重权威与专业界限

在已有研究中可知，专业界限是划分专业的重要特征，起源于社会分工。在专业界限中，社会工作者的专业角色得以确认，有利于专业社会工作实践框架的规范。但在双重权威影响下，社会工作者的专业身份和角色却陷入了一个逻辑困境，在实际表现中，则体现为社会工作者虽然在服务开展的过程中获得了服务对象的信任，并且使用专业价值、专业手法开展了服务，但本质上并没有从服务对象那里获得“专业社会工作者”这一身份的肯定。这让专业社会工作在社区中陷入了一种尴尬的恶性循环，无论社工手段如何专业、在服务开展过程中如何表达专业价值，社区服务对象都难以感受到这种“专业”的状态，从而无法确认专业社会工作以及社会工作者的专业角色，最终伤害到专业关系。

服务对象对于社工专业身份的模糊认知无疑会对专业界限产生伤害，专业关系作为一种双向关系，要保障专业界限，不仅需要社工恪守自己的专业角色，遵从专业所规范的职业伦理，同时也需要服务对象尊重社会工作者的专业角色。但在实践中，由于服务对象对专业社会工作的认知度低，因此他们并不能理解专业关系中双方角色的权利和义务，很容易在无意中破坏或超越专业界限。

本小节就这一问题，通过分析双重权威下双方对自身专业关系中角色的认知，讨论双重权威对专业角色的澄清困境。

### （一）社区权威对专业角色的澄清困境

在前文中已经论述过社区权威对专业社会工作的深层次影响，对社会工作专业来说，通过社区，社会工作专业才能提升在普通服务对象中的合法性与认知度。但在降低取信成本的同时，这种方式也限制了服务对象对专业社会工作进一步深入地了解，让服务对象对专业社会工作的认知只流于形式，缺乏深入价值理解的后继之力。所导致的结果是，当一个服务项目结束以后，服务对象对于专业社会工作的认识只是片段的，缺乏体系式的认识，曾经由于认知缺乏而导致的一些服务过程中的问题在之后的服务中依然会再次出现。那么从另一个角度来说，社工要在服务对象中建立信任是否有其他的方法？即使社区作为桥梁，在将服务对象与社工连接起来时，其向服务对象介绍专业社工的方法是否可以考虑改进？在对这一问题探究的过程中，笔者认为，主要有两点影响了社区对社工专业身份的澄清，即目前在基层组织中专业社会工作的普及度与政府购买服务的项目机制。

（1）基层组织中专业社会工作普及度

社区基层组织目前作为连接社工机构与社工的桥梁，对社区中服务对象影响较大，而另一个现实状况是，政府购买社工服务虽然在各地上级政府中推进，但作为项目落地的社区基层对此却了解甚少，这一点在笔者对社区工作人员的访谈中也有所体现：

> 以前对社会组织只是听过基金会这些，社工机构感觉是这几年才兴起的，但是具体到底做什么不是特别清楚，也没想过会在我们的日常工作（中）和他们进行合作。现在领导一直也在说考社会工作的证书，相关的书我们也有看，但其实还是对这个东西比较陌生，感觉学习这些东西对我们的实际工作并没有什么帮助，都是很理论的东西，我们从自身的工作经历来看感觉书上这些不是那么接地气。（C-GJQ1603）

同时，笔者也就该问题访谈了社区领导，这一现状同样得到了验证：

> 在现阶段我们这样的社区基层组织中，人员的文化水平其实都不太高，工作站里年轻人多的话情况可能会稍微好点，但是相对来说中年的工作人员或社区领导可能对新事物的接受度就没有那么高，对于专业社会工作的理解单纯地停留在普通的社区工作上。（C-HDY1606）

在目前的社区服务项目中，社区基层组织的肯定与宣传是专业社会工作进入社区服务对象视野的入口，社区人员对于专业的了解就显得尤为重要。在目前阶段里，专业社会工作在社区基层的普及度对于服务对象是否能恰当理解社工角色和职能有决定性的影响，如果作为专业社会工作接口的社区对专业社会工作都缺乏了解的话，社工的专业身份就更加难以被正确地认知和普及，严重时甚至可能导致社区基层组织中的工作人员对社工产生误解，从而不配合工作，使社工在社区中难以开展服务。

（2）项目机制

项目机制主要谈论两方面的内容：项目时效与人员流动性。

目前内地的社区服务项目购买通常为期一到两年，在本案例中的服务项目期限则是一年，一年之后会有第三方对项目进行评估，以确定来年是否需要更换服务机构。对于在社区的工作来说，这其实是一个非常短的过程，因为驻点社工要在服务对象并不了解其存在的背景下，在一年里完成接触服务对象、评估服务需求、细化服务方案、执行服务、评估服务等工作任务。要完成这一系列任务，社工在实务中就必须缩短与服务对象接触的时间成本，快速与服务对象建立信任关系来开展服务，才能保证服务项目中的内容能够完成。这种项目的时效性在很大程度上制约了社工与服务对象建立信任的其他渠道，通过社区来取得信任是最为立竿见影的手段。而社区为了配合服务项目的节奏，也会选择使用最快捷简单的方式，让服务对象对社工产生信任——从时间成本上来看，在已有信任上建立联系比帮助社工建立专业信任显然更加快速，服务对象也更加容易接受，因此，社区不清晰的对专业社会工作的介绍也会为服务项目进程提供便利。从这一角度来讲，这种专业身份的不明晰反而便利了服务的开展。

而社区方面在向服务对象介绍社工时，对专业部分进行简略而强调社区角色，也是为了节省作为“桥梁”的精力成本。在目前的社会工作行业，由于社工自我认同价值、薪资待遇等问题，人员流动是一个较为常见的现象。以本研究案例为例，在笔者实习的8个月里，社区中的驻点社工就换了3个，每一次的人员流动都需要社区把社工重新介绍一次。这种情况下，社区为了便于阐述社工身份的合法性，在连接的过程中把社工身份以“社区”的名义而非“专业”推出是最便捷的选择，也降低了服务对象在这种人事变动中对社工身份的识别难度。同时，经常性的工作人员变化会给服务对象留下不稳定的印象。每个社区的驻点社工基本都是服务对象能接触到专业社会工作的唯一接口，对专业社会工作的了解都只能从社工这里进行，如果人员经常性流动，那么服务对象对专业社会工作也会产生一种不稳定的评判，让人对这一专业和职业产生怀疑——这种对比在与社区基层组织的对比下会显得更加明显，从而增加服务对象对专业和社工的消极评判。

（二）专业权威对专业角色的澄清困境

（1）专业组织在服务过程中的缺位

专业组织是一个成熟专业的衡量标准之一，将社工与服务对象的专业关系类比为医生与患者的话，那么社工机构的对应角色就是医院。组织依托对社工的专业身份具有重要的强调作用，相比起个人而言，组织对于专业和行业的诠释是更加完整、体系化的，与个体角色相比，普通群体会更加信任组织的权威。举例来说，从医疗系统来看，患者在需要看病时，对于行业内的医生资历通常是不清楚的，但是患者可以通过选择资历较深的医院（如三甲医院）中具有头衔（如主任医师）的医生来预期评估对方是否能够帮助自己。在这一过程中，这名医生作为个体究竟是谁并不重要，重要的是他的组织机构背景和他的个人资历可以让患者产生信任，并寻求帮助。

但在目前整个项目服务的开展过程中，服务对象所面对和接触的专业服务提供方只有社会工作者这一单一的个人，对其背后的专业机构、专业背景几乎无从了解，因此也很容易就将社工的组织归类到具有充分认识的社区基层组织上，从而造成对社工专业背景的误解。由于服务对象对社工机构不了解、对社工行业缺乏认知，因此社区在作为“桥梁”向服务对象介绍社工的时候，也缺乏一个有说服力的“组织背景”让社会工作者进行专业挂靠，影响以此为基础在服务对象心中肯定和巩固社工的专业身份，建立对专业关系的认知与认可。

在目前政府购买社工服务中，社工机构主要活跃在与政府沟通的层面，从投标到竞标再到拿到项目，派驻社工正式进驻社区，都是与上层政府和专家团体在进行交流。而作为社会组织，机构方针对服务对象的宣传工作却显然相对较少。笔者在实习期间与服务对象提起相关的社会组织时，发现服务对象通常能想起的是"基金会""公益组织"，对"社会工作服务机构"几乎一无所知，甚至有很多服务对象表示"听都没有听过"，社工机构的缺位显然也对社工的专业身份造成了影响。

(2) 专业服务本土化建设不充分

在专业服务过程中，除了由社区权威强势所引发的专业关系问题外，专业社会工作自身也存在不足，导致了社工难以通过专业权威澄清专业界限，主要包括两个部分：专业社会工作资源不足与专业者自身专业自信流失。

①专业社会工作资源不足

在政府购买社区服务中，专业社会工作的资源不足主要体现在两个方面：财力资源与社会资源。

财力资源的问题主要是因为目前内地专业社会工作发展基本依靠政府购买，除此之外，社工机构几乎没有其他的资金来源，在理论中存在的社会募捐、收费服务、企业资助等资金支持方式很难在目前的社会环境中实现。因此，在政府购买服务后，社工机构为了维持机构的长期运作，包括当机构没有被购买服务时，也能够保障机构顺利运营，在服务中就会出现"能省则省"的情况，这种"节省"所导致的结果是在服务过程中，人力和物力的从简布置，从而导致社工在实际工作中很难以专业宣传手段走到服务对象面前。

> 我认为专业社会工作在现在的内地应该是处于一种造势的发展阶段，就是我们首先要让大家知道、听说我们。但实际上我们的人力、物力都很难实现，比如我现在开展社区活动，机构最多能拨给我两到三个助手或志愿者，每次活动的

> 经费预算也有限，这种条件下我们自己很难承担在社区中的大型宣传任务，想要在社区中推广我们，最终还是靠社区介绍给居民后居民之间滚雪球的方式实现。(C-WYJ1512)

社会资源不足则是在面对真正弱势的服务对象时，社工很难帮助服务对象去寻找、对接合适的资源。从权威的生成条件来看，只有当专业社会工作与服务对象的需求相连时，专业的权威性才会存在。目前虽然各实务方向的社会工作都有所发展，但实际行业中各种社会资源整合并不理想。这一问题在政府购买的社区服务中显得更加突出，因为从实务角度可以发现，社区中的服务对象群体相对多元化，以老年服务对象群体为例，除了有空巢、高龄导致的不便外，这部分群体同时还可能属于残疾人群体、慢性病群体等。这类问题通常是长期的，但能够为他们提供实际帮助的资源（如医疗资源、社会救助相关资源等）往往都难以被社工掌握，甚至接触。

在这样的环境下，社工通常能够开展的也只能是层次较浅的工作，这种工作在社区中通常是锦上添花，而面对困难较大的服务对象（如残疾老人）时，社工通常只能提供上门探访或安排志愿者关怀等补充性质的服务，无法真正帮助其链接较为硬性的资源来解决其问题，难以实现雪中送炭。对于服务对象而言，锦上添花的服务多数满足的需求是一种弹性需求，在功能上，目前专业社会工作仍然缺乏与社区权威博弈的核心资源和实现方式。这种情况下，社会工作者在社区中的专业角色就很容易被弱化，最终依附于社区。

②专业者专业自信流失

自信在现代汉语中是指相信自己能够运用已有的经验去面对所处的情境，表现的是一种社会适应。在本研究中，笔者认为专业自信是指社工在提供服务过程中，相信专业社会工作的价值体系、理论基础和实务技巧能够为服务对象提供帮助，满足其需求，实现服务对象的增能，最终达到专业目的。

行为成就是获得自我效能感的主要因素之一。在社区服务项目专业关系建立的过程中，社工却因为受限于专业社会工作的认知度低与社区权威的双重困境，从进入社区开始，在承认专业方面就显得底气不足，从与驻点社工的访谈资料可以看出这点：

> 其实在社区中向服务对象介绍自己的时候，除了介绍社工的工作和自己的社工机构外，会下意识地想要附带上社区对我们工作认可的评价，不然总觉得好像缺乏一点说服力。目前为止在内地，社会工作这个专业感觉并没有真正做出什么事让普通群众能感觉到它的专业性，不像医生可以看病、警察可以维持社会秩序这样分工明确。（C-WSG1606）

除此之外，社工通过其自身在社区中与服务对象建立信任的历程，也会让社工产生一定的挫败感。从服务对象在服务中所给予的信任特点实质来看，这种对专业社会工作停留在表面的信任会让社工在工作过程中对专业的价值理念感到受挫。

> 在专业学习的过程中，所描述的就是专业社会工作是一个饱含价值的专业，但是在服务过程中，总觉得服务对象并不能感受到这一点。在开展小组的时候我也会自我怀疑，比如我们现在开展的康乐小组这样的，专业的价值理念要如何传达出去？比如小组中的平等、接纳等，服务对象可能很难去感受到这些概念上的东西，如果他们感受不到，那我们的专业形象要怎样去建立？（C-WSG1606）

社工在服务中出现矛盾时，又由于社区权威占有主导地位的关系，不得不将专业权威让渡给社区权威，为了维持小组进行妥协。当这种情况反复发生时，社工本身也会对专业产生怀疑，损害社工自身的专业自信。而这种对于专业缺乏自信的表现在后续服务过程中也会传达给服务对象，降低服务对象对社工的专业身份辨识度，最终影响专业关系的建立与稳定。

## 二 双重权威与多重关系

1999 年美国《社会工作伦理守则》中对社工与案主之间的多重关系提出了明确反对，这意味着在西方社会工作中，对多重关系的明令禁止，主要是因为在专业伦理中，多重关系会造成社工对服务对象的伤害或潜在伤害。但在中国，由本土文化衍生的“人情社会”和西方国家的“契约社会”存在显著区别，诸多学者在研究专业社会工作本土化问题中提出，对于多重关系的处理和看法应当有本土化的思考，在目前仍处于差序格局的中国，潘绥铭等人提出了社工与服务对象应该是一种“专业关系 + 工作关系 + 朋友关系”的求助关系模式，[①]“通过关系运作、建立熟人关系”的社会工作模式正是作为一种本土实践经验而总结出来的。[②]

本文在前文中已经论述过，在双重权威的影响下，专业角色的边界会变得模糊，且在现有条件下，无论是社区权威还是专业权威，要澄清社会工作者的专业角色都存在困境。因此，对于社区驻点社工来说，将自身身份限定在理论意义上的专业身份中，在一线实务中并没有实际意义。可以说，由于专业角色的边界模糊，目前政府购买服务中的多重关系已然变成了一种必然的结果，多重关系无法避免会贯穿服务的整个过程。本章节就这一问题进行探讨，分析在双重权威中多重关系是以怎样的形式存在的、具有哪些特点。

### （一）社区权威占主导地位导致的多重关系

前文已经论述过，在目前的政府购买项目服务中，社区权威的影响是深层的，在专业关系中占据主导地位。因此，当社工在社区中活动时，服务对象很可能产生误解，将社工误解为社区工作人员，从而在服务对象的认知上形成社区工作人员与社区居民的关系，由此引发多重关系。

---

① 潘绥铭、侯荣庭、高培英：《社会工作伦理准则的本土化探讨》，《中州学刊》2012 年第 1 期。

② 马志强：《从熟人关系到专业关系：社会工作求助模式的转向》，《西北师大学报》（社会科学版）2014 年第 1 期。

目前在社区中，社工的专业身份由于专业影响力等原因，辨识度并不高。从另一方面来看，社工办公室与社区工作人员的办公场地通常距离较近，虽然就服务项目来说，社工与社区工作人员的日常工作并无交集，但在社区开展一些活动（如社区举办的讲座、会议等）的时候，社工也需要协助社区工作人员分发物资、布置会场等。这种合作是社工与社区友好相处所必需的，当社工开展专业服务时，也需要依靠社区权威的力量。在这一层面上，社工在社区组织的活动中也非常活跃，这种活跃的本意是通过借助社区权威提升专业和社工自我在社区中的活跃度与影响力；但对于服务对象和社区居民而言，反而造成了专业身份辨识度的下降。在社区权威根深蒂固的社区中，将社工归类到基层社区组织的“认知成本”比去理解其背后的专业含义简单得多。在这种时候，社工这一“协同社区”的行为就会导致社区工作人员与社区居民多重关系的产生，最终投射到专业服务中，影响专业关系。

（二）专业权威让渡导致的多重关系

由于专业权威让渡，服务对象在过程中可能将社工理解为社区义工，将与社工的关系理解为社区义工与非专业服务对象的一种服务关系。

在社区项目中，基于专业社会工作在社区中认知度较低这种情况，支持项目的基层社区组织通常也会利用社区权威为一线社工提供帮助，主动创造机会，提高社区居民日常生活中社会工作者和社会工作的“出镜率”，减少服务对象对专业社会工作相关词语的陌生感，为真正开展服务做好准备工作。这一过程其实是一个专业权威让渡社区权威的过程，本质是由于单凭专业权威难以在社区中自主存在而发生的，主要表现为当社工有志愿者资源（如大学生志愿者团队）时，社区就会为社工提供一些社区困难老人名单，并且提前帮助社工做好准备工作，向这类居民澄清社工在社区中提供志愿者服务资源的合法性。

这种“提前打招呼”的工作方法本意是助于社工能够顺利和服务对象连上线，但由于服务对象与社区居民对社工身份认同本身存在误解，而且志愿者资源在服务对象心中比专业社会工作资源更容易理解，因此会让服务对象将专业工作者与社区义工或志愿者领队的身份产生混淆。于是，当服务对象提出一些专业关系外的要求时，社工有时候会陷入一种进退两难的境地。

> 有时候机构会提供一些志愿者或者义工的资源，为社区中的服务对象提供一些做饭、打扫卫生的慰问和帮助。我们（社工）在这种时候一般都会陪同志愿者一起去，由于是社区的安排，有些时候会安排到服务对象家中，比如个案案主，或者小组成员，一些服务对象就会对我们的工作产生误解。比如我们的服务对象中有一个老大爷，在为他提供了一次这样的资源后，他家里需要换个水龙头、换个灯泡这种事就会直接来找我了。如果我不去，很有可能在专业服务的后续阶段他就不会配合了，因为会觉得我“连这点小事都不帮忙不够意思”；但如果我去，我的角色就成了义工。（C-WSG1606）

通过对社工的访谈可以看出，在社区权威作为桥梁联系资源提供者和资源接受者双方时，对于对社工了解不够清晰的服务对象，社工因为专业身份的不明晰，很难向其解释这种认知偏差，即使解释后，很可能依旧面临服务对象的误解，甚至对专业服务中的关系造成影响。这种时候，在专业关系场景外，社工和服务对象之间可能产生“社区义工－非专业服务对象”的服务关系。

### （三）专业权威薄弱导致的多重关系

在服务过程中，专业权威由于其根基不稳、缺乏制度信任，服务对象可能将社工当作社区志愿者，把其与社工之间产生的服务关系当作社区志愿者与社区居民的关系。

在前文论述中已经提到，现有情况下，专业权威在社区中的建立并不是依托专业知识技能或专业组织等宏观背景，而是取决于社工在社区中所展现的个人魅力和品行。在这种情境下，就需要社工在社区中经常走动，充分发挥其能动性来建立和维持一个良好的个人形象。但在实践工作中，社工很容易陷入专业形象与个人形象的两难境地——建立个人形象是为树立专业形象做准备，但现实情况中更多时候是，在个人形象建立之后，专业形象的建立难以继续推进。

> 为了更多地与居民沟通，我会经常离开办公室到社区里转悠，有时候看到一些老年人搬些重物什么的就会主动帮忙，顺便告诉对方我是社区的社工，办公室就在综合服务中心楼上，有时候会开展一些适合老年人的小组活动，他们有空可以去看看，通过这种方式来接近他们，宣传我们的专业和职业，而不是单纯地依赖社区来介绍。但是我们现在的工作有一个非常关键的硬伤，就是大部分我们提供的服务，小组也好社区也好，服务内容都是一些锦上添花的东西，而服务对象一些硬性的需求由于资源、政策等因素，单凭我们很难满足，这让服务对象会觉得我们的工作都是些小打小闹，而我这些接近他们的行为也反而会误导他们，让他们把我们（社工）当作新兴的长期社区志愿者。（C-WSG1606）

由此可见，在专业本土化建设不足的情况下，社工凭借专业权威对于个人形象和专业形象的分寸实际的掌控能力非常有限。这一问题不能仅仅依靠社工的工作能力，从长远来看，专业权威建设除了针对一线社工的专业教育部分，还应该包括专业体系中知识、组织和资源在内的强化，否则这种多重关系就会始终难以厘清。

（四）双重权威下的多重关系利弊分析

（1）优点分析

由双重权威影响带来的多重关系的优点主要体现在与服务对象的距离感上。在中国文化背景中，求助关系之间通常比较讲究人情味，因此更容易发生在熟人之间，同时也对“礼尚往来”较为强调。当社工关怀案主的同时，这一机制其实就已经开始了，如果社工察觉到多重关系时，过于向服务对象强调“这是工作之内的事”，与服务对象划清界限，很可能会伤害到服务对象的感情，或让服务对象产生“他是不是看不起我”这样的怀疑。这种专业外的情感因素如果带入专业服务中，也会对专业关系造成负面影响。现有的这类多重关系无疑会拉近社工与服务对象的距离，让即使隔着“专业认知”这一层障碍的服务对象也乐于接近和配合社工的工作。

而从另一方面来讲，内地专业社会工作在社区的资历都普遍较浅，无论是社工机构还是社会工作者，在社区中的资源都十分有限，对于社区中的服务对象也缺乏全面认识的渠道。这种情况下，社工作为一线工作者，就需要从更多的场景出发，去认识和了解社区，完成对社区中服务对象的信息、资源的积累，从而帮助服务开展。

> 多重关系的发生可以知道很多关于服务对象的事，通过在不同场景与服务对象接触，很多在专业小组或者服务中他们可能不会说的话，在其他服务对象更为熟悉的场景中会更加有利于他们表达自己。社工在制定服务方案和内容的时候，就可以充分利用这些资源。例如在专业服务外和服务对象交流的时候，他们可能会发表一些对社区的看法，因为社工并非社区工作人员，所以在这种讨论中就能够更好地从社区居民的立场出发，让他们产生亲近感。（C-WSG1606）

在社区服务中，多重关系的出现通常意味着社工与服务对象的交流增多，服务对象对社工产生了熟悉感，认同了社工在社区中工作和提供服务的合法身份。这种时候，多重关系的发生有利于拉近社工与案主的距离，让社工有更多机会去了解服务对象，双方可以产生更多的沟通与交流。同时，服务对象在这种多重关系中，会增加对社工的信任，在专业服务中也会更加放松。

（2）弊端分析

在西方社会工作中，多重关系最大的弊端是会存在可能伤害到服务对象的风险。但在目前国内政府购买的社区服务项目中，由于社工本身的专业身份在社区居民中普及度并不高，对于服务对象来说，社会工作者是一个全新的职业，其一切在社区中的行动都会成为服务对象对该专业和职业建立认知的一部分。因此，多重关系除了可能由于社会工作者处理不当而伤害到服务对象以外，还可能伤害到社工的专业角色认同，影响社工这一职业在服务对象人群中的辨识程度，最终伤害到专业关系。

> 与服务对象多一些专业外的接触，比如做一些社区工作者或者义工做的事，这种情况多了以后，服务对象很可能会产生“社工就是做那些工作的”这样的想法。当开展专业服务的时候，他就会就专业服务的部分产生一种对专业的质疑或者否认，觉得一个“做那些工作的”的人员开展的服务活动里能有什么专业性的东西呢？当服务对象有这种意识产生的时候，社工对于专业关系的主动权和掌控力就会下降很多。(C-WSG1606)

这种负面影响是一个恶性循环的过程。服务对象所熟悉的一些工作或者形象作为一种刻板印象投射到专业社会工作者身上，原本就在社区服务中缺乏专业权威的机构与社工更加难以获得服务对象对其专业本质的认可，最终沦为社区的依附产品。可以说，服务对象的这种认知无论是对项目实施效果还是嵌入式发展下的专业建设都是极为不利的。

## 三 双重权威在专业关系困境中的评价

本章从双重权威角度出发，分析了双重权威对专业界限的影响，以及当多重关系不可避免发生时，双重权威又分别导致了怎样的多重关系。笔者认为，在目前的政府购买服务中，专业社会工作通过项目购买这种方式嵌入传统社会工作中，专业社会工作要立足于社区，实质上是在社区这一场域中通过充分互动，找准专业角色与定位的过程。从专业机构能够为一线社工提供的支持与社工所产生的专业身份怀疑来看，专业社会工作在国内实务参与中本身就需要更多的学习与思考，这种困境只有专业自我必须面对和克服时，才能真正在社区中立足，达到项目购买本身所预期的效果。

由前文可知，在专业社会工作发展的现状下，无论是社区权威还是专业权威，对专业界限的清晰化和规范化都存在较大问题。社区权威虽然能快速给予专业社会工作在社区服务中的合法性，使其他居民迅速认识专业社会工作者及其专业背景，但并不能从实质上给予专业身份和规范专业界限。笔者认为，这一部分工作应该是由专业权威来完成的。但遗憾的是，在专业社会工作本身缺乏社会普及度的情况下，目前从项目购买的运营方式到专业社会工作进社区的准备工作，都没有出色到能够填补专业社会工作“普及度不高”的缺陷，最终结果就是将社工对专业界限的澄清置于一个非常被动的旋涡中，甚至将其自己也卷入这种恶性循环中。

由于专业界限的模糊化，多重关系自然也就不可避免。从双重权威的视角来看，目前政府购买的社区项目中主要存在三种类型的多重关系，其诱发原因和特点也都不同。但无论哪一种权威引发的多重关系，其本质都是对专业社会工作不明所以的服务对象对于社工专业角色发生误解而产生的。多重关系对专业服务开展具有双面性，笔者认为，要充分利用其优点，规避问题，重点依旧要回归到专业本土化内容的建设上，包括专业知识价值体系、专业组织、专业资源和专业的实务定位等多方面发展，为其在社区服务项目中寻找和开辟更大的专业空间，进而通过掌握这一空间的话语权来实现专业权威的塑造。

## 第七节　结论与建议

### 一　结论

在专业社会工作实务中，专业关系作为服务关系框架而存在。在专业关系中，无论是社工还是服务对象都有了一个专业身份与角色，双方之间以此为基础产生了一个专业服务的空间，其存在是为了实现专业目的，保障专业服务效果。在西方国家，社会工作已有了近百年的发展历程，其自下而上的发展方式使社会工作具有广泛的民间基础，又因为其宗教文化背景，社会工作秉承着博爱、奉献、人本主义等利他主义价值观，与其文化背景可谓一脉相承，使社会工作无论是作为一种专业还是职业都为大众所认同。但由于我国的特殊国情，社会工作并不具备自然成长的内生性，在中华人民共和国成立初期是由国家包办的。20 世纪 50 年代初，社会学作为一门学科在中国被取消而导致了专业化社会工作中断 30 余年。在这一时期，社会大小事务几乎尽由政府一手包办，政府在掌控社会资源的同时，也成为对各种社会问题负责的责任方。改革后，这种体制和服务方式显然难以维系，伴随全球公共治理理论和实践的发展，政府开始将眼光投向专业社会工作。可以说，我国专业社会工作发展是一种自上而下的方式，而且在政府长期主导实际社会工作的背景下，强烈缺乏社会认同。

在这一背景下，政府购买社工服务，社工在社区中开展专业服务时，专业关系必然会受到长期以来由本土社会工作发展而生成的社区权威的影响，形成本土化特征。在西方社会工作理论中，专业关系的重点在于讨论社工的伦理和专业角色，强调的是专业人员的能力和职业道德；但在本土现状下，作为健康专业关系的前提，专业权威本身已经受到了社区权威的影响，在服务对象的认知中，社区权威的力量远远超过专业权威，这意味着一线社工在开展工作时，需要更多因地制宜地发挥能动性，进而推动服务项目的顺利进行。

在本研究中可以看到，从社工进入社区开始，社区权威对专业权威的影响就穿插在服务进程中，难以剥离。在专业关系初期，专业权威需要依附社区权威获得合法性，取得服务对象的初步信任。在专业关系发展期，专业权威则受到社区权威的控制，虽然社会工作者作为一线专业人员，在服务过程中也努力想要通过自身的专业性来巩固和加深专业关系，但在作为权威客体的服务对象心中，专业权威相较社区权威处于弱势地位，在处理专业关系中的冲突与矛盾时，社工却很难通过专业权威来进行调解，最终的结果就是专业权威向社区权威的让步与妥协。

这种让步与妥协也产生了专业界限的突破与多重关系的问题。专业权威在与社区权威竞争中的退缩使社会工作者的专业角色变得模糊，专业界限受到双重权威的影响，很难真正清晰地为服务对象所认知，最终结果就是不健康的专业关系的恶性循环，由此引发的多重关系也不可避免。这是当前专业社会工作发展所面临的现实问题，但并不意味着这种多重关系一定是恶性的。相反，本文认为，多重关系作为本土化专业关系中的必要事实，当社工能够合理处理的时候，也可以充分发挥其优势，从而强化专业关系，扩展专业权威的生长空间。在这种多重关系中，社会工作者应当坚持专业价值，遵守社会工作者的职业道德，理解多重关系的单向性特征——其本质是出于服务对象对专业社会工作和社工不了解而发生的，社工自身应该能在服务过程中认识到自己和服务对象的关系始终是一种工作关系，而不是跟随服务对象卷入非专业关系中。这需要社工在服务过程中对专业界限和多重关系具有清晰的认识，同时对多重关系保持谨慎态度。

综上所述，笔者认为专业权威在目前专业关系中的弱势地位，本质上仍是专业社会工作的实务建设存在短板。作为新兴的社区公共福利服务提供方，在进入社区之前，无论是社工机构还是社会工作者，对于基层社区的学习和了解都显示出一种准备不足，这些被分配了项目的社区中，负责项目的社工机构究竟拥有怎样的专业资源，一线社工对于这些专业资源的调取能力如何，才是专业权威真实的立足点所在。如同本文所述，专业权威是以服务内容和服务形式进行展现的，但对于服务对象来说，目前其所呈现的部分并没有完全的不可替代性，因此专业权威虽然能够得到发展，但也始终难以真正扎根，最终只能选择依靠社区权威得以生存。

## 二　建议

本文以L社区服务项目中小组工作服务为基础，分析了政府购买社区服务项目中的专业关系是如何受社区中的权威体系所影响的，解析了专业社会工作介入社区在服务过程中实际上受到了社区权威和专业权威的双重影响，这种双重权威对专业关系的作用过程和要解决双重权威对专业关系的问题存在怎样的困境，在双重权威成为政府购买服务中的现实问题时，社工应当如何分析和看待这种双重权威下所产生的多重关系问题。笔者认为，要在社区权威主导下建立健康的专业关系，发展有利的多重关系，稳步树立专业权威，最终仍旧需要从专业社会工作自身的建设出发进行解决。

（一）专业社会工作宏观建设

（1）优化项目机制，增强专业与社区沟通

从政府购买社工服务的目的来看，是利用专业社会工作的优势提升社区福利服务。但现今的项目购买方式反而不利于社会工作者融入社区。在政府由上而下引入社会工作的时候，应当更加注重方法和宣传，让社区基层组织能够真正理解社工身份和职责，以免产生社区工作中不必要的误解。当社区与服务对象交流时，也能够准确描述社工的职业角色，减少社工与服务对象的沟通成本，预防社工陷入角色模糊的困境。

同时，针对目前项目流动性较大的特征，社区与社工应该进行更好的沟通。在专业社会工作初步发展的阶段，社工应该主动了解社区的工作机制，社区也应该与社工进行对话，通过对话建立一套完整的合作机制，相辅相成，减少项目流动与人员流动所带来的额外成本，同时也可以使服务项目发挥更好的作用。

（2）加强机构宣传，构建资源平台

目前社工机构通常拥有的社区资源较少，而且不同机构之间的资源沟通也并不频繁。专业社会工作要在社区服务工作中发挥作用，不能单纯地等待本土社会工作对其进行让渡，而是应该主动发挥优势。社工机构的存在是专业社会工作的行业和组织依托，提高机构知名度有利于该专业走进公众视野。同时也需要挖掘各自的资源优势，各类机构资源可以通过一个资源互通平台进行分享，进而从宏观层面发挥专业的优势去解决问题，建立专业资源优势。

（3）从现实问题出发，提高服务能力

对服务对象来说，专业关系的稳定与否同社会工作是否能切实解决问题有重要联系，专业关系的维系与发展最终落脚点仍是社工及其机构所能提供的服务质量本身。在服务项目中，社工及其机构都对社区有更深的了解，包括社区发展政策、社区工作模式、社区人群特征等，对于社区中的问题有更加敏锐的洞察力，才能在实务工作中针对现实的问题进行预防干预，提升专业在社区中的主动性，以此来增强专业关系中的专业权威，获得专业认可。

（4）社区福利服务转型价值建设

通常来说，服务对象对这种类型的福利服务接受程度上也受其对相关服务认知度的影响。政府需要专业社会工作发展来应对更多的社会问题，不仅需要实现事务上的转型，也需要让服务受众群体实现思想上的转型。在实际操作中除了单纯的项目购买外，也需要向社会进行相关宣传，这种福利服务的提供方身份、提供路径是政府许可的合法路径，并非只有社区基层组织所提供的福利服务才是唯一的合法通道，实现观念转变。

（二）应对专业关系问题的实务建设

（1）坚持专业价值，遵守社会工作者的职业道德

从专业关系利益的角度来看，社会工作服务本身是从服务对象的利益角度出发的，社工与服务对象建立专业关系，专业目的是助人自助，能够解决案主的需求和增能，这是专业社会工作的核心价值观所在，也是价值层面专业性的体现。

社工在面对多重关系时，首先应该从服务对象的利益进行考虑，在建立多重关系的过程中，清楚自己的专业伦理，理解专业关系的本质应该是一种帮助自己实现专业目的的工具性关系，而不是通过多重关系去达成私人性质的目的。社会工作是需要进行情感投入的，在服务过程中所表达的接纳、真诚、关怀都是发自内心的，是真实的情感过程，但这一切的最终目的是帮助服务对象。在多重关系中，社会工作者首先需要从服务对象的利益出发，来衡量目前的多重关系是否呈良性，专业目的在这种多重关系中

是否更加容易实现。例如在案例中，社工在明知道会产生多重关系的情况下，仍然会为服务对象提供专业外的帮助，其目的是获取服务对象对社工的信任，维系专业关系。

专业社会工作作为一门充满价值的专业，相较于心理咨询等专业，在服务过程中更加强调的是对人的尊重、接纳的价值和关怀的情怀，需要社会工作者将社会工作服务作为一种道德的实践。因此，在面对多重关系时，社工首先应该从专业价值的角度进行思考，遵守社会工作者的职业道德，谨慎看待和使用多重关系。

（2）增强对专业关系的学习，理解专业关系的单向性

由于现阶段的服务对象对专业社会工作缺乏专业上的理解，因此专业关系本身的塑造也是一个较长期的过程。在这一周期里，服务对象很容易对社工产生角色和职能上的误解，将社工误认为是社区工作者或社区义工等，使专业界限变得模糊，从而伤害专业关系。

针对这种情况，社工首先需要提高对专业界限和多重关系的认识，在实务中能够清晰辨认自己的角色与职能，清楚哪些服务是属于专业内的服务、多重关系将会发生在哪些情境下，增强自身对于社工角色的认识，防止陷入不良多重关系中。

其次，社工应该在服务实践中对多重关系保持清醒，理解本土化多重关系的单向性特征。服务对象可能在服务过程中将社工当作其他角色，或是与社工发生朋友关系等较为亲密的私人关系，但这种多重关系的本质是单向性的，只是出于服务对象对专业社会工作和社工不了解而发生的；社会工作者自身能够在服务过程中清晰地认识到自己和服务对象的关系始终是一种工作关系，而不跟随服务对象的节奏卷入非专业关系中。这需要社工在服务过程中对专业界限和多重关系具有清晰的认识，同时对多重关系保持谨慎的态度，在察觉到多重关系对专业关系造成认知压力时，应当及时通过合适的手法进行专业澄清和角色澄清。在现阶段社区服务项目中，社工如果担心由自己进行说明会造成服务对象不必要的误解，例如由社工澄清自己的专业角色，服务对象可能会认为“社工就只是不想帮我做这件事”，可以考虑在服务对象下次

进行非专业的求助时，由社区工作人员担任第三方的角色，向服务对象说明社工与社区义工的不同之处，以达到在不伤害专业关系的情况下，规避多重关系。

# 附录一　访谈提纲

## 一　访谈对象：项目驻点社工

（一）关于项目

1. 在社区中开展项目面临的困境主要是什么？

2. 您觉得社工在社区项目中，主要扮演的角色是什么？什么时候会感觉到专业方面的压力？专业方面的压力和问题主要集中在什么地方？

（二）关于项目实行

1. 项目小组开展的过程中主要面临什么样的问题？小组中主要的矛盾和冲突最常会发生在什么地方？

2. 当社工在项目过程中有疑问时，机构督导能够为社工提供什么帮助？

3. 您认为现在实施的项目计划是否能切实影响到社区、真正帮助社区居民解决他们的问题？您认为对于社区来说，社工是否能够通过专业影响力真正服务到项目的目标服务对象？

4. 您认为本项目对服务对象的影响主要在哪一方面或哪些方面？

5. 您对于目前项目中所开展的专业服务中专业关系有怎样的看法？

6. 您认为目前项目中，专业关系的主要问题存在于哪些地方？

7. 您认为专业关系可以从哪些方面着手进行改善？

8. 您认为社区目前的一些做事方法是否影响到专业关系的存在？如果有，是否能够举例说明？这些影响的程度如何？

## 二　访谈对象：小组参与者

1. 您是怎样看待社会工作者的？是否了解社会工作这一专业？

2. 您是否有感受到社工与社区工作人员的区别？区别主要在哪些方面？能否举例说明？

3. 您是否对社工机构有所了解？了解程度大概是什么样的？

4. 您参加这个小组的主要动机和原因是什么？您认为您可能会因为什么样的原因再次参加到小组中？

5. 您对小组中大家想法和社工偶尔发生不一致时的看法是怎样的？

6. 您平时是否会找社工聊天，或者寻求帮助？您认为您最有可能在什么情况下向社工寻求帮助？

7. 如果可以提建议的话，您认为社工还可以在社区项目中开展什么样的服务？

8. 您觉得社工所提供的社区服务对您的影响或者帮助有哪些？影响程度如何？

### 三 访谈对象：社区工作人员

1. 您对目前政府购买社区服务的看法？

2. 您对专业社会工作有哪些认识？

3. 您认为社区项目在社区中开展对社区的工作是否有影响？有怎样的影响？

4. 您是否理解社区项目的活动意义？

5. 您对社工开展个案工作、小组工作的态度？

6. 您认为社工在社区中提供服务可能会面临什么问题？

7. 您是如何看待社会工作的？

## 附录二 访谈对象基本情况

| 访谈对象 | 性别 | 身份 | 背景 | 备注 |
|---|---|---|---|---|
| SNN | 女 | 服务对象 | 单位退休居民 | |
| LN | 女 | 服务对象 | 单位退休居民 | |
| WP | 女 | 服务对象 | 单位退休居民 | |

**续表**

| 访谈对象 | 性别 | 身份 | 背景 | 备注 |
| --- | --- | --- | --- | --- |
| WSG | 男 | 驻点社工 | 法学学士本科毕业生 | 正式社工 |
| WYJ | 女 | 驻点社工 | 社会工作硕士二年级在读 | 社工实习生 |
| HDY | 男 | 社区领导 | — | |
| CMZ | 女 | 社区副级领导 | — | |
| GJQ | 女 | 社区工作人员 | — | |

# 元认知理论视角下中职生自我认知能力提升研究

## ——基于S职高某服务的准实验设计

冯子龙

## 第一节　绪论

### 一　研究背景

（一）缘起

近年来，我国不断推动素质教育改革，中职教育越来越受到国家重视，中职生群体对经济的发展也发挥了重要作用，但是我们不得不关注中职生群体所面临的问题与挑战。由于其生活环境复杂、父母和学校管教不力、自律性差等原因，中职生身上或多或少地存在某些行为偏差问题。同时，由于工作环境恶劣，并且社会公众对其有歧视，中职生群体的发展面临巨大的挑战。因此，笔者在武汉市S职高为某班学生开展了为期一年的社工课堂服务。

为了对该班学生开展更具针对性的服务，在服务前期阶段，笔者通过问卷调查的方式，对全班学生的需求进行了专业评估。评估结果显示，服务对象的自我认知能力较差，例如不会发掘并利用自身的优势，不能客观对待自身的缺点；缺乏自信心，不敢发言，不敢在同学面前表现自己；自我约束力差，课堂纪律差，上课注意力不集中等。这些状况对服务对象的发展将产生很大的影响。因此我们将服务主题确定为自我认知能力的提升。

（二）关注的问题

本文旨在对该项关于中职生自我认知能力提升的专业服务进

行总结分析。一方面，通过对服务对象的需求评估，展示中职生群体的自我认知状况；另一方面，通过对服务展开效果评估，探究社会工作专业服务能否得到中职生的认可，社会工作方法能否介入中职生自我认知能力的提升，检验在元认知理论的指导下社工课堂对中职生自我认知的提升是否有效。同时，笔者将展示服务过程中存在的问题以及自身的反思，如服务对象对本次服务主题的认可程度、服务对象在活动中的参与度，以及社工在服务中所扮演的角色等。

## 二　研究意义

### （一）理论意义

本研究关注社会工作介入中职生自我认知能力的提升效果。在素质教育改革的推动下，职业教育的发展规模不断扩大，2012年全国中等职业教育在校生就已经达到了2021.3万人。[①] 而中职生的学习和就业状况令人担忧，这些状况与中职生的身心健康发展有着千丝万缕的关联。然而学术界对这一群体的关注度还不够，尤其是在解决中职生身心健康问题上没有太多研究。将中职生群体引入社会工作介入自我认知能力提升的相关研究中，有助于弥补该研究领域的缺陷。

本研究将社会心理学与社会工作两门学科的相关知识综合到了一起，采用元认知理论来指导研究的开展。元认知理论作为心理学理论，很少被社会工作学者运用在研究中。该理论对自我认知概念的划分，可以被社会工作专业借鉴过来对服务对象的自我认知能力进行纵向干预，这无疑拓展了元认知理论的应用领域。

本研究的主要服务手法是社工课堂，采用的是准实验设计研究模型。社工课堂作为学校社会工作领域特有的服务手法，与实验法结合起来开展研究，是本研究的一个创新点，可以促进学校社会工作领域的研究发展。

---

① 阚大学、吕连菊：《职业教育对中国城镇化水平影响的实证研究》，《中国人口科学》2014年第1期。

（二）实践意义

本研究以提升中职生自我认知能力为主题，自我认知能力的提升对服务对象和社会都具有重要的意义。

对服务对象来说，首先，自我认知是认识外界客观事物的前提条件，自我认知的训练有助于服务对象正确认识自己，正确对待周围的人和事物。其次，自我认知是提高自我监控能力的前提，对自我的成长有很大帮助。在课堂中，社工会接纳每一个服务对象并帮助他们面对自己的短处，以引导的态度协助学生克服困难和挫折，进而建立起勇气和信心。再次，自我认知是认识并改善自我的重要途径，它使人不断地自我监督，不断地完善自我。服务对象是中职生，绝大部分学生在毕业后会直接参加工作，在文化水平较低的情况下，较高的自律能力和自我修养必然有利于帮助他们克服就业中的困难。

对社会来说，通过自我认知能力提升训练服务，帮助中职生调节自己的行为，使其行为符合一般青少年群体规范，符合社会道德要求。一方面，改善他们在公众眼中的刻板印象，减少中职生群体在工作中的受歧视现象，有利于营造和谐的工作环境；另一方面，良好的自律意识有利于中职生免受社会不良亚文化的影响，进而减少越轨行为的发生。

## 三　文献综述

（一）对自我认知的研究

（1）自我认知的定义

在文献梳理的过程中，笔者发现国内外文献中对自我认知的研究较少，更多的是针对自我概念的研究。“自我认知”与“自我概念”在定义上有很多重叠的地方。自我概念在 Shavelson 看来指的是个体对自己各方面的主观知觉；[①] 而自我概念被 Rosenberg 从三个角度做了界定，其中认为：普通心理学将自我概念定义为个

① R. J. Shavelson et al. , “Self-Concept: Validation of Construct Interpretations,”, *Review of Educational Research* 3 (1976): 407 - 441.

体认知的重要组成部分，心理分析学认为自我概念是心理压力和冲突的来源，社会学则认为自我概念是社会的产物同时也是社会的能量。①

从社会心理学层面上讲，自我认知即自我意识，在蒋亚丽看来，社会心理学中的自我意识是建立在社会角色基础上的，自我是社会中的自我，在社会大环境中，在与别人交往的过程中建立“我是谁”的概念。她认为自我意识是指个人对自己身心状况、人-我关系的认知、情感以及由此而产生的意向，简言之就是个人对自己各种身心状况的意识。②

（2）自我认知的结构

学者对自我概念（自我认知）结构的研究，从19世纪90年代单层次的方向发展到20世纪80年代的多层次方向（Shavelson自我概念模型、Marsh自我概念模型和Song & Hattie模型）。然而此时自我概念模型的建构不再局限于自我概念基本要素的发展和确认，而是更多地研究这些结果与要素之间的关系、程度、组合等。③ 针对青少年，Shavelson等提出了自我概念的多维度层级模型。在该模型中，他们将自我概念界定为个体通过经验和对经验的解释而形成的对自我的知觉，是一个多层次、多维度的系统。在该系统中，一般自我概念处于最高层，其下是学业自我概念和非学业自我概念。其中，学业自我概念又按学业内容的不同分为数学自我概念、言语自我概念等；而非学业自我概念又划分为身体自我概念、社会自我概念和情绪自我概念。更进一步，身体自我概念又分为体能和外貌两个维度，社会自我概念又分为同伴关系以及与重要他人的关系两个维度。④

---

① Morris Rosenberg, “Self-Concept Research: A Historical Overview,” *Social Forces* 1 (1989): 34-44.

② 蒋亚丽：《青少年自我族群认知的影响因素研究——以加拿大华裔青少年为例》，《中国青年研究》2015年第9期。

③ 岑廷远：《自我概念的研究进展及展望》，《社会心理科学》2001年第3期。

④ R. J. Shavelson et al., “Self-Concept: Validation of Construct Interpretations,” *Review of Educational Research* 3 (1976): 407-441.

自我意识的内容被蒋亚丽从不同的角度进行了分析，常见的分析方法是将自我意识的内容分为生理（物质）自我、社会自我和心理自我。[①] 生理（物质）自我，指个人对自己躯体、性别、体形、容貌、年龄、健康状况等生理特质的意识。社会自我，在宏观方面指个体对隶属于某一时代、国家、民族、阶级、阶层的意识；在微观方面指对自己在群体中的地位、名望，受人尊敬和接纳的程度，拥有的家庭、亲友及经济政治地位的意识。社会自我在情感体验上表现为自豪或自卑；在意向上表现为追求名誉地位，与人交往，与人竞争，争取得到他人的好感和认可等。心理自我，指个体对自己智能、兴趣、爱好、气质、性格等诸方面心理特点的意识。生理（物质）自我、社会自我和心理自我既相互联系又相互区别，它们共同构成了个人自我意识的有机组成部分。

（二）对中职生自我认知的研究

（1）对青少年整体认知状况的研究

综观已有文献，对中职生自我认知的研究相对较少，对青少年群体的整体研究较多，尤其注重学业方面。在丁莉看来，青少年自我意识的总体发展处于中等偏上水平，从年级上看，青少年自我意识的发展从初一到高一是逐渐下降的，高一处于最低点，从高一到高二又逐渐回升；独生子女和非独生子女的青少年在自我意识发展水平上没有显著差异。[②] 张宜彬认为，我国初中生的总体自我认知水平对其适应状况有显著的正向影响，即初中生的正向自我认知水平越高，其适应状况越好。[③] 高中生和大学生的认知能力在刘肖岑看来要高于初中生，认知能力可以正向预测中学生的学业成绩。[④] 李慧萍和孔祥军认为，中学生自我概念的年级差异

---

① 蒋亚丽：《青少年自我族群认知的影响因素研究——以加拿大华裔青少年为例》，《中国青年研究》2015 年第 9 期。

② 丁莉：《青少年自我意识与社会适应行为的关系》，广州大学硕士学位论文，2008，第 9 页。

③ 张宜彬：《我国初中生自我认知、自我评价和适应的现状及其关系研究》，清华大学硕士学位论文，2008，第 14 页。

④ 刘肖岑：《青少年自我提升的发展及其与适应的关系》，华东师范大学博士学位论文，2009，第 21 页。

显著，中学生自我概念的性别差异显著。[①]

（2）对中职生自我认知状况的研究

如前文所述，对中职生自我认知状况的研究较少，但是学者的已有研究对本研究有很大的借鉴意义。一定程度上，笔者将所服务的中职生视为偏差学生。关于对偏差青少年的研究，在对自我的认知方面，昌永菲认为偏差青少年自身性格积极方面较多，对自己的未来没有太多的想法，认为本性是天生的；在对自我的评价方面，对自己外貌认知评价一般，对自己能力评价一般，对自己的生活评价一般，认为自己社会接受性一般；在对自我的情感方面，偏差青少年对整体自我概念的情感多数为喜欢。[②] 中职生各个年级学生在俞国良和姜兆萍看来，总体自我概念无显著差异；女生的同伴自我、能力自我显著高于男生；自我概念的性别和年级间交互作用不显著。社会关系诸因素与自我概念都存在显著相关。[③] 消极的社会关系和中职生的自我概念各因素呈现显著的负相关关系，如冲突的师生关系，亲子关系中的父亲生气、母亲角色混乱、母亲同一性，以及消极的同伴关系等。积极的社会关系与自我概念各因素呈显著的正相关关系。王珺琪认为中职生自我认知能力不足，部分学生认识不到自己的优缺点，不清楚自身具备的能力，自卑意识较强，不会挖掘自身的优点或长处。[④]

（三）社会工作介入自我认知提升的研究

（1）社会工作在自我认知相关领域的介入

青少年人际交往、自信心、自我监控问题等与自我认知密切相关，与自我认知的内涵有相同之处。高校贫困生人际交往障碍在徐晓琴看来，主要表现在不敢交往、不会交往、不愿交往以及

---

① 李慧萍、孔祥军：《中学生自我概念的调查研究》，《中国健康心理学杂志》2005 年第 5 期。

② 昌永菲：《偏差青少年自我概念现状、来源研究》，华东理工大学硕士学位论文，2014，第 43 页。

③ 俞国良、姜兆萍：《中职生自我概念与社会关系的相关研究》，《中国职业技术教育》2007 年第 6 期。

④ 王珺琪：《中职生自我效能感提升研究——基于在 S 职高 X 班的社工课堂服务》，华中科技大学硕士学位论文，2015，第 14 页。

与异性交往比较少等方面，希望通过小组工作和个案工作介入高校贫困生人际交往能力的提升。[①] 岳祖浩从社会工作实务操作层面对城市低收入家庭儿童的自信心提升展开研究，利用专业所长，针对城市低收入家庭儿童的自信心提升展开丰富的活动。[②] 在自我监控能力问题上，沃建忠和林崇德探索了青少年在认知操作活动中自我监控能力的发展特点，认为随着年龄的增长，计划性中的初步思考时间延长，操作任务越难，初步思考时间越长，停顿次数就越多，但停顿次数年龄差异不大；在监控性中的悔步次数逐渐减少，任务越复杂，悔步次数就越多，短时注意次数年龄差异不大；在简单积木操作中，随着年龄增长，长时注意次数会延长；认知操作的总时间减少，在操作中的拼错数逐渐减少，但是年龄差异不大。[③]

（2）社会工作对自我认知提升的介入

学者在关于社会工作对自我认知提升方面的研究相对较少，研究对象有家庭暴力受虐妇女、偏差中学生等。周冬然认为家庭暴力受虐妇女自身认知的偏差导致对家庭暴力行为的消极应对，进而致使她们的受虐状态长时间持续。通过发挥社会工作专业优势，结合使用个案、小组、社区方法，探讨了针对受虐妇女的内部自我认知和外部社会支持两方面的社会工作家庭暴力受虐妇女本土干预模式。[④] 蒋超运用小组工作对初二学生的认知偏差行为进行研究。从两个方面研究其认知对象，一方面是对自我的态度和看法，另一方面是对社会的理解和感知，认为对自我和社会的认知主要来自学生的自我生活体验以及对他人看法、观点的总结分析。[⑤]

---

① 徐晓琴：《社会工作介入高校贫困生人际交往障碍研究——以南京市某高校贫困生为例》，南京农业大学硕士学位论文，2013，第12页。

② 岳祖浩：《社会工作介入城市低收入家庭儿童自信心提升的研究——以N市W社区为例》，南京大学硕士学位论文，2014，第1页。

③ 沃建中、林崇德：《青少年自我监控能力的发展研究》，《心理科学》2000年第1期。

④ 周冬然：《自我认知和社会支持——社会工作视野下的家庭暴力受虐妇女干预研究》，复旦大学硕士学位论文，2010，第21页。

⑤ 蒋超：《“初二学生”认知行为偏差的小组工作介入——以苏州市葑门街道“快乐初二”项目为例》，苏州大学硕士学位论文，2014，第4页。

（四）社会工作介入中职生自我认知的研究

（1）社会工作介入中职生自我认知提升的理论视角和原则

关于这方面的文献很少，但学者的研究对笔者有很大启发。费梅苹以社会联结理论的视角，从个人、社会以及个人与社会关系三个方面介入，改善偏差青少年的自我认知。[①] 昌永菲认为偏差青少年自我概念来自偏差青少年与身边的重要他人或者事件的互动中的因果归因、社会比较、内省、自我知觉过程和沟通方式，而较为客观地知觉到的评价有助于他们开展与身边重要他人的沟通，进行较为客观的因果归因、社会比较、内省和自我知觉，从而有助于偏差青少年形成较为健康的自我概念。[②] 在原则上社会工作者干预偏差青少年自我概念时，对于他们的接纳是最重要的，尤其是对他们现有自我概念的接纳。

（2）社会工作介入中职生自我认知提升的服务手法

学者们对中职生自我认知提升的研究多采用一般的个案工作和小组工作方法。如张俊秀采用个案工作方法和小组工作方法介入中职生心理健康问题，描述并分析了从心理、家庭、朋辈群体、社会环境多维度的介入过程和干预效果。其从服务介入过程中得出需要充分尊重中职生自身的独特性、关注中职生社会支持网络的构建、中职生身心健康问题的多视角分析和注重发挥社会工作方法的合力作用等经验总结。[③] 路晓凤通过开展成长小组对中职生自我认知和自我能力进行干预训练，以提高其自我认知能力。[④] 费梅苹运用“融和型”青少年社会工作服务模式，从依恋、参与、信念和奉献四个维度对服务对象展开干预，促进偏差青少年自我

---

① 费梅苹：《社会工作视角下的偏差青少年自我概念干预》，《当代青年研究》2014 年第 9 期。

② 昌永菲：《偏差青少年自我概念现状、来源研究》，华东理工大学硕士学位论文，2014，第 50 页。

③ 张俊秀：《中职生心理健康问题社会工作介入研究》，西北农林科技大学硕士学位论文，2015，第 1 页。

④ 路晓凤：《中职生自我认知能力在抗挫折训练中的重要性》，《新课程学习》2013 年第 10 期。

概念的改善。[①]

（五）文献述评

通过上文对自我认知概念、中职生自我认知、社会工作干预自我认知和社会工作介入中职生自我认知能力提升方面的研究文献分析，笔者深受启发。上述文献在理论和方法方面对本研究的思考具有指导意义。

第一，在研究对象方面，目前的研究多集中在一般中学生及其他弱势青少年身上，对中职生这一特殊群体的研究较少。

第二，在研究内容方面，当前研究多集中在学生的学习状况方面，而较少关注学生的自我认知能力的发展；多从横向角度研究自我认知的分类，而很少从纵向角度研究自我认知能力提升的过程。

第三，在介入方法方面，目前研究多采用社会调查的方式，而很少采用专业的社会工作服务方式；多采用一般的个案或小组工作方法，很少采用社工课堂的方式。

第四，在评估方法方面，目前国内社会工作研究多采用访谈法和参与式观察法来评估服务效果，很少采用实验法展开评估。

本研究的优势在于，在元认知理论指导下，采用专业学校社会工作服务方式——社工课堂，从自我认识、自我体验和自我监控三个纵向维度，介入中职生自我认知能力提升，运用准实验设计的方法评估服务效果。

## 四 核心概念

（一）中职生（secondary vocational student）

中职生指年龄在14岁到19岁间在中职学校接受中等职业技术教育的学生。本文所研究的中职生，正值青春期，年龄一般是在15岁到18岁之间，处于生理、心理和认知能力等各方面迅速发展时期，由于父母管教不力、学校环境较差、社会歧视等原因，需

① 费梅苹：《社会工作视角下的偏差青少年自我概念干预》，《当代青年研究》2014年第9期。

要社会工作者的正确指引，这将对其克服成长困境至关重要。

（二）自我认知（self-cognition）

在段世敏看来，自我认知指对自己身体和心理活动的意识，即对自己的理解，包括自己的生理条件，如身高、体重、外貌等；心理特征如能力、性格、角色等；与他人的关系，如他们与周围人之间的交往状况、他们在合作关系中的地位和作用等。[①] 本研究中的自我认知在结构上包括自我认识、自我体验和自我监控三个方面。

（三）社工课堂（social work class）

史柏年认为社工课堂指的是学校社会工作者秉承社工理念，按照既定目标，协助班级成员，通过课堂互动、体验和班级成员相互间的支持，以及班级氛围的营造，改善他们的态度、人际关系和应付实际生存环境的能力，帮助班级成员解决问题和发展潜能。[②] 本研究中的社工课堂一般包括热身游戏、主题活动、讨论分享、总结四个环节。

（四）准实验设计（quasi-experiment design）

准实验设计是相对于标准实验设计而言的，它借用实验设计的某些方法来计划搜集资料、获得结果，一般是使用现成群体作为处理组，不对被试进行随机分组。准实验的现实感更强，外部效度较高；但是没有随机分组，许多额外变量的影响难以得到有效控制，内部效度较低。[③] 本研究是在职业技术学校中为学生开展社工课堂，考虑到伦理原则，无法将同班学生分为两组开展研究，故采用准实验设计。

## 五　理论基础

本研究以元认知（metacognition）理论为理论基础，采用心理学将自我认知划分成三个层面的结构。元认知概念最初是由美国

---

① 段世敏：《提高心理素质表现最佳的歌唱状态》，《普洱学院学报》2013 年第 10 期。

② 史柏年：《希望社工常规服务十法》，社会科学文献出版社，2011，第 34 页。

③ 邓铸：《实验心理学》，北京师范大学出版社，2016，第 127 页。

心理学家弗拉威尔（J. Flavell）提出，其他学者例如Bake和Brown等进行了深入的研究，认为元认知就是个人在对自身认知的基础上，对其认知过程进行自我行为的评价与调节。[①] 元认知分为元认知知识、元认知体验、元认知监控三个组成部分。

在弗拉威尔看来，元认知可以定义为任何调节认知过程的认知活动或是任何以认知过程和结果为对象的知识。元认知的核心意义是对认知的认知。[②] 该理论的基本假设是个人可以对自身之前的认知重新进行认识活动，以达到改善自身不良心理和行为的目的。具体到学习活动中，就是指对学习认知活动的认知。它要求学习者对自身的生理、心理、能力、目标以及达到目标所要采取的方法都有明确的认识，同时在学习中时时进行自我监督和评价，从而肯定、发展正确的行为，发现并改正不良的行为，让认知活动得到调整和改善。[③]

元认知的结构包括三方面的内容：一是元认知知识，即个体关于自己或他人的认识活动、过程、结果以及与之有关的知识；二是元认知体验，即伴随认知活动而产生的认知体验或情感体验；三是元认知监控，即个体在认知活动进行的过程中，对自己的认知活动积极进行监控，并相应地对其进行调节，以达到预定的目标。[④] 相应地，自我认知在心理学上分为自我认识、自我体验、自我监控三个部分。

本研究的研究框架如图1所示，严格按照心理学对自我认知结构的三方面划分，把本项中职生自我认知能力提升服务分为三个阶段，分别是自我认识阶段、自我体验阶段和自我监控阶段。本研究希望通过自我认识、自我体验、自我监控三个阶段的训练服务，帮助同学们更好地认识到自身的优点和不足，客观地面对自己；鼓励同学们认真体验自我认知过程，提升自信心；引导同学们在合理的自我认识和自我体验基础上，主动调节自身行为。

---

① 王亚南：《元认知的结构、功能与开发》，《南京师大学报》2004年第1期。

② 杨宁：《元认知研究的理论意义》，《心理学报》1995年第8期。

③ 杨宁：《元认知研究的理论意义》，《心理学报》1995年第8期。

④ 杨宁：《元认知研究的理论意义》，《心理学报》1995年第8期。

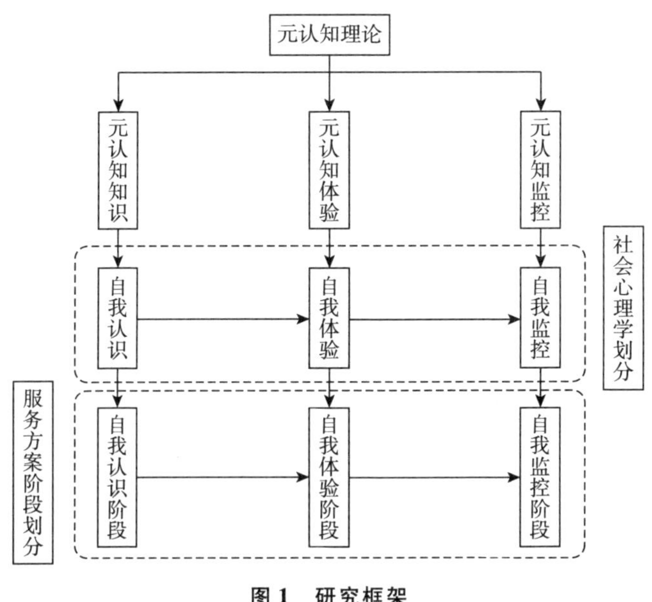


**图 1　研究框架**

## 六　研究思路

本研究以美国心理学家弗拉威尔提出的元认知理论为指导，对笔者在专业服务实践中收集的学生自我认知状况资料和社会工作介入的效果进行定量和定性分析。

研究采用准实验设计方法，以 S 职高中一计算机应用专业两个班为研究对象，其中 1 班为实验组，2 班为对照组。一方面，对 1 班学生在服务前后，进行前测和后测，前后测运用与自我认知能力相关的问卷和量表对学生的变化指标进行测量；另一方面，在相同时间段，运用相同的问卷对 2 班学生的自我认知状况进行后测。最后将收集来的数据用 SPSS 软件进行两配对样本 T 检验，比较实验组和对照组的数据，来检验实验组的服务效果。

研究假设：在元认知理论视角下，社工课堂对中职生自我认知能力提升的干预是有效的。

## 七　研究方法

本研究属于实验性研究。由于研究开展的领域在学校，考虑到社会工作服务的伦理价值，不能将同班学生分为实验组和对照组进行真实验研究，因此笔者选择了两个专业相同、年级相同的班级作为研究对象。在研究中，笔者将两个班级分别视为实验班级和参照班级，两个班级学生在学校进行同样的专业知识学习，不同的是实验班级每周接受一节社工课堂服务，而参照班级不接受任何服务，以保证实验效果的准确性。在实验进程中，笔者对研究对象的自我认知状况进行不断的评估，评估过程可分为需求评估、实施过程评估和结果评估三个阶段。

（一）需求评估（needs assessment）

Bonnie L. Yegidis 和 Robert W. Weinbach 认为需求评估的目的是通过客观的方法来判定所考察的计划是否真的需要，或者现在的计划是否仍然需要继续。[①] 本研究通过问卷法收集资料，对中职生做需求评估。

在服务前期，为了全面了解实验班级学生的情况，用问卷法对其进行需求评估，从基本情况、亲子关系、自我认知、情绪管理、人际交往、爱情、学习及职业规划八个方面进行了调查。依据评估结果，笔者发现这些中职生对自我的认知相对其他方面有明显的缺陷，并因此确立了服务主题。

（二）实施过程评估（evaluation program implementation）

计划实施过程评估时要获取计划是否按规划来操作，以及如果是的话，操作情况如何等资料。[②] 本研究对实验班级学生运用的主要服务手法是社工课堂，在服务过程中用导学案做过程评估。

正如前文所述，社工课堂手法在学校社会工作中经常被运用，是对小组工作方法的改善，适应了中学内场地有限和服务对象较多的实际情况。本次服务中的社工课堂一般包括热身游戏、主题活动、讨论分享、总结四个环节，符合中职生性格活跃的特点，可以带动课堂气氛。本次社工课堂服务以“提升中职生自我认知

---

① 〔美〕Bonnie L. Yegidis，〔美〕Robert W. Weinbach：《社会工作研究方法》，黄晨熹、唐咏译，华东理工大学出版社，2004，第313页。

② 〔美〕Bonnie L. Yegidis，〔美〕Robert W. Weinbach：《社会工作研究方法》，黄晨熹、唐咏译，华东理工大学出版社，2004，第316页。

能力”为主题，在同一班级开展为期一年的持续性服务。

每期社工课堂开始前，社工都会策划本期课堂的导学案，一般包括服务主题、服务流程、服务内容、课堂反馈四个方面，对社工课堂服务的顺利进行有很大帮助，并且学生对社工的反馈和意见也有助于社工进行服务过程评估，及时完善服务方案。

（三）结果评估（outcome evaluation）

在服务中期和后期，笔者运用量表和问卷对每一阶段和整体服务进行后测，经过前后对比，评估社工的服务效果。

同时，在相同时间节点上，运用同样的问卷对参照班级学生的自我认知状况进行了测量，与实验班级进行比较，进一步检验服务的效果如何。

## 第二节 武汉市 S 职高中职生自我认知现状及问题

2015 年 9 月至 2016 年 6 月，笔者在武汉市 S 职高中一计算机应用专业 1 班（实验班级）为 48 名中职生（男生 38 名，女生 10 名）开展社工课堂服务。服务分为两个阶段：第一阶段服务主要是为了与学生之间建立专业关系，进行需求评估；第二阶段服务是针对中职生的自我认知能力提升进行的。

通过前期的服务和对本班学生的观察，笔者从基本情况、亲子关系、自我认知、情绪管理、人际交往、爱情、学习及职业规划八个方面进行需求评估。本班共有 48 人，发放问卷当天有 3 位同学请假，所以共发放问卷 45 份，回收 45 份，其中有效问卷 38 份，问卷的回收率为 100%，有效率为 84%。随后笔者利用 SPSS 软件对收集来的数据进行统计分析，分析结果显示该班学生在自我认知能力方面存在明显缺陷。该结果也成为服务主题确定的依据。

在服务过程中，笔者又在自我认知能力提升的各个阶段对学生做了详细的现状评估。下面笔者将介绍实验组学生们自我认知的现状及问题。

评估问卷由笔者根据自我认知结构层次自制而成，分为自我认识、自我体验和自我监控三个维度。为保证问卷题目的可信度，笔者对问卷的内部一致性进行了检测。由表1可知，问卷可靠性统计量 Cronbach's α = 0.650 > 0.6，因此说明问卷题目具有较高的信度，用此问卷对服务对象的自我认知状况进行前后测是可行的。

**表1 可靠性统计量**

| Cronbach's α | 基于标准化项的 Cronbach's α | 项数 |
|---|---|---|
| 0.648 | 0.650 | 13 |

## 一 自我认识程度不足

### （一）外貌满意度

“外貌满意度”是青少年对自身外表的认知，可以反映青少年对自我的基本认可程度。笔者对中职生在自身外貌满意度方面做了调查（见表2）。

**表2 外貌满意度**

| | 频数（人） | 百分比（%） | 累计百分比（%） |
|---|---|---|---|
| 非常满意 | 6 | 15.8 | 15.8 |
| 比较满意 | 7 | 18.4 | 34.2 |
| 一般 | 24 | 63.2 | 97.4 |
| 比较不满意 | 1 | 2.6 | 100.0 |
| 合计 | 38 | 100.0 | |

该项调查，笔者意在从外在方面了解中职生对自身的认可程度。通过“外貌满意度”调查结果显示，65.8%的学生认为自己的外貌“一般”和“比较不满意”，仅有15.8%的学生对自己的外貌“非常满意”。中职生处在青春期，生理变化比较明显，因此很重视自己的外表，经常会与其他同学相比较。自己是否英俊或漂亮，对正处于青少年阶段的中职生的心理健康影响很大。若不

能客观面对自身的外表，中职生可能会表现出自负或自卑的心态。以上分析结果显示，该班学生需要正确认识自己的现状，接纳自己的外貌特征；不仅要从内心里接纳自己，也要客观面对他人眼中的自己。

（二）优缺点了解度

“优缺点了解度”是青少年认识自我特点的重要指标之一，可以反映学生对自身优势和劣势的把握程度。笔者对中职生在“优点了解度”和“缺点了解度”方面做了调查（见表3、表4）。

**表3　优点了解度**

| | 频数（人） | 百分比（%） | 累计百分比（%） |
|---|---|---|---|
| 非常了解 | 3 | 7.9 | 7.9 |
| 比较了解 | 11 | 28.9 | 36.8 |
| 一般 | 13 | 34.2 | 71.1 |
| 比较不了解 | 9 | 23.7 | 94.7 |
| 非常不了解 | 2 | 5.3 | 100.0 |
| 合计 | 38 | 100.0 | |

**表4　缺点了解度**

| | 频数（人） | 百分比（%） | 累计百分比（%） |
|---|---|---|---|
| 非常了解 | 7 | 18.4 | 18.4 |
| 比较了解 | 8 | 21.1 | 39.5 |
| 一般 | 15 | 39.5 | 78.9 |
| 比较不了解 | 6 | 15.8 | 94.7 |
| 非常不了解 | 2 | 5.3 | 100.0 |
| 合计 | 38 | 100.0 | |

这两项指标的调查，笔者旨在了解中职生对自身优缺点的认识程度。数据显示，36.8%的学生表示比较或非常了解自己的优点，同时39.5%的学生比较或非常了解自身的缺点。因此可知，了解自身优缺点的同学比例还不及40%。中职生相对于普通学校的学生来说，性格比较活跃，课余生活比较丰富，同辈群体的影

响力较大。因此，认识到自身的优点，会增强他们在同伴面前的自信，否则很容易产生自卑心理；认识不到自身的缺点，不去经常反思自身的行为，很容易受到不良文化圈的影响，进而出现越轨行为，甚至走向犯罪之路。而且中职生在毕业后多数会选择就业，了解自身的优缺点有助于选择适合自己的行业。所以，该班学生需要学会挖掘自身的优缺点，以应对生活中的困难或挑战。

（三）价值观了解度

笔者在对学生访谈中发现，该班学生很少有人能准确说出自我的价值观，他们自己的人生追求更多地集中在金钱、美女、游戏等方面。对自我价值观的认识是自我认知的一个重要方面。由于中职生正处于青春期，并且处在杂乱无序的职校环境中，他们很容易形成不恰当的人生观和价值观，进而出现偏差行为，人际关系混乱，逐渐脱离课堂，处于次生社会化的游离阶段，[①] 稍有不慎就会走向歧途。因此需要帮助学生了解自己的特点和价值观，思考和澄清自己的价值观念，引导其以正确的价值观为导向去追求真正重要的事物。

（四）性格脾气了解度

笔者对中职生的“性格脾气了解度”做了调查（见表5）。该项指标的调查旨在测量中职生对自己性格脾气的了解程度，认识自身脾气性格，有助于管理自己的情绪。

**表5 性格脾气了解度**

| | 频数（人） | 百分比（%） | 累计百分比（%） |
|---|---|---|---|
| 非常了解 | 12 | 31.6 | 31.6 |
| 比较了解 | 15 | 39.5 | 71.1 |
| 一般 | 8 | 21.1 | 92.1 |
| 比较不了解 | 2 | 5.3 | 97.4 |
| 非常不了解 | 1 | 2.6 | 100.0 |
| 合计 | 38 | 100.0 | |

① 费梅苹：《次生社会化：偏差青少年边缘化的社会互动过程研究》，上海人民出版社，2010，第76页。

数据显示，71.1%的学生表示了解自己的性格脾气。从数据上看，学生们对该项指标的认知程度较好，但是在笔者与其交流中发现他们并不了解人格气质的类型和特点。正如前文所述，中职生性格整体比较活跃，追求独特性；加之父母和老师管教不力，中职生很容易形成极端的性格脾气，这将不利于他们的发展。中职生正值青春期，生理、心理发展还不完善，个人的性格和气质也在逐渐养成中，因此学会分辨不同的性格和气质特点，并正确认识自己，善于利用或完善自己的性格脾气，对于处理人际交往和职业选择中的困难至关重要。

（五）角色了解度

中职生不同于一般中学生，家庭关系复杂，师生关系不好；经常参加一些兴趣社团，同伴圈并不仅限于班级中的同学；步入社会较早，面临就业困境。据调查，该班有51.3%的学生为外来务工人员的子女，父母忙于工作，无暇照顾子女，亲子关系一般；学生在校无视老师和领导权威，经常顶撞老师，师生关系紧张。由于中职生群体的复杂性，其不得不扮演更多的社会角色，对其扮演角色的能力要求比一般青少年也要高。因此，认识自身所要扮演的角色，并学会各种角色的职能，对中职生处理亲子关系、同学关系、师生关系和同事关系至关重要。自身角色的恰当扮演，有助于中职生的身心健康发展，改变社会对其不好的刻板印象。

综上所述，笔者为了了解中职生的自我认识程度，从“外貌满意度”、“优点了解度”、“缺点了解度”、“价值观了解度”、“性格脾气了解度”和“角色了解度”六个指标上做了相关调查，发现部分中职生不能完全接纳自己外表，不能正确面对自身的优缺点，价值观不符合一般青少年应有的规范理念，不了解自身的性格特质和扮演的社会角色，对自我的认识程度不深。

## 二　自我体验水平较低

（一）自我能力了解度

“自身能力了解度”、“公众面前讲话紧张程度”和“社交能力”这三项指标意在测量中职生对自身能力的了解程度（见表6、

表7)，尤其是表达能力和人际交往能力。笔者对中职生在以上几个方面做了调查。

**表6　自身能力了解度**

| | 频数（人） | 百分比（%） | 累计百分比（%） |
|---|---|---|---|
| 完全可以 | 5 | 13.2 | 13.2 |
| 大部分可以 | 17 | 44.7 | 57.9 |
| 可以 | 10 | 26.3 | 84.2 |
| 大部分不可以 | 6 | 15.8 | 100.0 |
| 合计 | 38 | 100.0 | |

**表7　公众面前讲话紧张程度**

| | 频数（人） | 百分比（%） | 累计百分比（%） |
|---|---|---|---|
| 非常紧张 | 5 | 13.2 | 13.2 |
| 比较紧张 | 7 | 18.4 | 31.6 |
| 紧张 | 11 | 28.9 | 60.5 |
| 有点紧张 | 14 | 36.8 | 97.4 |
| 不紧张 | 1 | 2.6 | 100.0 |
| 合计 | 38 | 100.0 | |

从统计结果来看，“完全可以”了解自身能力的学生比例仅占到13.2%，有60.5%的学生表示在公众面前讲话时会“紧张”、“比较紧张”或“非常紧张”。

中职生多是因为学习成绩较差才进入职业学校学习，在家中受父母训斥，在学校被老师忽视，在社会中被公众歧视，但这并不代表他们其他方面的能力也不行。据笔者在服务中观察，少部分中职生具有很好的表达能力、合作能力、人际交往能力等，并且有很多兴趣爱好和很强的进取心。因此，中职生如果能发掘并利用自身的能力，学习更多的生存技能，将有助于他们减少紧张情绪，克服自卑心理。所以笔者采用社会工作专业手法帮助该班学生提升自身的表达能力、反应能力、合作能力等。

### （二）自信程度

自信程度是自我认知体验过程中的最重要指标之一，在测量本项指标时，笔者采用了美国心理学家罗森伯格（M. Rosenberg）编写的自信心量表（SES）[①]（详见附录），统计结果如表 8 所示。

**表 8　罗森伯格自信心量表测量结果**

| 分值 | 频数（人） | 百分比（%） |
|---|---|---|
| 10～15 分 | 0 | 0 |
| 16～25 分 | 21 | 65.6 |
| 26～35 分 | 6 | 18.8 |
| 36～40 分 | 5 | 15.6 |
| 合计 | 32 | 100.0 |

注：本文表格中频数因数据缺失，并不为确值。

测量结果显示，分数在 16～25 分的同学所占比例为 65.6%。这部分学生属于自我感觉平常者，对自己感觉既不是太好，也不是太差，在某些场合对自我感到相当自信，在其他场合却感到相当自卑，需要稳定自信心。[②] 分数在 26～35 分的同学所占比例为 18.8%，这部分学生属于自信者，对自己感觉良好，在大多数场合都充满了自信，不会因为在陌生人或上级面前感到紧张，也不会因为没有经验就不敢尝试，需要在不同场合调试自信心。[③] 分数在 36～40 分的同学所占比例为 15.6%，这样的同学在几乎所有场合都充满了自信，但是需要学会控制自己的情绪，变得自谦一些，以免得意忘形。

中职生生活学习环境复杂，自我认同感低。强大的自信心可以赋予中职生学习进取的动力，积极发掘自身的优点和能力；受到排斥时可以从容应对，克服困难；在众人面前不至于太紧张，降低羞耻感。笔者会在服务中为中职生创造条件，让其体验合作

① 戴晓阳：《常用心理评估量表手册》，人民军医出版社，2015，第 277 页。
② 戴晓阳：《常用心理评估量表手册》，人民军医出版社，2015，第 277 页。
③ 戴晓阳：《常用心理评估量表手册》，人民军医出版社，2015，第 277 页。

带来的自豪感；通过情景模拟，让其体验被排斥感和羞怯感。

综上所述，笔者为了了解中职生的自我体验水平，从“自身能力了解度”、“公众面前讲话紧张程度”和“自信程度”等几个方面做了调查。调查结果显示，中职生对自身所具备的能力了解度不深，表达能力、社交能力和合作能力较弱，不能做到充分体验自身的优势，导致自信心不足，在被排斥或拒绝后，不能很好地应对心理和情绪上的变化。

## 三 自我监控能力较差

### （一）自强和自律意识

中职生由于学习成绩差、就业情况不佳等原因，被公众标签化，很多中职生变得自暴自弃，不思进取，面临辍学或失业的危险。笔者经过在服务开始前对学生的观察和访谈，发现该班学生有自卑心理倾向，尤其是女生，平时就不敢发言，更不敢去维护自己的正当利益。因此，该班学生需要机会和条件发掘自己的潜能，学会自强自立，认识到自己可以跟普通中学生一样优秀。

同时，中职生由于学校管理制度不到位，受不良文化圈影响，自律意识很差，自身的惰性很大。在班级中，笔者发现经常有学生无故旷课、顶撞老师等现象；大部分学生在上课时玩手机游戏或看视频，课堂纪律较差，教室成了学生的娱乐场所；没有自己的学习时间规划，每逢考试都应付而过。因此，提升这些中职生的自律意识，让他们学会自我监督已经迫在眉睫。

### （二）自主意识

能否“独立决定事情”是测量学生自主意识的重要指标，可以反映中职生的自我调节能力。笔者在中职生独立决定事情的程度上做了调查（见表9）。

**表9 独立决定事情**

| | 频数（人） | 百分比（%） | 累计百分比（%） |
|---|---|---|---|
| 完全可以 | 7 | 18.4 | 18.4 |
| 大部分可以 | 16 | 42.1 | 60.5 |

续表

| | 频数（人） | 百分比（%） | 累计百分比（%） |
|---|---|---|---|
| 可以 | 11 | 28.9 | 89.5 |
| 大部分不可以 | 4 | 10.5 | 100.0 |
| 合计 | 38 | 100.0 | |

增强自主意识是自我监控训练阶段的重要环节。中职生虽是十七八岁的青少年，从心理角度讲心理发展不成熟，从法律角度讲是非行为责任人，好多事情应有父母师长帮助做决定。但是中职生有其特殊性，亲子关系不良，父母文化程度低；在学校接受职业教育，毕业后大多数直接面临就业；同伴圈关系复杂，接触社会人士比较多，因此中职生需要比同龄人有更强的自主意识，在面临就业或结交朋友时能做出正确的选择。从调查结果看，仅有 18.4% 的学生“完全可以”独立决定事情，还有 10.5% 的学生基本要依靠他人帮助决定事情。所以该班学生需要接受自主意识提升训练服务，学会规划自己的人生发展道路。

综上所述，笔者为了了解中职生的自我监控能力，对其生活学习现状进行了访谈和观察，并在“独立决定事情”指标上做了调查。笔者发现，中职生尤其是女生的自卑心理较重，不敢或不愿接受新事物，自主自立能力较差；生活作息没有规律性，没有规划管理学习时间的习惯，惰性较大，自律意识较差。

本节所述是笔者在开展研究前，从自我认识程度、自我体验水平和自我监控能力三个方面做的相关调查和访谈，以评估实验组中职生的自我认知能力。评估结果显示，中职生自我认识程度不足，由外表到内心，由自身特点到社会关系，对自我的了解程度都有欠缺，因此需要对中职生开展自我认识训练；中职生自我体验水平较低，认识不到自身具备的特长，更不善于加以利用，无法培养较高的自信心，面对困难选择逃避或者自暴自弃，因此需要对中职生开展自我体验训练；中职生自我监控能力较差，不善于挖掘自身的潜能，不会管理规划自己的学习生活，很少自主决定自己的事情，因此需要对中职生开展自我监控训练。笔者希望通过自我认识训练、自我体验训练和自我监控训练三个阶段的社工课堂服务，帮助中职生提升自我认知能力。

## 第三节　社会工作介入中职生自我认知能力提升的服务

通过专业关系的建立，笔者对实验班级学生进行了观察访谈和需求评估，确定针对该班学生的服务主题为自我认知能力的提升。本次社工课堂服务过程分为自我认识、自我体验和自我监控三个阶段，共计15次社工课堂服务。希望通过三个阶段的自我认知能力提升训练，帮助学生更好地认识到自身的优点和不足，客观地面对自己；帮助学生认真体验自我认知过程，增强自信心，提升自我认可度；引导学生在合理的自我认识和体验基础上，主动调节自身行为，变得自主、自律、自强。中职生自我认知课堂服务总方案见表10。

**表10　中职生自我认知课堂服务总方案**

| 第一阶段——自我认识 | | | | |
|---|---|---|---|---|
| 阶段目标：帮助同学们尽快熟悉班级，认识班级成员，同时促进对自己的了解；帮助学生挖掘自身的优势和不足，客观评价自己 | | | | |
| 活动对象 | 活动主题 | 活动名称 | 活动目标 | 活动形式 |
| 中一计算机应用1班全体同学（48名） | 自我感觉 | 我眼中的自己 | 尝试以自画像的方式重新认识自己 | 歌曲接龙、自画像、分享 |
| | 周围人对自己的认识 | 他人眼中的我 | 通过“印象卡”，了解他人眼中的自己，接纳自己在他人心目中的形象，进一步明确自我 | “印象卡”游戏、分享 |
| | 自我挖掘 | Who am I | 引导同学们对自我进行深刻的探索和认识，发现自己的特点、优点 | “20个自我”、分享 |
| | 对自我价值观的认知 | 我的价值观 | 帮助学生了解自己的价值观，思考和澄清自己的价值观念。引导学生以正确的价值观为导向去追求真正重要的东西 | “超级比一比”游戏、价值拍卖会、分享 |

续表

| 第一阶段——自我认识 | | | | |
|---|---|---|---|---|
| 活动对象 | 活动主题 | 活动名称 | 活动目标 | 活动形式 |
| 中一计算机应用1班全体同学（48名） | 对性格和气质的认知 | 测测我的气质 | 帮助学生了解自己的性格特点，澄清每种气质的优势 | “集思广益”游戏、气质自测量表 |
| | 对自我角色的认知 | 寻找我的位置 | 帮助学生认清自己在生活中扮演的不同角色，发现自己在扮演各个角色中的优势和不足，鼓励学生积极承担自身角色中的责任 | “乱唱歌坛”热身游戏、角色扮演情景模拟 |
| 第二阶段——自我体验 | | | | |
| 阶段目标：通过对学生进行自我体验训练，让学生拥有自尊感、自信感和自豪感，不自卑、不自傲 | | | | |
| 活动对象 | 活动主题 | 活动名称 | 活动目标 | 活动形式 |
| 中一计算机应用1班全体同学（48名） | 自我表达能力的体验 | 超级演说家 | 通过活动，让同学们体验自身的表达能力，学习表达技巧，提升自信 | “超级演说家”视频、主题演讲训练 |
| | | 我说你画 | | “寻宝”游戏、我说你画 |
| | 自我反应能力的体验 | N种思维 | 通过活动，引导学生体验自我反应能力，客观面对自己 | “头脑风暴”游戏 |
| | 自我被排斥感的体验 | 被冷落的小子 | 通过活动，引导学生体验被拒绝后自我心理的变化，学习正确的应对方法 | 热身游戏、主题活动“被冷落的小子” |
| | 团队合作给自我带来的自豪感的体验 | 身边的朋友 | 通过团队协作，运用正确的交往方式，体验同学之间的合作所带来的自信感、成功感 | “猜歌名”比赛 |
| | 自我羞耻感体验 | 最熟悉的陌生人 | 通过情景模拟，引导学生体验与陌生人交往时的羞耻感，帮助他们提升勇气 | 情景模拟 |

续表

| 第三阶段——自我监控 | | | | |
|---|---|---|---|---|
| 阶段目标：通过自我监控，检验同学们进行自我调节后的效果，以巩固积极的自我认知 | | | | |
| 活动对象 | 活动主题 | 活动名称 | 活动目标 | 活动形式 |
| 中一计算机应用1班全体同学（48名） | 自强 | I find I can! | 激发学生的潜能，提升面对困难的勇气，在生活中自强自立 | “信任背摔” |
| | 自律 | 说到做到 | 通过引导学生做时间管理策划，主动监控自身的懒散行为，提高学习效率和自律意识 | 时间管理策划 |
| | 自主 | 我的未来我做主 | 通过活动，展现自我对未来生活的目标以及克服未来困难的信心 | “生命线” |

## 一 自我认知提升训练之自我认识

### （一）社工课堂服务目标

自我认识提升是自我认知能力提升训练的基础阶段。本阶段的服务目标是：帮助学生尽快熟悉班级，认识班级成员，同时促进对自己的了解；帮助学生挖掘自身的优势和不足，客观评价自己；帮助学生了解自己的价值观，澄清和思考自己的价值观念；帮助学生了解自己的性格特点，澄清每种气质的优势；帮助学生认清自己在生活中扮演的不同角色，发现自己在扮演各个角色中的优势和不足，鼓励学生积极承担自身角色的责任。

### （二）社工课堂服务内容

（1）“我眼中的自己”

本节活动主题是“自我感觉”，尝试以自画像的方式重新认识自己。

①画出自画像，并在旁边写下自己的宣言、爱好、宠物和偶像，最后写下三个词来描述自己的性格。

②主持人收上组员的自画像，随机抽出几张，首先读出描述性格的词，让组员猜猜这是谁，并让本人解释自画像上内容的含义。

（2）“他人眼中的我”

本节活动主题是认识“周围人对自己的认识”，通过“印象卡”活动了解他人眼中的自己，接纳自己在他人心目中的形象，进一步明确自我。

①让同学们在班上随机挑选一位同学，从自己的角度出发，来描述自己眼中的他，让全班的同学来猜被描述者是谁。

②请被描述者谈谈，他人眼中的自己和自己眼中的自己是否一样。

（3）“Who am I”

本节活动主题是进行“自我挖掘”，通过“20个自我”分享活动引导学生对自我进行深刻的探索和认识，发现自己的特点、优点。

①每位同学在白纸上完成20个句子，以“我是一个……的我”为格式。

②想到什么就写什么，完全取决于自己对自己的感觉。

③独立完成，不要与别人商量，不必受别人影响，也不要影响别人。

（4）“我的价值观”

本节活动主题是“对自我价值观的认知”，希望通过“价值拍卖会”的形式，引导学生树立正确的价值观。

①每个学生手中有1000元道具钱，它代表一个人一生的时间和精力。

②每个人可以根据自己对人生的理解随意竞拍东西。每样东西都有底价，每次出价都以100元为单位，价高者得到东西，有出价1000元的，立即成交。

（5）“测测我的气质”

本节活动主题是“对性格和气质的认知”，学生在服务中通过张拓基、陈会昌编制的气质自测量表[①]了解自己属于哪种性格类

---

① 张拓基、陈会昌：《关于编制气质测验量表及其初步试用的报告》，《山西大学学报》1985年第4期。

型，并学习了解该种性格的特点以及其所适合的职业。

(6)“寻找我的位置”

本节活动主题是“对自我角色的认知”，通过情景模拟让学生扮演生活中的不同角色，学会处理不同情景下的困难。

①社工设计了亲子之间、师生之间、同学之间的三个交往场景。

②由学生参与扮演其中的角色，表演出场景。

③学生互换角色，重新扮演。

(三) 社工课堂服务总结

在“我眼中的自己”活动中，社工以“歌曲接龙”作为热身活动，将全班学生分为两组，让学生以比赛形式轮番唱歌，比如唱含有“我”字的歌词。大家对这个活动比较感兴趣，大部分学生给予了积极配合，尤其是班长发挥了带头作用。在主题活动中，社工将活动要求以PPT的方式呈现给了学生们，多数学生积极投入了活动中，以自画像的方式，重新认识自己，发现自己的优缺点，并在社工的引导下与同学做了分享。在“他人眼中的我”活动中，社工让同学们在班上随机挑选一位同学，从自己的角度描述自己眼中的他，再让全班的同学来猜被描述者是谁，最后请被描述者分享他人眼中的自己和自己眼中的自己是否一样。学生们积极参与，如王同学主动要求描述他选中的同学，说这位同学喜欢BIGBANG、“爱装”、爱玩游戏等，同学们很快就猜出了是谁，并且该同学也很认可这些描述。这样的活动效果说明我们前期建立关系的服务起到了一定的作用，同学之间有了一定程度的了解。

在“Who am I”活动中，社工首先要求每位同学在白纸上完成20个句子，以“我是一个……的我”为格式；写完之后，社工鼓励大家分享对自我的认识，讨论认识和探索自我的意义。大部分学生在活动中积极配合，分享了自我的认识，甚至还主动分享同桌所写的内容，活动气氛很好。在“我的价值观”活动中，首先社工以“超级比一比”游戏作为热身活动，将所有学生分为四组，社工来决定比的项目，例如比黑、比小、比短、比大等；然后每组按比赛项目推选出最具“冠军相”的人来参加比赛，社工说出比的内容，如比谁的腿短、比谁的眼睛小，比赢的人可以为自己组得一分；社工接着问各组这些特点都有什么好处，每回答出一个好处可以为本组得一分，最后得分最高者荣获“特点优选王”。在“价值拍卖会”中，学生热情度很高，有的同学合理地消费了手中的钱，买到了自己想要的东西；有的同学一次性消费掉了手中的钱；但有的同学什么也没买到。社工从三类人中选出代表，鼓励其做分享。通过这两次活动，大家更深刻地认识到了自己的优缺点和价值观，并且每次分享活动都使同学关系更为融洽。

在“测测我的气质”活动中，在简单的脑力热身游戏过后，社工接着发放气质自测量表，说明填写量表的规则，同时强调量表的重要性以及题量大、计算方法复杂，让同学们本着认真负责的态度进行量表测试。大部分同学都参与了量表的测量，但是仍有小部分学生只顾着玩手机。量表填写完后，社工告诉学生如何算分，参照结果解释，评估出自己的气质类型。在这个过程中，社工帮助学生解说计分方法，分析他们的气质类型，引导他们与自身相比较；社工鼓励学生分享自己属于哪种气质，让他们比较测试出来的气质特性，哪些与自己相符合，哪些是不符合的，或者哪些是没有发现已经具备的性格特质。大部分同学表示，测量出来的结果与自己很符合。同时社工强调：任何一种气质都是不分好坏的，都有它自己的优缺点，重要的是要了解自己的气质并正确利用它。在“寻找我的位置”活动中，社工事先准备一些写有各种不同情感词语的小纸条，如激愤、凄怨、快乐、害羞、感动、怨恨、色眯眯等；然后将学生分成四组，每组选出一首歌曲代表小组，并鼓励其唱出来给大家听；社工轮流让小组抽取字条，小组必须以字条上的情感状态把其小组的歌曲重新唱一遍。活动中，大家积极参与，社工提醒大家在生活中扮演不同的角色时，每个人都可能出现以上种种情绪。在情景模拟中，社工设计了亲子之间、师生之间、同学之间三种交往场景；由学生参与扮演其中的角色，表演出场景。同学们按照社工的安排，生动地模拟了设计好的交往场景。然后，社工让参与的同学分享了自己在扮演中的感受，鼓励大家在生活中学会运用同理心技巧，站在对方的角度思考问题。学生通过了解自己的性格特点和社会角色，对于自己处理各种社会关系、选择就业方向会有很大的帮助。

## 二 自我认知提升训练之自我体验

### （一）社工课堂服务目标

自我体验阶段是自我认知提升训练的中间阶段，成熟的自我体验训练，一方面有助于巩固中职生对自我的认识，另一方面也为中职生自我监控和调节自身行为打下坚实基础。本阶段的服务总目标是：通过对学生进行自我体验训练，让学生拥有自尊感和自豪感，充满自信，不自卑、不自傲；帮助学生体验自己的表达能力和反应能力，体验在与人交往中的被排斥感和合作带来的自豪感，以及被他人拒绝后的羞怯感。总之，笔者希望自我体验训练能提高中职生的自信心，积极主动地认识自己、接纳自己、监控自己。

### （二）社工课堂服务内容

（1）“超级演说家”、“我说你画”

本两节活动的主题是“自我表达能力的体验”，希望通过活动，让同学们体验自身的表达能力，学习表达技巧，提升自信。

①“超级演说家”：带领大家观看综艺节目《超级演说家》经典片段；以“如何做一个对社会有用的人”为主题或自拟主题，展开三分钟演讲；其他同学进行点评。

②“我说你画”：选取“传达者”，让其看过七巧板样图之后，向同学们描述，同学们根据描述画出自己理解的图形；描述期间，同学们可以“传达者”提问。

（2）“N种思维”

本节活动的主题是“自我反应能力的体验”，希望通过“头脑风暴”游戏，引导学生体验自我反应能力，客观面对自己。

①社工带领学生联想与“圆圈”和“三角形”有关的事物。

②随机抽取四名同学在黑板上写出偏旁为“氵”和“艹”的汉字，两两比拼，计时三分钟。

(3)“被冷落的小子”

本节活动的主题是“自我被排斥感的体验”，通过主题活动，引导学生体验被拒绝后自我心理的变化，学习正确的应对方法。

①让同学们从回忆中选出一个印象最深刻的被拒绝经历，通过画漫画的方式展现出来。

②选出优秀的作品在全班分享，分享者先谈自己的感受，其他同学给出点评或处理建议。

(4)“身边的朋友”

本节活动的主题是“团队合作给自我带来的自豪感的体验”，通过团队“猜歌名”比赛，引导组员运用正确的交往方式，积极配合，体验同学之间的合作所带来的自信感、成功感。

①社工提前准备一些较为简单形象的歌名录，让同学们以绘画的方式把歌名展示给同伴，对于较难的歌名可以跳过。

②从学生中派出两个五人小组，再由小组商量，两人负责绘画，三人负责猜。

③比赛进行两轮，每轮比赛计时三分钟，猜出歌名较多的一组胜出，并给予奖励。

(5)“最熟悉的陌生人”

本节活动的主题是“自我羞耻感体验”，通过情景模拟，引导学生体验与陌生人交往时的羞耻感，帮助他们提升勇气。

场景一：自习室两位陌生同学之间的初次接触。

场景二：应届生求职面试。

(三)社工课堂服务总结

在“超级演说家”活动中，社工首先带领大家观看综艺节目《超级演说家》经典片段，但是由于社工自带电脑的声音太小，播放效果较差，并且不少同学反映播放的视频已经看过。因此在导入环节，社工期待的效果没有达到，学生对演讲者也没提出什么看法。在主题活动中，社工引导大家以“如何做一个对社会有用的人”为主题或自拟主题，展开三分钟演讲，然后由其他同学进行点评。仅有个别同学参与到了活动中，最后由班长带头做了一个关于安全教育的演讲，活动效果一般。因此社工又设计了一节

“你说我画”主题活动，帮助学生进一步体验自我表达能力。在该活动中，社工为大家准备了一些形象生动的七巧板样图，从学生中选取一位作为“传达者”，让其看过样图之后，向同学们描述，同学们根据描述画出自己理解的图形。第一个同学描述完样图，只有极个别同学画出了类似图片；在第二个同学描述前，社工提醒其注意描述的逻辑性，结果第二轮的效果好了很多。在分享中，社工引导学生提出表达时遇到的困难，并教会了他们一些常用的表达技巧。在“N种思维”活动中，社工带领大家做“头脑风暴”游戏，如由“圆圈”和“三角形”可以联想到的事物等，大部分同学投入了社工设计的活动中；尤其在计时写汉字的比赛中，有4位同学积极参与，都想通过积极的努力证明自己。在分享环节，同学们承认本节活动很好地激发了他们的创新思维，重新认识到了自己的反应能力。中职生身上有许多没有被发掘的能力，需要他人的引导和肯定，才能帮助他们认识到自己的优势。

在“被冷落的小子”活动中，社工首先以五四青年节为背景作为活动导入，提醒大家人生道路上难免有各种坎坷，在与人交往中也难免遇到被拒绝的时候，这是很正常的现象。随后社工向大家表露了自己曾经被拒绝的经历及做法，引导大家回忆自己的经历。然后社工为大家准备了白纸和彩笔，让同学们从刚才的回忆中选出一个印象最深刻的被拒绝经历，通过画漫画的方式展现出来。大部分同学积极参与，尤其是平时不爱表达的同学也参与进来，通过绘画体验被拒绝后的感觉，如有的描述了与商贩砍价被拒的经历，有的描述了向异性表白被拒的经历。其他同学提出了一些应对措施，分享者也对自己曾经的做法进行了反思。在“身边的朋友”热身活动环节，社工为大家准备了一个较有难度的经典智力问题，即有两个房间，一个房间里有三个开关，另一个房间里对应的是三个灯泡，要求十分钟之内，在每个房间只能各进一次的前提下，分辨出哪个开关对应哪个灯泡。部分学生在社工的鼓励下，前后桌积极讨论，也有的同学自己苦思冥想，最后大家给出了几种可能的方案，但是都没有找到最佳答案。但是很显然，通过讨论得出来的结果更接近最佳答案，这样就使大家初步体验到了合作的重要性。在主题活动环节，社工从学生中选出了两个五人小组参与“猜歌名”比赛，第一个小组由于分工不合理，效果不佳；第二个小组吸取了第一个小组的教训，台上同学分工明确，台下也安排了反应比较快的同学，结果猜对了10个歌名。在活动后的分享中，大家谈到了合作的重要性，第二个小组的同学更体会到了自豪感。在“最熟悉的陌生人”活动中，以情景模拟的形式展开，社工为学生设计了两个接触陌生人的情景：一个是自习室两位陌生同学之间的初次接触，分别是中一计算机应用班的学弟和中二酒店管理班的学姐，两人初次交流学习问题；另一个是计算机专业的应届毕业生应聘软件工程师助理岗位的场景。社工特意找了平时不愿意表达的同学参加，他们在活动中充分体验到了羞怯的感觉。每个模拟场景结束后，社工都引导学生分享感受，做了点评，并向大家介绍了克服羞怯感的方法，如要敢于抛头露面，学会给自己打气，学会转移羞怯感等。正如前文所述，中职生由于自身的特殊性，扮演着多重社会角色，难免与各种人士都有交集，因此既要学会合作的技巧，又要学会应对被他人拒绝后的排斥感，克服羞怯感。

## 三　自我认知提升训练之自我监控

### （一）社工课堂服务目标

自我监控阶段是自我认知提升训练的最后一个阶段，该阶段强调服务对象的自主性，在自我认识和自我体验较为成熟的基础上，主动监控和调节自身的行为，使行为符合群体规范，符合社会道德要求。本阶段的总目标是：通过自我监控训练，检验中职生进行自我调节后的效果，以巩固积极的自我认知，使学生变得自强、自律和自主。

### （二）社工课堂服务内容

（1）“I find I can!”

本节活动的主题是“自强”，通过“信任背摔”活动，激发学生的潜能，提高面对困难的勇气，在生活中自强自立。

①观看《永不放弃》励志短片，分享大家的感受。

②“信任背摔”：一名同学站在高处，背对同学，数名同学在其背后用手臂架起“桥梁”，站在高处的同学直接背躺下去。

（2）“说到做到”

本节活动的主题是“自律”，通过引导学生做时间管理策划，主动监控自身的懒散行为，提高学习效率和自律意识。

①每人拿起一个长纸条，代表一生的时间，社工带领学生按比例一步步“撕掉”睡觉、吃饭、看电视、打游戏等时间，计算剩下的时间。

②引导学生做每天的时间规划，具体到每一小时，随后让学生在大家面前分享，请同学们监督。

（3）“我的未来我做主”

本节活动的主题是“自主”，通过“生命线”活动，展现自我对未来生活的目标以及克服未来困难的信心，鼓励学生自主安排人生道路。

①每人拿一张纸，折成四部分，分别代表儿童、少年、成人和将来四个时间段。

②在“儿童”和“少年”格里画出此时期发生最重要或最有趣的事情，在“成人”和“将来”格内画出想改变或在生命中想达到的事情。

③写出为达到将来的目标会做出的努力有哪些。

（三）社工课堂服务总结

在“I find I can!”活动中，社工给学生放映了《永不放弃》励志短片，大家在观看时全神贯注，并且连续观看了两遍。有的同学分享说主人公布洛克巨大的潜力使其深受感动，社工鼓励其参加“信任背摔”主题活动，挑战自己的勇气。接连有几个同学都参加了这个活动，社工也参与其中帮他们铸成“人工桥梁”。此活动过后，学生谈及“从没想到自己有这么大的勇气”“从不敢这么信任自己的同学”等感受。

在“说到做到”活动中，社工引领大家计算自己生命剩余的可利用时间，学生惊奇地发现可用来学习、工作的时间已剩不多。

因此，社工教学生做每天的时间规划，即每个时间段应该做什么事。有的同学开始积极规划自己每天的行程，并且在同学面前做了分享，社工鼓励其要养成习惯。有一部分学生的惰性比较强，不愿意去做时间规划，社工会在下次活动中继续鼓励其尝试，相信其会认识到时间管理的重要性。时间管理会帮助学生约束自己平时的懒散行为，减少惰性，提高自律意识。

在“我的未来我做主”活动中，学生给自己的人生规划了四个阶段——儿童、少年、成人和将来，用绘画或文字的方式描述了各个阶段已经发生或预期发生的最重要的事情，并向大家分享了自己的规划。大家有不同的人生目标，但都需要去努力才行，社工引导学生写下自己应该做哪些方面的努力，并让其保管好这张纸，以便不时地监督自己。帮助中职生做人生规划，目的是希望他们学会自主决定事情，自主规划前景。

## 第四节 社会工作介入中职生自我认知能力提升的效果

在对中职生进行服务的同时，笔者也对服务效果进行了一些专业评估。在对实验班级学生服务中，运用导学案对每节课堂的服务做过程评估，社工可以聆听学生的意见，并做及时调整和反思；在每个服务阶段前后，笔者都对中职生进行服务前后测评估，以反馈自我认知能力提升训练各个阶段的服务效果；在服务结束后，笔者对中职生做了整体服务满意度调查。另外，为了更好地评估服务效果，笔者用同样的问卷在另外一个同年级、同专业的班级进行了问卷调查，作为比较参照组。由于中职生课堂纪律比较松散，课堂内经常有学生请假或无故不到状况，因此笔者在做服务前后测对比时，调查人数会稍微有些变化。

效果评估按照评估问卷中自我认识、自我体验和自我监控三个维度展开，每个维度的评估包括导学案过程评估、实验组前后测对比评估和对照组与实验组后测比较评估三种方式。

## 一 中职生自我认识程度的变化

### （一）导学案过程评估

社工是以导学案的形式开展每节社工课堂的，每节课堂结束前都会回收导学案，以整理学生反馈的意见，不断地评估每节活动的效果。

（1）活动的内容及形式

在自我认识服务阶段，是以导学案和PPT的形式开展活动的，采取的是热身游戏、主题活动、活动分享这三个环节。以PPT的形式向学生展示本节课堂内容，在一定程度上吸引了学生们的注意力，提高了学生们的主动参与性，为每节活动的开展起到了重要作用。

在活动反馈表中，学生对“活动形式”这一项的均分为4.48分（总分5分，表示“非常满意”），就评分来说，大多数学生还是喜欢这种形式的活动的。在活动内容的设置上，社工以热身游戏吸引学生们的兴趣，进而带动了学生参与主题活动的积极性，顺利完成活动。学生对“活动内容”这一项的均分为4.47分（总分5分，表示“非常满意”），就评分来看，学生对社工开展的活动内容比较满意。

但是，在活动开展过程中，还是有个别学生在睡觉或者玩手机，没有参与进来。社工为了活动的顺利开展，在一定程度上忽视了这些学生。因此在接下来的活动中，社工需要再去更深入地了解中职生的喜好及他们的心理，使设置的活动内容更具吸引力，让更多同学参与进来并充分发挥积极性；社工也要在活动中发现潜在的积极分子，多鼓励他们参与。

（2）活动氛围

课堂活动氛围整体较好。根据反馈表，学生对于“活动氛围”这一项的均分是4.39分（总分5分，表示“非常满意”），从数据上来看，评分在逐渐提高，社工认为这得益于活动形式的改进。但是，活动秩序仍有不足，社工在班级纪律上控制得不够好。例如，在某个学生做活动分享时，其他同学还是有吵闹的，致使分享效果不佳；社工在活动中反复强调秩序，但没有起到太大作用。因此，社工还要在制定班级契约上下功夫，加强对班级纪律的要求。

（3）社工的角色及发挥

在活动中，社工发挥了活动策划者、引领者等角色。策划者角色主要是在活动初期，社工负责活动的策划、物资的准备；在引领者方面，不仅要引领活动顺利开展下去，也要引领同学们积极参与其中。

在角色的发挥上，虽然社工做好了自己的工作，但由于各方的原因，角色发挥还存在一些问题，社工在鼓励学生参与方面做得不到位，例如在活动分享中，社工没有充分鼓励学生发言，没有充分调动学生们的积极性。

综上所述，自我认识训练阶段是整个服务的第一个阶段，服务对象对社工所开展的服务内容基本满意。但是，课堂服务秩序较差，社工角色的发挥不太完善。

（二）实验组前后测对比评估

笔者在自我认识能力提升训练阶段结束后，对中职生自我认识能力的各项相关指标再一次进行了测量，然后对前后两次测量的数据进行配对样本 T 检验。配对样本 T 检验是根据样本数据对样本来自的两配对总体的均值是否有显著性差异进行推断，要求是对同一样本的某个变量进行前后两次测试所获得的两组数据，或是对在一些重要指标上个案两两匹配成对的两个不同样本进行测试所获得的两组数据。[①]

表 11 是学生自我认识程度前后测的配对样本 T 检验结果，该检验是对学生“外貌满意度”、“优点了解度”、“缺点了解度”、“价值观了解度”、“性格脾气了解度”和“角色了解度”6 个指标的前后测总分进行的。结果显示，$t = 6.849$，$df = 31$，$p < 0.05$，因此，在社工干预前后的时间点上，学生的自我认识程度发生了显著性变化，而且是积极的变化。

---

① 张小山：《社会统计学与 SPSS 应用》，华中科技大学出版社，2010，第 203 页。

表 11 成对样本检验

| | | 成对差分 | | | | | $t$ | $df$ | Sig.（双侧） |
|---|---|---|---|---|---|---|---|---|---|
| | | 均值 | 标准差 | 均值的标准误 | 差分的 95% 置信区间 | | | | |
| | | | | | 下限 | 上限 | | | |
| 对 1 | 自我认识程度 - 前测 - 自我认识程度 - 后测 | 5.09375 | 4.20721 | 0.74374 | 3.57689 | 6.61061 | 6.849 | 31 | 0.000 |

表 12 统计结果显示，学生在接受服务前，自我认识程度平均得分是 19.9063 分，标准差是 1.67254，标准误是 0.29567；在接受服务后，平均得分降到了 14.8125 分（平均分越低，说明自我认识程度越深），标准差是 3.40244，标准误是 0.60147。

表 12 成对样本统计量

| | | 均值 | $N$ | 标准差 | 均值的标准误 |
|---|---|---|---|---|---|
| 对 1 | 自我认识程度 - 前测 | 19.9063 | 32 | 1.67254 | 0.29567 |
| | 自我认识程度 - 后测 | 14.8125 | 32 | 3.40244 | 0.60147 |

前三次服务，我们以“自我感觉”、“周围人对自己的认识”和“自我挖掘”为主题，希望帮助同学们了解他人眼中的自己，接纳自己在他人心目中的形象；引导同学们对自我进行深刻的探索和认识，发现自己的特点、优点，重新认识自己。通过比较服务前后的测量数据，我们发现同学们对自己外貌的满意度和对自身优缺点的了解度，在社工课堂干预前后的时间点上，都发生了显著性变化，说明同学们对自己的外貌有了正确的认识，对自身优缺点的了解度有了提升，开始学习正确面对自己的不足，接纳自己的缺点。

另外，我们开展的认知自我价值观和自我角色的主题服务，是希望帮助学生了解自己的特点和价值观，思考和澄清自己的价值观念；帮助学生认清自己在生活中扮演的不同角色，发现自己在扮演各个角色中的优势和不足，鼓励学生积极承担自身角色中的责任。我们开展的以“对自我性格和气质的认知”为主题的服务，希望帮助学生了解自己的性格特点，澄清每种气质的优势。通过分析数据，发现该班学生的这三项指标，在社工课堂干预的前后时间点上，均发生了显著变化，学生对自我价值观和角色的认知程度加深，对气质类型有了一定的了解，并积极按照自己的性格特点寻找适合自己的职业。

（三）对照组与实验组后测比较评估

参照班级的学生状况与实验班级基本一致，人数有 40 人，性别比例男生占 70%，女生占 30%；专业相同，都是计算机应用专业；年级相同，都是新入学的中职生。以下数据是参照班级学生的自我认识程度调查结果，并与实验班级学生自我认识程度的后测结果做了比较。

表 13 是实验组和对照组学生自我认识程度的配对样本 T 检验，该检验是对两组学生在“外貌满意度”、“优点了解度”、“缺点了解度”、“价值观了解度”、“性格脾气了解度”和“角色了解度”指标上的总得分进行的。结果显示，指标“自我认识程度”的 $t$ 值是 5.947，$df=29$，$p<0.05$，说明实验组和对照组的学生在“自我认识程度”指标上存在显著差异。

**表 13　成对样本检验**

| | | 成对差分 | | | | | $t$ | $df$ | Sig.（双侧） |
|---|---|---|---|---|---|---|---|---|---|
| | | 均值 | 标准差 | 均值的标准误 | 差分的 95% 置信区间 | | | | |
| | | | | | 下限 | 上限 | | | |
| 对 1 | 自我认识程度 - 实验组 - 自我认识程度 - 对照组 | 4.133 | 4.577 | 0.836 | 2.424 | 5.842 | 5.947 | 29 | 0.000 |

表 14 的结果显示，实验组学生的“自我认识程度”的平均得分是 14.67 分，标准差是 3.427，标准误是 0.626；对照组学生的“自我认识程度”的平均得分是 10.53 分，标准差是 3.298，标准误是 0.602。如前文所述，均值越低，说明自我认识程度越深。因

此对照组学生的自我认识程度要好于实验组的学生。

表14 成对样本统计量

| | | 均值 | N | 标准差 | 均值的标准误 |
|---|---|---|---|---|---|
| 对1 | 自我认识程度-实验组 | 14.67 | 30 | 3.427 | 0.626 |
| | 自我认识程度-对照组 | 10.53 | 30 | 3.298 | 0.602 |

比较结果显示，在自我认识训练阶段，参照班级的学生对自我的认同感，对自身优缺点、性格和角色的认识要优于实验班级的学生。虽然参照班级是实验班级的同年级、同专业班级，但是社工在服务开始前未对参照班级学生做前测，同时也缺乏随机性，导致对照组数据不能很好地检验出实验组的服务效果。

（四）小结

综上所述，在我们的服务第一阶段——自我认识阶段，从实验班级前后测数据变化情况来看，同学们对自己的体形外貌、自己的优缺点、他人对自己的评价、自我价值观以及自我角色的认知程度有了明显的提高。但是在对自己的性格脾气了解方面，学生在服务前后没有明显的进步。笔者查阅该节社工课堂服务导学案的总结发现，学生对本节课堂的活动形式评分较低，可能是服务中用到的气质自测量表难度较大，学生受益有限，所以对自身的性格脾气的了解程度变化不明显。同时，由于笔者经验的缺乏，在进行准实验设计时，没有对参照班级学生的自我认识程度做详细的评估，参照班级学生数据的对比效果也不太明显，没有衬托出实验班级的服务效果。

## 二 中职生自我体验水平的变化

（一）导学案过程评估

（1）服务形式和内容

在自我体验训练阶段，社工还是运用导学案和PPT为学生开展服务。由于学生对于社工的服务方式产生了厌倦感，因此对服务形式的评分降到了4.4分（总分5分，表示“非常满意”）。为了吸引学生的注意力，社工开始改变热身活动的形式，例如以视频的方式（《超级演说家》综艺视频）吸引学生参与到活动中，或以智力游戏（“寻宝”游戏、“头脑风暴”）带动学生的积极性。

在服务内容上，本阶段服务以自我体验为主，强调学生的主体性，要主动参与或者带领活动的开展。在体验“自我反应能力”、“被排斥感”和“自我羞耻感”活动中，学生对活动内容非常感兴趣，认真参与其中，效果较好。

（2）活动氛围

本阶段服务提倡学生主动参与，以提高学生自信心为目的，因此学生有时表现过于积极，课堂纪律较差。根据反馈表，学生对于“活动氛围”这一项的均分是4.43分（总分5分，表示“非常满意”），从数据上来看，他们对于活动的氛围也表示比较满意。

社工认为造成这种情况，是因为社工与服务对象之间已经拥有一定的关系基础，同学们习惯了社工的服务，也愿意配合社工；除此之外，活动设计的游戏符合他们的兴趣，能激发他们的积极性，所以他们对于活动氛围还算满意，但是由于活动的辐射面不广，并没有动员大部分同学参与其中，当同学在做分享的时候，其余的同学或许会觉得无聊，去寻找另外的“娱乐活动”，从而影响分享效果。因此，社工在每次开场前都需要强调活动规则，告诉同学们在参与过程中，应该学会尊重他人，维持一个良好的活动氛围。

（3）社工的角色及发挥

在本阶段，社工不仅仅扮演服务引领者的角色，同时也扮演鼓励者的角色，激发学生的主动性，让学生在活动中体验到自豪感和成就感。

在角色发挥上，由于服务手法熟练和对中职生了解的加深，社工比上一服务阶段成熟了很多，但有时也没有预计到活动的困难，活动设计简单，致使活动效果不佳。如在“自我表达能力的体验”活动中，播放视频时，社工没有预料到视频播放效果，视频选材也不好，主题活动进展不顺利，活动目标没有实现，因此要围绕这个主题再开展一次活动。

综上所述，在自我体验训练阶段，中职生在服务中的主动参与性提高了，自信心也有所提升，服务目标基本实现。社工也吸取上一服务阶段的教训，在角色扮演和手法运用中更加娴熟。

（二）实验组前后测对比评估

由于自信心是自我体验水平的重要表现，因此本阶段的整体服务目标是通过自我体验服务训练，提升同学们的自信心。因此笔者运用罗森伯格自信心量表对大家的自我体验水平进行了测量。

表15的T检验结果显示，$t = -2.272$，$df = 31$，$p < 0.05$，说明学生“自我体验水平”的得分在服务前后发生了显著的变化，而且是积极的变化，学生的自信程度有了明显的提升。

**表15 成对样本检验**

| | | 成对差分 | | | | | $t$ | $df$ | Sig.（双侧） |
|---|---|---|---|---|---|---|---|---|---|
| | | 均值 | 标准差 | 均值的标准误 | 差分的95%置信区间 | | | | |
| | | | | | 下限 | 上限 | | | |
| 对1 | 自我体验水平-前测 - 自我体验水平-后测 | -0.406 | 1.012 | 0.179 | -0.771 | -0.042 | -2.272 | 31 | 0.030 |

前测结果已在文中有所分析，此处不再赘述，重点描述后测结果。16~25分的同学属于自我感觉平常者，该比例由65.6%降到了25%，说明一部分学生不再甘愿做一名“平庸者”，想要有所突破；26~35分的同学属于自信者，这部分比例由18.8%上升到了62.5%，说明班级同学中自信者的比例有了明显的变化，大家在经过自我体验服务后，整体上自信心有了提升；36~40分的同学属于高度自信者。提升中职生自信心是本阶段服务的主要目标，但是也不希望学生变得自负，完全以自我为中心，因此社工在服务中也提醒学生要把握好这个度。后测结果显示该部分学生比例由15.6%降到了12.5%，说明服务收到了一定的效果（见表16）。

表 16 罗森伯格自信心量表得分前后测对比

| | 前测 | | 后测 | |
|---|---|---|---|---|
| 分值 | 频数（人） | 百分比（%） | 频数（人） | 百分比（%） |
| 10～15 分 | 0 | 0 | 0 | 0 |
| 16～25 分 | 21 | 65.6 | 8 | 25.0 |
| 26～35 分 | 6 | 18.8 | 20 | 62.5 |
| 36～40 分 | 5 | 15.6 | 4 | 12.5 |
| 合计 | 32 | 100.0 | 32 | 100.0 |

我们首先对服务对象开展了个人能力的体验训练，包括“自我表达能力的体验”和“自我反应能力的体验”。希望通过活动，同学们可以体验自身的表达能力和反应能力，学习提高自己这方面能力的技巧，提升自信心。关于“自我能力了解度”这个测量指标，数据在社工课堂介入的时间点上发生了显著变化，说明绝大部分同学对自身所具备的能力都有了一定的认知，对自身能力的认知更为客观。关于“在公众面前讲话的紧张程度”这个指标，虽然数据变化不太显著，但是据社工观察，班级中很多同学由不敢在大家面前说话变得敢于积极发言，表达自己的观点。

我们对服务对象展开的以“自我被排斥感的体验”和“团队合作给自我带来的自豪感的体验”为主题的自我体验服务，是希望同学们通过团队协作，运用正确的交往方式，体验同学之间的合作所带来的自信感、成功感；引导学生体验被拒绝后自我心理的变化，学习正确的应对方法。关于测量同学们“合作时的感觉”，在接受服务后，数据变化不显著，说明同学们在合作时还是感到了团队的压力，社工的服务没有让同学们充分体验到自豪感。关于测量大家“被拒绝时的感觉”，在社工课堂干预前后的时间点上，数据变化显著，说明大部分同学知道了如何把握被拒绝后心理的变化，学会了正确的应对方式。

（三）对照组与实验组后测比较评估

笔者在自我体验训练结束后，针对参照班级学生做了相关数据的调查，并与实验班级在自我体验训练后的效果做比较。

表 17 是实验组和对照组学生自我体验水平的配对 T 检验，该检验是对两组学生在指标“合作时的感觉”、“自身能力了解度”、“公众面前讲话紧张程度”和“被拒绝后的感觉”上的总得分进行的。结果显示，$t = 0.919$，$df = 29$，$p > 0.05$，没有通过检验，说明两组学生的自我体验水平差异不显著。

**表 17　成对样本检验**

| | | 成对差分 | | | | | $t$ | $df$ | Sig.（双侧） |
|---|---|---|---|---|---|---|---|---|---|
| | | 均值 | 标准差 | 均值的标准误 | 差分的 95% 置信区间 | | | | |
| | | | | | 下限 | 上限 | | | |
| 对 1 | 自我体验水平 - 实验组 - 自我体验水平 - 对照组 | 0.433 | 2.582 | 0.471 | -0.531 | 1.398 | 0.919 | 29 | 0.366 |

表 18 的结果显示，实验组学生的“自我体验水平”的平均得分是 9.83 分，标准差是 1.487，标准误是 0.272；对照组学生的平均得分是 9.40 分，标准差是 2.010，标准误是 0.367。

**表 18　成对样本统计量**

| | | 均值 | $N$ | 标准差 | 均值的标准误 |
|---|---|---|---|---|---|
| 对 1 | 自我体验水平 - 实验组 | 9.83 | 30 | 1.487 | 0.272 |
| | 自我体验水平 - 对照组 | 9.40 | 30 | 2.010 | 0.367 |

从以上对比结果来看，实验班级学生的自我体验水平后测结果与参照班级的学生没有明显差异。而参照班级学生的自我认识程度本来就优于实验班级的学生，相比之下，两组学生的自我体验水平差异略有缩小，这在一定程度上也说明自我体验训练对实验班级学生自我体验水平的提升起到了帮助作用。

（四）小结

综上所述，通过自我体验训练阶段，实验班级学生的前后测数据变化反映出：学生对自我的能力有了更深入的了解，在被拒绝后能合理应对心理情绪上的变化，整体自信心有明显提升。但是社工希望能减轻学生在公众面前讲话的紧张程度，希望帮助学生体验合作带来的自豪感，但是效果不佳。究其原因，笔者在回顾该节社工课堂导学案后发现，在表达能力训练课堂上学生参与度不高，在合作能力训练课堂上纪律较差导致效果不好。但是从实验组与对照组学生数据比较结果来看，实验班级学生在公众面前讲话的紧张程度要低于参照班级的学生，说明自我体验训练社工课堂对学生这方面的干预起到了一定效果。

## 三　中职生自我监控能力的变化

（一）导学案过程评估

（1）服务形式和内容评估

本阶段为自我监控训练阶段，目的是要学生学会调节自身行为，学会自强、自律和自主。在“自强”主题活动中，学生比较喜欢“信任背摔”这样的具有挑战性的活动，在反馈表中对这一服务形式评了4.8分（总分5分，表示“非常满意”）。在“自律”和“自主”活动中，社工考虑到让学生写的东西比较多，可能会引起部分学生的反感，因此社工在服务中用励志音乐营造活动氛围，鼓励学生用绘画的方式展现自己的时间规划。

（2）活动氛围

学生在社工的引领下，主动调节自己的行为方式。在“信任背摔”活动中，学生们都在积极尝试，以展现自己“自强”的一面，活动气氛热烈。在后两期活动中，活动主题比较枯燥，现场气氛比较压抑，可能也是由于本次社工课堂服务即将结束，学生产生离别情绪。社工也在活动中多次强调活动主题，避免学生受离别情绪的影响。

（3）社工角色及发挥

在该服务阶段，社工角色由活动带领者和鼓励者转化为了活动推动者和参与者，学生在活动中占据了主体地位。如在“自强”主题活动中，社工也积极参与到活动中，与同学们一起挑战自己，激发自己的潜能。

在结束服务前，社工引导学生回顾了整个服务过程，帮助学生见证自己的成长，巩固了服务效果；恰当地处理了离别情绪，尽量减少服务结束对学生造成的负面影响。

综上所述，在自我监控训练阶段，学生的自强、自律和自主意识明显提高，服务效果基本实现。活动形式较为合理，社工角色的扮演也较为恰当，学生对本阶段的服务较为满意。

（二）问卷前后测对比评估

在自我监控训练服务阶段结束后，笔者对学生的自强、自律和自律意识的提升效果做了相应的评估。

表19是对学生自我监控能力的前后测结果的T检验分析，该检验是对学生“尝试新事物”和“独立决定事情”两个指标的前后测总得分进行的。结果显示，$t=4.284$，$df=30$，$p<0.05$，说明在社工课堂干预的时间点上，学生的自我监控能力发生了显著变化，而且是积极的变化。

**表19　成对样本检验**

| | | 成对差分 | | | | | $t$ | $df$ | Sig.（双侧） |
|---|---|---|---|---|---|---|---|---|---|
| | | 均值 | 标准差 | 均值的标准误 | 差分的95%置信区间 | | | | |
| | | | | | 下限 | 上限 | | | |
| 对1 | 自我监控能力－前测 － 自我监控能力－后测 | 1.290 | 1.677 | 0.301 | 0.675 | 1.906 | 4.284 | 30 | 0.000 |

表20的结果显示，在社工课堂介入前，学生自我监控能力的平均总得分是5.52分，标准差是1.387，标准误是0.249；在干预之后，平均总得分降到了4.23分（平均分越低，自我监控能力越强），标准差为0.990，标准误为0.178。

**表 20　成对样本统计量**

| | | 均值 | N | 标准差 | 均值的标准误 |
|---|---|---|---|---|---|
| 对 1 | 自我监控能力 - 前测 | 5.52 | 31 | 1.387 | 0.249 |
| | 自我监控能力 - 后测 | 4.23 | 31 | 0.990 | 0.178 |

笔者为服务对象开展的以“自强”和“自主”为主题的自我监控训练，是希望通过活动检验同学们进行自我调节后的效果，展现自我对未来生活的目标以及克服未来困难的信心。对“尝试新事物”和“独立决定事情”这两项指标的测量，在社工课堂干预前后的时间点上，数据出现了显著差异，说明同学们在经过“自我认识”和“自我体验”服务阶段之后，重新认识了自己的优缺点和在生活中扮演的角色，开始学习承担自身角色的职能，利用自己的优点，积极主动地决定自己的事情。

我们还为服务对象开展了以“自律”为主题的自我监控训练，希望通过活动，展现学生自我管理能力的提升效果。根据测量结果，71%的同学对自己的学习生活“偶尔有计划”，虽然没有同学选择“经常有计划”，但是这与我们服务之前几乎没有同学有自己的学习生活计划相比，这个结果表明同学们已经有了明显的进步（见表 21）。

**表 21　学习生活是否有计划（后测）**

<table>
<tr><th colspan="2"></th><th>频数（人）</th><th>百分比（%）</th><th>有效百分比（%）</th><th>累计百分比（%）</th></tr>
<tr><td rowspan="3">有效</td><td>经常有计划</td><td>0</td><td>0</td><td>0</td><td>0</td></tr>
<tr><td>偶尔有计划</td><td>22</td><td>68.8</td><td>71.0</td><td>71.0</td></tr>
<tr><td>没有计划</td><td>9</td><td>28.1</td><td>29.0</td><td>100.0</td></tr>
<tr><td>缺失</td><td>0</td><td>1</td><td>3.1</td><td></td><td></td></tr>
<tr><td colspan="2">合计</td><td>32</td><td>100.0</td><td></td><td></td></tr>
</table>

### （三）参照班级比较评估

以下数据来自未接受服务的参照班级学生与实验班级学生的比较，展示了他们在自我监控相关指标上与实验班级学生的差异。

表 22 是实验组和对照组学生自我监控能力的配对样本 T 检验，

该检验是对两组学生在指标“学习生活是否有计划”、“尝试新事物”和“独立决定事情”上的总得分进行的。结果显示，学生“自我监控能力”的 $t$ 值是 3.528，$df = 30$，$p < 0.05$，说明实验组和对照组学生的自我监控能力有明显差异。

**表 22 成对样本检验**

| | | 成对差分 | | | | | $t$ | $df$ | Sig.（双侧） |
|---|---|---|---|---|---|---|---|---|---|
| | | 均值 | 标准差 | 均值的标准误 | 差分的 95% 置信区间 | | | | |
| | | | | | 下限 | 上限 | | | |
| 对 1 | 自我监控能力 - 实验组 - 自我监控能力 - 对照组 | 1.290 | 2.036 | 0.366 | 0.543 | 2.037 | 3.528 | 30 | 0.001 |

表 23 的结果显示，实验组学生“自我监控能力”的总平均得分是 6.52 分，标准差是 1.122，标准误是 0.201；对照组的平均得分是 5.23 分，标准差是 1.407，标准误是 0.253。

**表 23 成对样本统计量**

| | | 均值 | $N$ | 标准差 | 均值的标准误 |
|---|---|---|---|---|---|
| 对 1 | 自我监控能力 - 实验组 | 6.52 | 31 | 1.122 | 0.201 |
| | 自我监控能力 - 对照组 | 5.23 | 31 | 1.407 | 0.253 |

从以上数据比较结果来看，参照班级学生“自我监控能力”的平均得分比实验班级学生低，按照前文指标赋值原则，参照班级学生的自强、自律和自主意识更强一些。出现此结果的原因与前文所述相同。

（四）小结

综上所述，在经过“自我认识”和“自我体验”服务阶段之后，同学们开始学习调节自身的行为，为“自我监控”阶段的服务奠定了基础。通过实验班级前后测数据比较，学生在“尝试新事物”和“独立决定事情”指标上发生了显著的积极变化，学习生活也变得更有计划性，因此学生的自主、自强、自律能力有了一定的提升。参照班级学生的数据虽然没有对服务效果起到太大的衬托效应，但在一定程度上也反映了学生自主意识的提升。

## 四　中职生对整体社工服务的满意度

笔者在实验班级服务结束后，还做了服务满意度方面的评估，从服务质量、服务内容、服务形式、社工表现、服务是否达到预期、服务满足需要的程度和整体满意度七个角度对中职生做了测量。

关于表 24 所展示的几个指标的数据，在过程评估中笔者也做过部分评估，本次满意度评估是从整体上检验学生对服务质量、内容等方面的满意程度。认为服务质量、内容和形式“极好”和“好”的学生比例分别达到了 65.7%、74.3% 和 65.7%，由此看来学生对社工策划的社工课堂活动基本满意，但是也有少部分学生对服务质量、内容和形式持“一般”态度，也说明社工在活动设计上仍有需要改进的地方。另外，74.3% 的学生对社工的表现“非常满意”和“比较满意”，但也有个别学生对社工“比较不满意”，说明社工在服务中没有关注到某些学生，服务不到位，因此社工的专业素养和服务技巧还有待提升。

**表 24　学生对服务质量、服务内容、服务形式和社工表现满意度**

单位：人，%

| | 服务质量 | | 服务内容 | | 服务形式 | | 社工表现 | | |
|---|---|---|---|---|---|---|---|---|---|
| | 频数 | 百分比 | 频数 | 百分比 | 频数 | 百分比 | | 频数 | 百分比 |
| 极好 | 14 | 40.0 | 14 | 40.0 | 11 | 31.4 | 非常满意 | 15 | 42.9 |
| 好 | 9 | 25.7 | 12 | 34.3 | 12 | 34.3 | 比较满意 | 11 | 31.4 |
| 一般 | 12 | 34.3 | 9 | 25.7 | 12 | 34.3 | 一般 | 8 | 22.9 |
| 极差 | | | | | | | 比较不满意 | 1 | 2.9 |
| 合计 | 35 | 100.0 | 35 | 100.0 | 35 | 100.0 | 合计 | 35 | 100.0 |

关于服务对象“是否得到所期望的服务”和“服务在何种程

度上满足了需要”，这是对社工所做的需求评估是否准确的检验，是对社工课堂整体效果的检验。60% 的学生认为自己“完全得到”和“得到了一大部分”所期望的服务，但仍有 40% 的学生持“一般”态度；71.4% 的学生认为服务基本满足了自己的需要（见表 25）。由此说明学生对服务基本满意，同时也反映出社工对学生需求的把握不够准确，在服务中目标和效果没有实现完全一致，这值得引起社工的反思。

**表 25　学生对服务的满足程度**

| | 是否得到所期望的服务 | | | 服务在何种程度上满足了需要 | |
|---|---|---|---|---|---|
| | 频数（人） | 百分比（%） | | 频数（人） | 百分比（%） |
| 完全得到 | 9 | 25.7 | 满足程度极高 | 12 | 34.3 |
| 得到了一大部分 | 12 | 34.3 | 满足程度高 | 13 | 37.1 |
| 一般 | 14 | 40.0 | 一般 | 10 | 28.6 |
| 合计 | 35 | 100.0 | 合计 | 35 | 100.0 |

综上所述，虽然满意度调查并不等于社工服务成功的干预，但是案主反馈在一定程度上反映了服务效果。[①] 本次对中职生的服务满意度调查反映了 77.2% 的学生对社工课堂服务“比较满意”和“非常满意”（见表 26），但是也反映出一些问题，需要社工去反思和改进。

**表 26　对服务整体满意度**

| | 频数（人） | 百分比（%） | 累计百分比（%） |
|---|---|---|---|
| 非常满意 | 12 | 34.3 | 34.3 |
| 比较满意 | 15 | 42.9 | 77.1 |
| 一般 | 5 | 14.3 | 91.4 |
| 比较不满意 | 3 | 8.6 | 100.0 |
| 合计 | 35 | 100.0 | |

① 〔美〕Bonnie L. Yegidis，〔美〕Robert W. Weinbach：《社会工作研究方法》，黄晨熹、唐咏译，华东理工大学出版社，2004，第 342 页。

# 第五节　结论与讨论

## 一　研究结论

本项关于中职生的自我认知能力提升服务评估研究，目的是检验在元认知理论的视角下，社工课堂能否提升中职生的自我认知能力。本研究按照准实验设计模型，经过需求评估、过程评估和效果评估三个评估阶段，检验了社工课堂的服务效果。

第一，中职生由于受不良家庭、学校以及社会环境的影响，自我认知能力较低，需要社会工作服务的介入。

中职生总是被公众标签化，“被沦落”为边缘群体，游离在主流社会和次生社会的边缘。然而，目前社会工作学界对中职生的关注度还比较低，社会工作服务介入中职生自我认知能力提升的经验比较少。本项研究在需求评估中得出，中职生的自我认识程度不足，自我体验水平较低，自我监控能力较差，自我认知能力有待提升，需要专业社会工作者的帮助。

第二，基于中职学校的现实条件和特点，社工课堂是提升中职生自我认知能力的一种有效方式。

由于中职学校场地有限，学生纪律性较差，因此在班级中展开社工课堂服务是较为恰当的社工服务形式。社工课堂固有的热身游戏、主题活动、讨论分享、总结四个服务环节，符合中职生的性格特点，深受中职生喜爱，取得的服务效果也比较明显。当然，由于活动场地有限，也不方便带学生到室外进行大型的历奇拓展活动，因此直接介入中职生行为矫正就不太现实，而社工课堂服务形式恰好可以从中职生内在心理入手，来帮助他们调节自身行为。本研究正是运用了社工课堂服务介入中职生的自我认知能力的提升，通过本次社工服务前后测对比，该班学生对自我的了解程度加深了，自信心有了较为明显的提升，对自身行为的监控能力略有加强，说明学生的自我认知能力获得了提升。

第三，社工课堂服务可以按照准实验设计的思路开展，实验法可以有效检验社工课堂服务的结果，社工课堂也拓展了实验法的应用领域。

实验法是检验社会工作服务效果的最实用的方法之一，但有时需要考虑到社会工作专业的伦理原则，很多学者会采用准实验设计模型来检验服务效果，然而社工课堂与实验法结合运用的经验还不多见。社工课堂是学校社会工作领域常用的服务手法，但是考虑到学校学生都是以班级为单位，若按照实验法的思路，将同班学生随机分为实验组和对照组，则会违背伦理原则。所以本研究在某班开展社工课堂服务的同时，将与之同年级、同专业的班级作为对照班级。这样以准实验设计的思路展开研究，既运用了实验法的研究逻辑，又不违背社会工作伦理价值，同时还使服务效果的检验更具科学性。

第四，元认知理论对自我认知概念的划分可以有效嵌入自我认知能力提升服务的过程中。

元认知理论是 20 世纪 70 年代提出的较为新颖的心理学理论，到目前为止，运用元认知理论介入社会工作服务的研究很少。元认知理论对自我认知的界定和划分，不同于以往学者对自我认知概念的横向划分，纵向地将自我认知分为元认知知识、元认知体验和元认知监控三个层次，重新认知自我原有的认知。笔者按此划分，从自我认识训练、自我体验训练和自我监控训练三个阶段，由浅入深地纵向介入了中职生自我认知能力提升服务中。在服务中，中职生重新认识了自我，改善了原有的认知，并在三个阶段的服务中，不断地巩固新认知。

综上所述，正值青春期的中职生具有较强的可塑性，中职生心理健康问题可以在元认知理论等心理学理论的指导下，运用社工课堂的社会工作服务方式介入，逐步获得改善。

## 二 研究不足

本研究结合社工课堂服务手法和准实验设计方法介入中职生自我认知能力的提升，虽然取得了一定的效果，但是仍有较多不足之处。

第一，研究对象在选取前需要做更全面的评估。虽然笔者是按照学校社会工作的专业要求，在与学校领导和班主任面谈后确定的实验班级，但是在开始服务后发现服务对象与预想的仍有一定差距。一方面，笔者对中职生种类划分的了解不够深入，如有学生入学成绩较差、准备参加工作的就业班级，还有学生入学成绩较好、有继续读书意愿的升学班级。因此，笔者服务的学生的代表性略有欠缺。另一方面，实验班级的学生人数较多，男女比例差距较大，班级管理不善，课堂纪律较差，对社会工作者的素质要求较高；同时对服务主题和活动形式的要求也很严格，活动设计要尽可能地符合学生的兴趣爱好，否则他们的活动参与度不高，活动将无法达到很好的效果。因此，笔者认为社工课堂的服务对象的选取对服务效果的实现至关重要。

第二，准实验设计方法的运用过程还需做进一步改进。本研究计划用实验法来检验社工课堂的服务效果，但是限于社会工作专业伦理困境，就采用了准实验设计模型。但是在运用准实验设计模型中，由于笔者经验的缺乏，对一些影响因素把控得不够严格，检验的内部效度降低。首先，笔者在对照组的选取上略有大意，误以为同专业和同年级的学生基本素质相同，没有在服务前对参照班级学生做自我认知能力测量，在服务后做比较时发现参照班级学生的大部分指标得分都优于实验班级，只有个别数据可以对实验班级的效果起到衬托作用；其次，笔者在用问卷对学生进行测量时，编码不够严格，降低了检验的可信度；最后，本研究中的配对 T 检验分析，只是对配对变量做了相关性分析，没有达到因果分析的水平，因此可以说社工课堂服务是中职生自我认知能力提升的一个相关因子。

第三，社工课堂服务技巧和流程还需要完善。本研究对服务对象开展的社会工作服务主要是以社工课堂的形式进行的，但是由于社工专业能力的不足和社工课堂服务方式的缺陷，服务效果不是太明显。首先，社工课堂的服务对象较多，中职生课堂纪律较差，社工没能很好地控制服务现场，服务感受的分享效果较难实现；其次，社工对课堂导学案的运用不够充分，在服务后期由于学生的反馈率低，某些课堂没有使用导学案，笔者对服务的过程评估不够全面，对于某些服务效果较差的课堂无从查证原因；最后，本研究中的社工课堂服务时间以职校的课堂时间为标准，每期服务时间较短，学生的热身效果不佳，主题活动参与度不高，进而服务效果就不是很明显。所以笔者认为有必要完善社工课堂的服务形式和时间。

综上所述，笔者从研究对象的选取、研究方法的运用和服务手法的改进等方面探讨了本研究的不足之处，希望对学校社会工作领域的相关研究起到推动作用。

## 三 研究讨论

在研究过程中，笔者虽然运用社会工作专业手法对中职生的自我认知能力进行了干预，并取得了一定的效果，但是仍有很多疑问亟待解决。

第一，社工课堂作为一种有效介入中职生心理和行为改善的服务手法，仍存在一些弊端，如服务对象较多，课堂纪律难以把控；活动场地有限，服务效果不明显等。社工课堂服务形式还可以做哪些方面的改进，以提升服务效果？有没有其他形式的既符合中职生需求特征，又能在很大程度上解决中职生问题的社会工作服务方式呢？

第二，实验法在社会工作领域的应用往往存在伦理困境，在部分研究中只能采用准实验设计模型。但是在学校社会工作领域，参照组的选取该如何进行呢？如何保证实验班级和参照班级的学生状况基本相同呢？如何控制除社工干预外其他因素对学生的影响呢？由于学校社会工作领域的特殊性，以上问题都需要研究者加以思考。

第三，中职生面临的问题存在于方方面面，不只是在学校中表现不佳，在家庭、社区和工作单位等都存在心理和行为问题。因此只是在学校开展社工服务不能完全解决中职生面临的问题，要把其家庭、社区和工作单位全部纳入社会工作服务系统，才能避免中职生在生活各个领域出现偏差或越轨行为。社会工作专业的介入领域值得思考。

以上讨论的问题会是笔者今后的研究方向和主题，同时也希望能够引起读者的共鸣和反思。

# 附录一　中职生需求状况调查问卷（有删减）

亲爱的同学：

你好！为了以后更好地开展与大家实际需求相符的服务，以及为我们的后续服务提供支撑，我们选择在你的班级开展这项调查，希望得到你的支持和配合。本次调查为不记名调查，不会泄露同学们的隐私，且答案没有正确、错误之分。同学们只需按自己的实际情况在合适答案上打“√”，或在“____”上填上适当内容。

非常感谢同学们的配合！祝你们学习快乐！

阳光苗圃社工服务团队

2015 年 12 月 19 日

## 基本信息

1. 你的性别是：________A. 男　　B. 女

2. 你的出生年月：__________

3. 你父亲的职业：________；母亲的职业：________

4. 你父亲的受教育水平是什么？

A. 未上过学　　B. 小学　　C. 初中　　D. 高中或中专

E. 高中以上

5. 你母亲的受教育水平是什么？

A. 未上过学　　B. 小学　　C. 初中　　D. 高中或中专

E. 高中以上

6. 你家庭的月收入是多少？

A. 1000 元及以下　　B. 1001 ~ 2000 元

C. 2001 ~ 3000 元　　D. 3001 ~ 5000 元

E. 5000 元以上

7. 你是不是武汉户口？

A. 是　　　　B. 不是

8. 你在武汉生活多长时间了？

A. 1 年以内　　　　B. 1 ~ 3 年（含 1 年）

C. 3 ~ 5 年（含 3 年）　　　　D. 5 年以上（含 5 年）

9. 就读高级中学之前，你在哪里生活？

A. 武汉　　　　B. 老家（请说明）__________

C. 其他城市（请说明）____________

10. 就读高级中学之前，你跟谁一起生活？（可多选）

A. 和妈妈一起　　　　B. 和爸爸一起

C. 和爷爷奶奶或者外公外婆一起

D. 和其他亲戚一起

E. 和邻居、朋友或老师一起

F. 其他（请说明）______

11. 你现在和谁生活在一起？（可多选）

A. 和妈妈一起

B. 和爸爸一起

C. 和爷爷奶奶或者外公外婆一起

D. 和其他亲戚一起

E. 和邻居、朋友或老师一起

F. 其他（请说明）________

## 家庭方面

1. 你觉得自己的家庭关系怎么样？

A. 非常好　　B. 比较好　　C. 一般　　D. 比较不好

E. 非常不好

2. 你与家人最常用的沟通交流的方式是什么？

A. 面对面聊天　B. 短信　　C. 打电话　　D. 微信或 QQ

E. 其他（请说明）____________

3. 在家中你有心事时首先会对谁说？

A. 父亲　　B. 母亲　　C. 兄弟姐妹

D. 爷爷奶奶　　　　　　　E. 外公外婆

F. 不会对任何人说　　　　G. 其他（请说明）__________

4. 你觉得家人中谁最能理解你的想法？

A. 父亲　　　B. 母亲　　　C. 兄弟姐妹

D. 爷爷奶奶　E. 外公外婆

F. 没有人　　G. 其他（请说明）__________

5. 家中会有人不经你允许翻看你的日记、手机聊天记录吗？

A. 有　　　　B. 没有

6. 你与家庭成员发生矛盾争执最多的是？（若选 E，则跳过第 7 题）

A. 父亲　　　B. 母亲　　　C. 兄弟姐妹

D. 爷爷奶奶　E. 没有和任何人发生过

F. 其他（请说明）__________

7. 你与家人发生矛盾的频率是？

A. 经常　　　B. 偶尔　　　C. 很少　　　D. 从不

## 自我认知方面

1. 你对自己的外貌是否满意？

A. 非常满意　B. 比较满意　C. 一般　　D. 比较不满意

E. 非常不满意

2. 你对自己的性格脾气了解吗？

A. 非常了解　B. 比较了解　C. 一般　　D. 比较不了解

E. 非常不了解

3. 你是否了解自己的优点？

A. 非常了解　B. 比较了解　C. 一般　　D. 比较不了解

E. 非常不了解

4. 你是否了解自己的缺点？

A. 非常了解　B. 比较了解　C. 一般　　D. 比较不了解

E. 非常不了解

5. 你是否了解自己的价值观？

A. 非常了解　B. 比较了解　C. 一般　　D. 比较不了解

E. 非常不了解

6. 你是否了解自己在生活中扮演的各种角色？

A. 非常了解　B. 比较了解　C. 一般　D. 比较不了解

E. 非常不了解

7. 你了解自身所具备的能力吗？

A. 完全可以　B. 大部分可以　C. 可以　D. 大部分不可以

E. 完全不可以

8. 你在公众面前讲话的紧张程度怎么样？

A. 非常紧张　B. 比较紧张　C. 紧张　D. 有点紧张

E. 不紧张

9. 在团队合作中，你的感觉是怎样的？

A. 感到团队压力　B. 感到很自信

C. 没有感觉　D. 其他（请说明）________

10. 当你被人拒绝后，你的感觉怎么样？

A. 鄙视对方，很生气　B. 反思自己，寻求应对方法

C. 无所谓，不予理睬　D. 其他（请说明）________

11. 你对自己每天的学习生活安排有计划吗？

A. 经常有计划　B. 偶尔有计划

C. 没有计划

12. 你愿意尝试新事物吗？

A. 非常愿意　B. 愿意　C. 无所谓　D. 不愿意

E. 非常不愿意

13. 你能独立决定自己的事情吗？

A. 完全可以　B. 大部分可以　C. 可以　D. 大部分不可以

E. 完全不可以

## 学习方面

1. 课堂上，你最喜欢怎样的讲课方式？

A. 问答　B. 讨论　C. 自由阅读　D. 老师讲解

E. 其他（请注明）____________

2. 你觉得你学习的能力怎么样?

A. 非常好　B. 比较好　C. 一般　D. 比较不好

E. 非常不好

3. 如果在学习时碰到难题你会怎么办?

A. 请教老师　B. 请教同学　C. 请教家长

D. 自己查找有关资料（书报、电视、电脑等）

E. 其他（请注明）__________

4. 你目前学习的主要目的是什么?

A. 获得职业技能

B. 高考

C. 不让父母失望

D. 提高了解和适应社会的能力

E. 扩大朋友圈

F. 其他（请注明）__________

5. 将来你想获得的最高文凭是什么?

A. 高中　B. 大专/高职

C. 大学本科　D. 硕士研究生

E. 博士研究生

6. 在学习中，你更注重哪方面?

A. 考试成绩　B. 实践技能

C. 师长评价　D. 在同学中的地位

E. 愉快有趣

F. 其他（请注明）__________

7. 你认为学习中最大的障碍来自哪方面?

A. 基础太差　B. 缺乏学习动力

C. 老师的授课水平不高　D. 对所学专业本身缺乏兴趣

E. 学校学习风气差　F. 自制力差，管不了自己

G. 其他（请注明）________

8. 在本校的各种课程中，你最看重的是哪门课程?

A. 专业实践　B. 专业理论

C. 计算机　D. 外语

E. 其他文化课　　F. 课外活动

## 职业规划方面

1. 你了解你所学专业目前的就业形势吗？

A. 非常了解　B. 比较了解　C. 一般　D. 比较不了解

E. 非常不了解

2. 你了解自己最喜欢的职业对其从业人员有哪些要求？

A. 非常了解　B. 比较了解　C. 一般　D. 比较不了解

E. 非常不了解

3. 就业时首先考虑的因素是？

A. 专业对口　B. 比较清闲　C. 薪资高　D. 工作地点

E. 其他（请说明）________

4. 你认为在就业时什么最重要？

A. 所学专业　B. 毕业学

C. 个人能力　D. 各类证书

E. 社会关系　F. 其他（请注明）________

5. 就业前最希望学校提供什么帮助？

A. 专业技能培训　B. 职业生涯规划

C. 就业心理调适　D. 学校推荐

E. 求职技巧培训　F. 其他（请注明）________

6. 你认为如何才算职业生涯的成功？

A. 获得持续发展的基础　B. 获得较高的职位

C. 挣很多的钱　D. 获得较高的专业技术职称

E. 获得工作的快乐　F. 其他（请说明）________

7. 你认为影响职业生涯成功的最关键因素是什么？

A. 自身的知识技能与态度　B. 机遇

C. 家庭背景　D. 目标明确，并向目标努力

E. 人际关系　F. 其他（请说明）________

# 附录二 社工课堂服务效果评估问卷

亲爱的同学：

你好！为了评估我们本学期的课堂服务效果，我们组织开展这项调查，希望得到你的支持和配合。本次调查为不记名调查，不会泄露同学们的隐私，且答案没有正确、错误之分。同学们只需按自己的实际情况在合适答案上打“√”，或在“________”上填上适当内容。

非常感谢同学们的配合！祝你们学习快乐！

阳光苗圃社工服务团队

2016 年 6 月 8 日

1. 你对自己的外貌是否满意？

A. 非常满意　B. 比较满意　C. 一般　D. 比较不满意

E. 非常不满意

2. 你对自己的性格脾气了解吗？

A. 非常了解　B. 比较了解　C. 一般　D. 比较不了解

E. 非常不了解

3. 你是否了解自己的优点？

A. 非常了解　B. 比较了解　C. 一般　D. 比较不了解

E. 非常不了解

4. 你是否了解自己的缺点？

A. 非常了解　B. 比较了解　C. 一般　D. 比较不了解

E. 非常不了解

5. 你是否了解自己的价值观？

A. 非常了解　B. 比较了解　C. 一般　D. 比较不了解

E. 非常不了解

6. 你是否了解自己在生活中扮演的各种角色？

A. 非常了解　B. 比较了解　C. 一般　D. 比较不了解

E. 非常不了解

7. 你了解自身所具备的能力吗？

A. 完全可以　B. 大部分可以　C. 可以　D. 大部分不可以

E. 完全不可以

8. 你在公众面前讲话的紧张程度怎么样?

A. 非常紧张　B. 比较紧张　C. 紧张　D. 有点紧张

E. 不紧张

9. 在团队合作中，你的感觉是怎样的?

A. 感到团队压力　B. 感到很自信

C. 没有感觉　D. 其他（请说明）________

10. 当你被人拒绝后，你的感觉怎么样?

A. 鄙视对方，很生气　B. 反思自己，寻求应对方法

C. 无所谓，不予理睬　D. 其他（请说明）________

11. 你对自己每天的学习生活安排有计划吗?

A. 经常有计划　B. 偶尔有计划　C. 没有计划

12. 你愿意尝试新事物吗?

A. 非常愿意　B. 愿意

C. 无所谓　D. 不愿意

E. 非常不愿意

13. 你能独立决定自己的事情吗?

A. 完全可以　B. 大部分可以　C. 可以　D. 大部分不可以

E. 完全不可以

## 附录三　社工服务满意度调查表

亲爱的同学:

你好！为了了解你对于所接受的社工服务的满意情况，我们设计了这份满意度调查问卷，希望能得到你的支持和配合。本次调查为不记名调查，不会泄露同学们的隐私，且答案没有对错之分。同学们只需按自己的实际情况在合适答案上打“√”，或在“________”上填上适当内容。

非常感谢同学们的配合！祝你们学习快乐！

阳光苗圃社工服务团队

2016 年 6 月 6 日

1. 你如何评价你所接受的服务的质量？

A. 极好　B. 好　C. 一般　D. 很差

E. 极差

2. 你是否得到了你希望得到的服务？

A. 完全得到　B. 得到了一大部分

C. 一般　D. 得到了一小部分

E. 完全没有得到

3. 我们的服务在何种程度上满足了你的需要？

A. 满足程度极高　B. 满足程度高

C. 一般　D. 满足程度低

E. 满足程度极低

4. 你觉得社工服务活动的内容怎么样？

A. 极好　B. 好　C. 一般　D. 很差

E. 极差

5. 你觉得社工服务的形式怎么样？

A. 极好　B. 好　C. 一般　D. 很差

E. 极差

6. 你对社工的表现是否满意？

A. 非常满意　B. 比较满意

C. 一般　D. 比较不满意

E. 非常不满意

7. 总的来说，你对所接受的服务满意吗？

A. 非常满意　B. 比较满意

C. 一般　D. 比较不满意

E. 非常不满意

8. 请你对我们的服务提出建议或意见：____________________

# 附录四 导学案示例："我眼中的自己"

<table>
<tr><td colspan="2">我的价值观<br>——自我认识篇</td></tr>
<tr><td colspan="2">姓名 班级 授课教师 时间</td></tr>
<tr><td>一、活动主题</td><td>对自我价值观的认知</td></tr>
<tr><td>二、活动目标</td><td>帮助学生了解自己的特点和价值观，思考和澄清自己的价值观念，引导学生以正确的价值观为导向去追求真正重要的东西</td></tr>
<tr><td rowspan="3">三、活动过程</td><td>一、热身活动：超级比一比（10分钟）<br>1. 所有学生分为四组，工作员决定比的项目，例如比黑、比小、比短、比大等；<br>2. 每组按比赛项目推选出最具"冠军相"的人来参加比赛，工作员说出比的内容，如比谁的腿短、比谁的眼睛小；比赢的人可以为自己组得一分，工作员接着问各组这些特点都有什么好处，每回答出一个好处可以为本组得一分，最后得分最高者荣获"特点优选王"</td></tr>
<tr><td>二、主题活动：价值拍卖会（20分钟）<br>1. 道具：足够的代币券、拍卖槌；<br>2. 规则：每个学生手中有1000元，竞拍的每样东西都有底价，每次出价都以100元为单位，价高者得到商品</td></tr>
<tr><td>三、分享环节（15分钟）<br>1. 你是否后悔你买到的东西呢？为什么？<br>2. 你是否后悔自己刚才争取的东西太少？<br>3. 有没有人什么都没买到？为什么不买？<br>4. 有没有一种东西比金钱更重要，或者比金钱带来更大的满足感？</td></tr>
<tr><td>四、活动反馈</td><td>亲，动动手指给个评价吧，1～5分，1分为非常不满意，5分为非常满意。<br>活动形式：1 2 3 4 5<br>活动内容：1 2 3 4 5<br>活动氛围：1 2 3 4 5<br>主持人表现：1 2 3 4 5<br>如果你有其他建议也可以写上______________________</td></tr>
</table>

# 萨提亚家庭治疗模式介入二胎家庭长子女心理困境研究

毛梓轶

## 第一节　绪论

### 一　问题提出

我国是人口大国，拥有世界1/5的人口，但随着时代的发展，我国的人口问题也不断发生变化，而我国的计划生育政策也随着问题的改变而不断更新完善。1982年党的十二大把实行计划生育确定为基本国策，并写入新修改的《宪法》中。此后独生子女群体开始在我国出现并迅速壮大，其中也产生了很多的社会问题。2013年11月5日，中共中央十八届三中全会审议通过《中共中央关于全面深化改革若干重大问题的决定》，决定放开“单独二胎”，这大大增加了符合条件的夫妇再次生育的可能。[①] 2015年12月27日，全国人大常委会表决通过了《人口与计划生育法修正案》，全面二孩政策定于2016年1月1日起正式实施。

随着全面二孩政策的出台，众多原独生子女转变角色成为二胎家庭中的长子女，在角色的转变过程中可能产生适应不良的问题。通过一些媒体及网络的文章不难发现，高龄二胎产妇增多，一胎子女与二胎子女之间的年龄差距拉大，社交平台上就曾有成

① 党的十八届三中全会文件起草组：《党的十八届三中全会〈决定〉学习辅导百问》，党建读物出版社，2013，第11页。

年的子女威胁自己父母的“你们敢生，我也生”这样激进的言语反应，这些现象都表明：随着二孩政策的实施，一些长子女在角色转变过程中极易出现心理健康问题。

社会工作作为一个以“助人自助”为理念，以“关爱”“服务”为宗旨，以个案工作、小组工作和社区工作为方法的实践性专业，发现问题、介入问题是这项工作应有的使命。笔者在武汉市J社区实习期间发现社区内有不少的二胎家庭，其中不乏家庭融洽的，但也有矛盾十分突出的。笔者选择的案主家庭即矛盾十分突出的家庭。这个家庭中的案主性格执拗，无法接受弟弟的出生，而父母态度由包容转变为冷漠与无视，加剧了家庭的矛盾。笔者认为社工介入不仅仅需要改变案主个人的行为态度，同时也需要改善整个家庭的沟通状况。本文旨在通过个案工作方法，运用萨提亚家庭治疗模式介入，首先提高案主的自尊感，改变案主贬低自我的态度，纠正案主的偏差认知；然后改变家庭成员的偏差认知，矫正家庭不良的沟通模式，同时从个人和家庭两个层面介入，帮助案主走出心理困境、家庭恢复和谐的环境；最后为家庭重建新规则，以此提高家庭抵御风险的能力，帮助案主彻底摆脱心理困境。

## 二 研究的意义

### （一）理论意义

我国自1980年正式实施计划生育政策，在国家各部门的妥善部署、全国人民的共同努力下，取得了显著的成绩；而随着人口老龄化现象的加剧，我国经济水平与人口增速严重不协调而带来的经济压力不容忽视，男女比例严重失调等现象出现，放开二孩政策势在必行。全面二孩政策放开以来，家庭结构的变化会产生怎样的影响？原本的独生子女，即新的家庭结构中的长子女，他们的心理会产生怎样的变化？他们的心理问题该怎样及时疏导和解决？这都是我们应该面对和探讨的重要问题。本研究的理论意义在于通过对放开二孩政策后长子女的心理困境的个案研究，拓宽社会工作的实务领域，有利于检验和发展萨提亚模式在家庭社会工作中的适用范围，丰富与完善社会工作相关理论。

(二) 现实意义

全面二孩政策放开以来，众多的独生子女转变为非独生子女。家庭结构的变化势必对他们产生影响，本研究对于家庭中的长子女如何调试自己的心态、正确面对二胎问题、走出心理困境具有十分重要的现实意义。个案工作及时介入，可以帮助这些青少年及儿童正确认识新生命的来临。本研究的现实意义不仅在于帮助二胎家庭中长子女走出心理困境，同时也帮助家庭搭建稳定的家庭结构，塑造和谐的家庭环境，并且通过个案工作的理念和方法探寻解决二胎家庭矛盾的新方法，也期望通过实务践行让社会工作的理念渗透于社会之中，加大社会工作在各个领域的影响力。

## 三　文献综述

国家从“计划生育”政策到“全面二孩”政策，放开了对于生育二胎的限制，使中国的二胎家庭越来越多。随之而来的两个孩子的养育问题也必将引起人们的重视。但通过检索，笔者发现关于生育二胎后产生问题的相关调查研究较少，而社会工作介入非独生子女的心理困境研究更是罕见，当然这也与之前中国的计划生育的相关国策有关。笔者只能从侧面入手，了解计划生育政策下的独生子女的相关性格特点，以此来研究二孩政策放开后二胎家庭中长子女可能产生心理困境的原因，根据原因有利于有针对性地进行后续的实务介入。

(一) 国内外关于独生子女性格特点的相关研究

(1) 国外关于独生子女性格特点的研究

早在 1898 年，美国心理学家博汉农（E. W. Bohannon）发表了世界上第一篇研究独生子女的论文《家庭中的独生子女》。博汉农认为独生子女的性格呈两面性：一方面具有正直、顺良、温和、宽容等优点；另一方面也具有嫉妒、固执、自私、爱撒娇等缺点。[1] 其后也有许多社会学家和心理学家做了关于独生子女的研

① 李文虎:《国外独生子女研究的思考》,《江西师范大学学报》1990 年第 1 期。

究，但结论都不一样。有些研究表明独生子女优于非独生子女，有些研究表明非独生子女优于独生子女，还有些研究则表明独生子女和非独生子女无明显差异。

总结起来，美国学者对于独生子女心理问题的研究存在两种不同观点。一方认为独生子女生活在缺乏同胞的教养环境，这对儿童心理发展是不利的。儿童心理学家霍尔（G. S. Hall）认为：独生子女，仅这一客观事实本身就是一种“疾病”。另一方的观点则相反：他们认为由于研究对象及考虑因素的单一，以往对独生子女的研究带有很大的片面性。得克萨斯大学的托尼·福尔博（T. Falbo）说：“独生子女与非独生子女没有什么不同。”他的研究发现：独生子女长大成人后在各个方面与非独生子女都不存在明显差别，相反，在智力和学习成绩上独生子女还优于非独生子女。

（2）国内关于独生子女的性格特点研究

我国对独生子女性格特点的研究始于80年代初。有人研究指出，独生子女中：43%不团结友爱，70%挑吃，27%挑穿，45%胆小，4%不爱惜东西，27%不尊重长辈，64%任性发脾气，33%独立生活能力差。[①] 但之后权朝鲁、李莉从山东师范大学附属小学一年级中随机选择一个班，以这个班47位学生的家长为调查对象，调查后发现我国独生子女在好奇心与分享行为、团结友爱和自制力等方面特点突出，这离不开家长的家庭教育和学校教育的双管齐下。但是独生子女还有相当任性、对待困难态度差、独立性不强、不爱惜东西等心理缺陷，而这些问题主要也是由家庭成员的溺爱等原因所造成的。[②]

王小路、风笑天将独生子女和非独生子女的社会化进行比较，得出独生子女在以下几个方面的特点：一是在性格和行为特征上，“懒惰”是独生子女的明显不足，此外还有“动手能力差”和“责任性差”这两个特点；二是在生活自理能力上存在差别；三是在社会交往上，独生子女社交能力更强；四是在未来职业期待上，

① 徐梅：《家庭教育与独生子女的性格形成》，《广角》2005年第5期。

② 权朝鲁、李莉：《独生子女性格特点的研究》，《妇女学苑》1994年第4期。

独生子女更偏向从事知识类的职业。[①] 他们认为独生子女与非独生子女之间并不存在明显的区别，所以家庭教育才是一些独生子女问题产生的根源。

从人的情感方面研究，儿童情感起源于父母的抚爱和家庭温馨氛围的熏陶，良好的家庭情感氛围是孩子形成初步的情绪调控能力的重要条件。[②] 孩子的喜怒哀乐最愿意跟父母倾诉和表达，如果孩子从小就接受父母不正确的教育方式，父母也没有对孩子的异常表现引起足够的重视，长期发展下去，孩子容易形成反社会的不良人格特征，继而可能发展为社会的隐患。

（二）针对二胎家庭长子女的相关问题研究

根据第六次人口普查数据，截至 2013 年，我国的独生子女数量规模为 21819 万人，其中居住在城镇的独生子女约 15065 万人，占独生子女总数的 69.0%，农村约 6754 万人，占 31.0%。[③] 全面二孩政策放开后，众多的原独生子女将面临二胎带来的一系列改变，包括家庭结构的变化等。而近期，很多媒体报道的长子女因不接受二胎而发生的触目惊心的新闻都表明：随着全面二孩政策放开，一些长子女在角色转变过程中很容易出现心理健康问题。戴旒茜在针对苏州 2 至 10 岁的原“独二代”子女的调查研究中发现，超过一半的调查对象对“二胎”持消极、不接纳的态度，而性别、年龄、接触程度等因素均对原“独二代”子女接纳“二胎”的态度有不同程度的影响。[④] 邹林通过调查研究发现很多孩子在弟弟妹妹出生时有了一些异于以往的表现，如行为倒退、情绪易怒、交往障碍等[⑤]。她认为这些表现形式多样，但与孩子的性别和年

① 王小路、风笑天：《中国独生子女研究：记录社会变迁中的一代人》，《广西民族大学学报》（哲学社会科学版）2011 年第 5 期。

② 何安明：《家庭教育与儿童情商的开发初探》，《当代教育论坛》2005 年第 11 期。

③ 姚引妹、李芬、尹文耀：《单独二孩政策下独生子女数量、结构变动趋势预测》，《浙江大学学报》（人文社会科学版）2015 年第 1 期。

④ 戴旒茜：《2 至 10 岁原“独二代”子女对“二胎”手足接纳度的调查与对策》，苏州大学硕士学位论文，2015。

⑤ 邹林：《老大怎么了？家庭中老二出生对老大社会性发展的影响及对策分析》，四川师范大学硕士学位论文，2015。

龄、父母教养方式、家庭氛围等因素密不可分。通过整理分析发现，家庭原因是导致长子女出现一系列异常行为的重要原因。

（三）二胎家庭中长子女心理困境产生的原因分析

**1. 家庭因素**

（1）家庭结构的改变

家庭结构是指构成一个家庭的各个成员之间相对稳定的关系，它是每个家庭存在的社会形式。[①] 而根据第六次人口普查数据，我国目前的家庭结构类型以核心家庭为主体。[②] 核心家庭这种家庭模式也造成独生子女依赖性强、自理能力差、以自我为中心的个性特点。作为唯一后代的孩子处于家庭的中心地位，孩子不仅在情感上是父辈们生命的延续，在精神上更成了唯一的寄托，于是其便被视为家庭的轴心。一旦这种轴心地位改变，家庭中每个人的角色都发生相应的改变，而作为原本家庭核心的老大，需要接受自己身份角色由家庭核心向边缘化的转变，这对于很多二胎家庭中的长子女是一个不小的挑战，也阻碍了他们对于二胎的接纳。

（2）亲子关系

BoBlbS（1951）、AinsBorth 等将婴儿依恋发展分为三个阶段——无差别的社会反应阶段（出生至3个月）、有差别的社会反应阶段（3～6个月）、特殊情感联结阶段（6个月～3岁），同时根据依恋的不同表现，将其分为三种基本类型：安全型依恋、回避型依恋、反抗型依恋。不同依恋类型的头胎子女会对同胞弟妹的来临有不同的反应。而在儿童时期形成的过分的依赖感则会对青少年时期的行为产生影响。由于二胎家庭中的老大之前一直处于家庭中的核心地位，对于父母家人经常有过度的依赖，而这种过度的依赖，容易造成后期长子女对二胎的排斥与不接纳。由于这种过度的依赖和占有欲，他们将父母对他们的付出看作理所当然，也就无法接受父母的改变。尤其是反抗型依恋，当父母照顾

---

① 席居哲：《儿童心理健康发展的家庭生态系统研究》，华东师范大学硕士学位论文，2003。

② 王跃升：《中国城市家庭结构变动分析》，《中国社会科学》2013年第12期。

二胎时，长子女会出现消极的心理反应，对二胎也会产生排斥、仇恨的心态；而当父母将注意力转回到长子女身上时，他们又会产生矛盾的心理，既渴望关爱，又反抗接触。这种反抗型依恋，不仅仅容易造成长子女的心理困境，更是会导致家庭的矛盾不断激化，不利于家庭的和谐稳固。

（3）教育方式

父母是孩子的第一任老师，父母的行为也是影响青少年社会性发展的关键因素之一。胡忠英、竺辉的调查表明：儿童起码的生活规范、程序和习惯是从家庭中学到的，儿童伦理道德规范的习得也需依赖家庭。儿童的行为始于模仿，父母是他们赖以模仿的对象。孩子没有多少生活经验，一些起码的生活规范和程序又不能靠遗传得到，只有在后天模仿的基础上，接受家长的传授而获得。①所以父母的言行性格等方方面面都在潜移默化中影响着孩子一生幸福感的形成，想要孩子成为什么样的人，父母首先得努力成为什么样的人。而儿童情感起源于父母的抚爱和家庭温馨氛围的熏陶，良好的家庭情感氛围是孩子形成初步的情绪调控能力的重要条件。②父母只有教会孩子正确的沟通方式以及心理疏导方式，孩子才能在遇到问题时得到正确的引导，避免更加严重的问题发生。另外，独生子女平时缺乏玩伴，集体的教育力量在他们身上很难反映出来，由于缺乏与大自然接触、与伙伴们交流，孩子们无法建立起对外界的信任与正常交流的渠道，容易表现得脆弱和自私自利，进而影响其对二胎的接纳度。

**2. 个人主观因素**

由前面我们分析独生子女性格问题时了解到，独生子女有任性、对待困难态度差、独立性不强、不爱惜东西等心理缺陷。而这些心理缺陷造成他们面对新的家庭成员时，不能接受甚至产生消极反抗的心态。而这种心态带来的是失落、挫折、不甘、愤怒，

---

① 胡忠英、竺辉：《家庭教育与儿童社会性发展》，《当代教育论坛》2004 年第 5 期。

② 何安明：《家庭教育与儿童情商的开发初探》，《当代教育论坛》2005 年第 11 期。

甚至可以是憎恨以及无可奈何。但是每个人都会有消极情绪和积极情绪，而一个人情绪反应的强度和持久度，在一定程度上取决于他对于触发情绪反应情境的理解、认识和评价。年龄越小的孩子，对情境的理解、认识和评价会越多地取决于其基本需要是否得到满足。[①] 青少年没有合理有效的心理疏导机制，没有自己合理的相应的排解负面情绪的渠道，就容易陷入心理困境，最终可能导致一系列问题的发生。

（四）文献简评

对国内外关于独生子相关研究的梳理，为本文的研究提供了理论框架和背景。基于宏观层面的把握，笔者为了进一步探讨和分析如何解决二胎家庭中长子女的心理困境，开始寻求可供二胎家庭使用的资源。笔者同时从微观层面实务角度梳理论文研究发现：由于二孩政策刚刚放开，针对二胎家庭长子女心理状态研究的论文十分少见，其中有一些心理学及教育学的论文，都从家庭教育的方面讨论了二胎出生后对长子女的影响。戴旒茜通过了解原“独二代”家庭头胎子女对“二胎”的接纳现状，从家庭、学校、社会和头胎子女本身四个角度提出了一些建设性的意见，从而促进原“独二代”子女拒绝接纳“二胎”问题的进一步解决。[②] 邹林选取了50个老大在3~6岁、有二孩的家庭进行了孩子表现行为、家庭环境、父母教养方式等方面的调查，还选取其中10个家庭进行了深入访谈。调查发现：很多孩子在弟弟妹妹出生时有了一些异于以往的表现，如行为倒退、情绪易怒、交往障碍等。[③] 但是社会工作介入二胎家庭的研究更是罕见，更多的是社会工作介入同伴关系或亲子关系的相关研究。目前更多的针对二胎家庭的研究，都集中在生育意愿以及人口学的分析，而没有具体的针对

① 冀红红、赵英：《国内外儿童消极情绪的研究综述》，《福建教育学院学报》2013年第5期。

② 戴旒茜：《2至10岁原“独二代”子女对“二胎”手足接纳度的调查与对策》，苏州大学硕士学位论文，2015。

③ 邹林：《老大怎么了？家庭中老二出生对老大社会性发展的影响及对策分析》，四川师范大学硕士学位论文，2015。

二胎家庭产生问题的实务介入，这也是本文研究的创新点之一。本文将通过个案研究的方法，以萨提亚模式为理论基础，结合社会工作的其他工作方法对二胎家庭进行介入，帮助二胎家庭中长子女摆脱心理困境，创造和谐的家庭氛围，同时丰富社会工作针对二胎家庭的实务研究。

## 四 研究思路与内容

### （一）理论基础——萨提亚家庭治疗模式

萨提亚的治疗模式其实是建立在系统理论之上的。萨提亚认为：个人本身是一个系统；家庭是另一个系统；个人和家庭所处的情境又是一个系统。个人系统的形成受家庭系统的影响很大；同时家庭系统的形成也是家庭中个人系统互动的结果。个人系统与家庭系统呈现复杂的、彼此影响、彼此决定的关系，他们互相塑造，形成了特定的家庭氛围与情境。

使用萨提亚模式介入时，主要从以下几个方面进入干预和评估，首先是人的自尊或自我价值感，自我价值感或自尊是一个人赋予自己的价值，是他对自己的爱和尊重，独立于别人对他的看法。个人和家庭带入治疗中的大多数问题最终都与低自尊有关，基于这个原因从自我价值感方面评估当前问题非常重要。其次是沟通模式，在健康的家庭生活中，良好的沟通是非常重要的因素，因此矫正家庭沟通过程是治疗的一个重点。最后是家庭规则，家庭规则包括在给定情景下成员认为应该做的或者不应该做的所有行为，帮助家庭意识到家庭规则的存在，并重新塑造利于家庭生活和谐发展的规则。当家庭规则得到矫正后，使沟通能够良性发展的氛围就会形成，并且家庭成员的自我价值感也会提升。

萨提亚模式的主要治疗过程被称为人性认同过程模式，主要分为三个阶段。第一阶段主要是与家庭建立关系，制定非正式的治疗契约，这个阶段是从会谈开始，到治疗师认为已经收集了足够的信息，与家庭成员建立了足够的信任，可以进入下一阶段为止。第二阶段是混乱阶段，主要特征是普遍的困惑与混乱。治疗师帮助家庭成员放下自我防御和保护，面对以往不敢展示给自己或他人的部分。第三阶段是整合阶段，以充满希望、愿意尝试新的行为方式为特征。整合阶段标志着一个疗程的结束，或者是下一疗程开始之前的必要停顿。

（二）研究思路

在武汉市J社区实习期间笔者接触到案主W的弟弟M，从M的描述中了解了W的一些情况，之后在社区走访中与M的妈妈接触，才深入了解到这个二胎家庭中存在的一些矛盾与问题。在妈妈的委托下，将案主W接收为个案服务的对象。本研究尝试以萨提亚模式为指导开展解决二胎家庭中长女心理困境的个案服务，以W的个案介入过程为例，主要从三个方面介入案主及她的家庭。首先，提高案主自尊感，从个人层面帮助案主走出心理困境；其次，帮助家庭矫正不良沟通模式，将家庭纳入改变的系统，帮助案主更顺利走出心理困境；最后，重建家庭新规则，提高家庭抵御风险的能力，从预防的层面防止家庭危机再次发生。

（三）研究内容

本文的介入服务分为以下三个层面。

第一，提升案主自尊感。首先，改变案主偏差认知，正确看待生活中、家庭中存在的问题，了解问题的本质来源于她贬低自我的应对姿态；其次，改变她贬低自我的应对姿态，以理性成熟的方式解决问题；最后，发掘她的自身价值，提高她的自尊感，从个人层面帮助她走出心理困境。

第二，矫正家庭不良沟通模式。本阶段运用萨提亚模式中的“冥想”和“家庭重塑”的技巧，纠正家庭成员的偏差认知，帮助他们意识到家庭中存在的不良沟通模式；然后培育家庭良性沟通模式，教会家庭新的沟通技巧；最后践行巩固良性沟通模式，建立良好的沟通氛围，从家庭层面帮助案主走出心理困境。

第三，重建家庭新规则。首先从帮助家庭成员意识到家庭中隐藏的规则入手，将家庭规则摊在阳光下；然后帮助家庭成员们意识到规则的利弊，激发他们改变的决定；最后利用萨提亚的转化规则的方法，帮助他们转化家庭规则，并希望他们将规则运用到未来的生活中。

## 五 核心概念界定

### （一）心理困境

心理困境实际上是一种心理障碍，美国心理学教授斯宾塞在《心理学》一书中指出，心理障碍是与痛苦或失能有关的心理和行为过程。[①] 心理困境实际是一种亚健康的心理状态。

心理困境是指因不满的情绪或不能实现的欲望而引发的干扰日常生活的心理活动和行为，在本文中主要指二胎家庭中的长子女因不能接受二胎诞生，而产生的一系列异常的心理活动和行为。

### （二）二胎家庭

二胎家庭是指生育有两个孩子的家庭。由于早年的计划生育政策，每个家庭只能生育一个孩子，所以家庭以独生子女家庭为主，而目前二孩政策全面放开，每个家庭可以生育两个孩子，这样在生育一个孩子之后，选择再生育第二个孩子的家庭就被称为二胎家庭。

在二胎家庭中，第一胎出生的子女被称为二胎家庭中的长子女，之后生育的则被称为二胎子女。本文的研究对象就是二胎家庭中的第一个孩子即二胎家庭中的长子女。

## 六 研究方法

### （一）资料收集的方法

（1）访谈法

访谈法是社会工作者通过有计划地与案主进行口头交谈来了解有关实际情况的一种方法。本文中涉及的访谈主要是在介入初期进行需求评估的过程中进行的走访调查、个案实施过程中互动以及个案结束后进行个案效果评估的家庭访谈。

---

① 洪巧英：《现代社会心理困境及其调适研究——基于马克思主义社会交往理论的视角》，中共中央党校硕士学位论文，2014。

（2）观察法

观察法是指社会工作者带有明确的目的，凭借自己的感觉器官以及辅助工具（如情景设置等），直接去案主生活的现场收集材料的调查研究方法。本文中所涉及的观察法主要是在个案初期及个案实施过程中，通过与案主的互动及其一家的日常互动，观察案主对于二胎的态度、参与访谈的积极性、个案介入的效果及与社会工作者的配合性，有利于社会工作者根据实际情况及时调整个案方案，以达到预期的效果。

（二）个案实务研究法

所谓个案实务研究法，就是以个案工作的通用过程模式为基础，针对研究对象的具体问题，在各个不同的阶段使用不同的工作方法进行研究。在本研究中，根据案主及其家庭成员的需求，制定相应的服务方案，进行有针对性的介入服务。本文以萨提亚模式作为介入的理论指导，在介入过程中运用了萨提亚模式中的工作方法和技巧，如冥想、家庭重塑等，同时在一对一会谈中运用了个案工作的谈话技巧，如同理心、澄清等。

## 第二节　需求评估与方案制定

本阶段的主要任务为：与案主父母及弟弟接触，了解这个家庭的现状及他们的诉求；直接与案主 W 接触，收集信息，了解 W 与家人目前相处的情况；根据收集到的信息进行全面的分析和评估，进行家庭结构的分析，初步判定案主 W 及其家庭所出现的问题及其成因；最后拟定初步的服务方案。

### 一　个案概述

（一）个案对象的选取

从 2015 年 11 月到 2016 年 6 月，笔者在武汉市 J 社区儿童之家实习，在实习过程中接触到很多的非独生儿童，恰逢国家全面放开二孩政策的端口，在实习过程中笔者也发现许多的问题，于是收集了关于独生子女和二孩政策的相关理论知识。并结合笔者在社区实习接触到的实际案例，发现其中一个小朋友 M 在玩耍时经常提到姐姐 W 不喜欢自己，且经常因为小事打骂他，后来在与 M 的妈妈接触的过程中了解到，她是在 45 岁时生下弟弟 M 的，姐姐 W 当时已经 21 岁，因为不能理解父母的行为而无法接受弟弟的出生，近几年情绪起伏大，偏激的言语和行为也很多，导致家庭冲突十分激烈，而且姐姐 W 在弟弟出生后辞去工作，不愿进入社会，经常将自己锁在房间。全面二孩政策放开之后，高龄二胎产妇所占比例很大，家庭中长子女与二胎子女的年龄差距也被拉大。这个家庭中的姐姐 W 的行为较为偏激，对于弟弟 M 的影响也十分大，而且母亲希望我们能够帮助姐姐 W 尽早适应新的家庭结构，因此笔者将姐姐 W 及她的家庭接受为个案，并作为本课题的研究对象。

（二）个案简介

姐姐 W，生于 1991 年，性格外向但十分执拗，大学毕业后在一家设计公司工作，但弟弟 M 出生后一年，她就辞去工作赋闲在家，不愿再工作。

W 在弟弟 M 出生前也很懂事，学习努力，也会帮助妈妈分担一些家务。但不顾她的反对，母亲冒着高龄产妇的生命危险生下了弟弟 M，由此她的改变非常大，性格变得偏激，对父母态度冷漠，对于妈妈照顾弟弟的辛苦视而不见，认为父母的辛苦全是他们自找的；对于工作也没有了以前的热情，最后辞掉工作赋闲在家，成为啃老族；对于弟弟 M 也是动辄打骂，家庭矛盾十分突出。

（三）个案家庭情况概述

根据案主的家庭情况，绘制家庭结构图如图 1 所示。

W 的爸爸出生于 1963 年，妈妈出生于 1967 年。两人于 1989 年结婚，1991 年生下 W。W 的爸爸祖籍在江苏，但出生在武汉，如今也定居武汉。W 的奶奶仍然健在，已经 80 多岁，身体不是很好，爸爸还有两个兄弟，哥哥如今在江苏发展，弟弟在武汉工作，但居住地离 W 的奶奶较远，所以奶奶的日常生活主要由 W 的爸爸妈妈照料。W 的妈妈是武汉人，W 的外公外婆也都健在，由 W 的舅舅照料，但是妈妈也要经常抽出时间去看望老人。

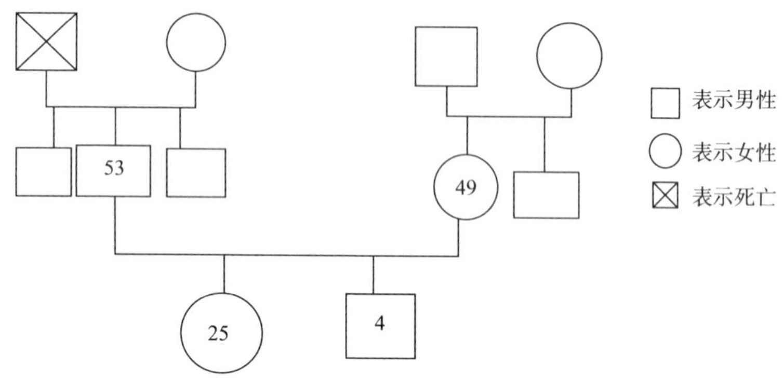


**图1 服务对象家庭结构**

说明：图中年龄均以2016年的年龄为标准。

W的爸爸是自由职业者，与朋友合伙开店做生意，妈妈是家庭主妇，家里有几间门面出租，还有一栋4层楼的私房出租。在M出生之前，妈妈自己也经营了一家副食商店，但因为生育M的原因，最终将商店关门并将门面出租。W的家庭经济条件较为优越，从小到大，W的物质生活不虞匮乏，而且因是独生子女所以也不需要分享。弟弟M出生后，爸爸大大减少了外出做生意的时间，妈妈也成为全职家庭主妇，两人将主要精力用于照顾M，家庭的主要收入来源为门店与私房的出租所得，但经济条件依然较为优越。

这个家庭是传统的男主外女主内的家庭模式，爸爸是一家之主负责家庭的对外事务，妈妈主要照顾家庭负责家庭对内的事务。这种模式导致在家庭中，子女与父亲相处时间短容易产生隔阂，而与母亲相处时间长容易产生矛盾，家庭之间不和谐的因素增多。

## 二 资料收集

案主最初对于笔者的介入有一定的抵触，不愿多谈，所以笔者前期多是与案主W的父母及弟弟交谈收集资料，之后在与W接触的过程中，她逐渐放低防备，笔者才与她渐渐建立了专业关系，为后续服务奠定基础。

（一）与弟弟 M 接触

笔者初次与 M 接触时听到他抱怨自己的姐姐不好，不想要姐姐了；之后在与 M 的多次交流中了解到他家中还有一个姐姐，但是姐姐并不喜欢他，经常因为他调皮而骂他，爸爸妈妈也经常叫他离姐姐远一点。

……

社工：听别的小朋友说你有一个大姐姐，姐姐平时是不是很疼你呀？

M：姐姐坏，我不喜欢姐姐。

社工：姐姐怎么坏呢？

M：她总是骂我，有时候还打我。

社工：那你知不知道姐姐为什么骂你呀？

M：她不喜欢我。

……

社工：那你觉得她为什么不喜欢你呢？

M：我进她房间她就骂我，后来还打我，我觉得是因为我进她房间所以她不喜欢我。

……

M：我不喜欢我姐姐，她不陪我玩还骂我，你对我好你当我姐姐吧。

……

在社区的活动过程中可以看出 M 是一个外向活泼，有一些调皮的小男孩，总是希望能得到别人的关注和陪伴。通过陪他玩游戏时穿插的一些问答，可以看出 M 心里是希望姐姐能够陪伴他玩耍的。他的很多行为其实是在吸引姐姐的注意，希望姐姐能够关注到他，能够陪他玩耍。但是 W 多次粗暴的拒绝态度已经对 M 造成了伤害，他开始抗击自己的姐姐，并避免跟她产生接触，但是他又十分希望有人陪他玩耍，所以他会希望能换一个对自己好的姐姐。

（二）与案主父母的接触

与M接触了解一些相关情况之后，通过社区走访笔者接触到W的父母，从父母处了解到他们对于W也是有很多的“怨言”的。

> 社工：前两天玩游戏时听到M说她姐姐不喜欢他。
>
> 妈妈：也不是不喜欢，只是还不太能接受弟弟，毕竟姐弟俩的年龄差距有些大。
>
> 社工：那您当时有好好跟W沟通生弟弟的事情吗？
>
> 妈妈：之前没有沟通，怀孕之后才告诉她的，当时她情绪有一些异常，但是我们想着过段时间她自己会好的，而且我是高龄产妇当时自己情况也不是很好，就没顾及她的情绪。
>
> 社工：那M现在4岁了，W好像也还是不太能接受弟弟，那你们有好好跟W聊这个话题吗？
>
> 妈妈：这个好像确实没有正式谈过，M是个男孩子比较调皮，我们年纪也大了，很多时候精力达不到。而且W她这么大人了，不帮忙照顾弟弟，还要我们分身照顾她，我们确实忙不过来。
>
> ……
>
> 爸爸：她现在也不工作了，说我们既然养了M那就把她一起养着，二十几岁的大人了说这种话像话吗？
>
> ……
>
> 爸爸：平时对M一点耐心都没有，也不给我们好脸色，弟弟找她玩就不耐烦，不就是动了她东西吗，还打弟弟，我真的很生气，一点对待弟弟的包容心都没有。
>
> ……

从与W的父母的对话中可以看出父母都对W有很多的“怨言”，他们认为W不懂事，不能理解父母的辛苦，也不能用包容的态度去对待弟弟。但是父母的态度其实也存在一些问题，在决定生育弟弟M之前没有征求姐姐W的意见，也没有跟她深入地谈生育二胎的原因和必要性，仅仅只是在怀孕之后告知她，更没有正视她的负面情绪，而是放任她的负面情绪无限扩大，为现在的家庭矛盾埋下伏笔。奶奶的重男轻女、父母的漠视都可能对 W 造成了很大的伤害。这也可以看出父母对待子女的教育态度仅仅止于吃饱穿暖，他们并没有重视女儿 W 的情绪变化，同时也没有重视 M 希望亲近姐姐的心理，仅仅在发生矛盾冲突时，告诉 M 不要接近姐姐，这样更加深了家庭成员之间的矛盾。

（三）与案主 W 接触

刚与 W 接触时，她并不愿多说什么，对于社工与她的接触十分抗拒，所以一开始与她交流的内容都是与她的兴趣相关的话题，以此慢慢与案主建立关系，渐渐地她放下自己的防备，愿意与社工交流，并相信社工能够帮助她缓解心里的不愉快。

……

社工：你真的很不喜欢你的弟弟吗？

W：其实不是很不喜欢，只是感情很复杂，好像不能接受爸爸妈妈突然将所有的关心都给了另外一个人。

……

W：上次他进我房间，把我的化妆品全部弄坏了，口红也被他当蜡笔玩了，我真的很生气。跟妈妈说，妈妈就只有一句再买不就行了，完全不当一回事，我一生气就打了他两下，还被爸爸训斥，好像这件事都是我的错。难道我不是他们的女儿吗？

社工：我能理解你的心情，弟弟弄坏你的东西你很生气，但是爸爸妈妈无所谓的态度可能更加伤害你，是吗？

W：对，现在爸爸妈妈根本不听我说，也没时间理我，每天都围着弟弟转。我工作顺不顺利，心情好不好，有没有遇到什么挫折，这些他们根本不在意。他们每天只关心弟弟有没有冷到热到，有没有挨饿受欺负，所以我才更讨厌他。

……

从与 W 的交流中不难看出，W 的负面情绪不仅来自弟弟 M，也来源于父母的态度。W在弟弟出生前，是家里的独生女，父母将全部的精力放在她身上，她也习惯自己是全家人的焦点。而在弟弟出生后，父母却将更多的关心给了弟弟，她不能接受这样的改变，所以产生了很多的负面情绪，而这些负面情绪也影响了这个家庭的关系。但在之前与她父母的交流中也了解到，由于父母年纪大了，确实精力有限，所以在照顾了弟弟M之后，很难再有多余的精力去关心她。由此可以看出，案主与她的父母双方之间都缺少了包容，案主不能包容父母由于体力、精力有限而疏忽她的感受，父母也不能理解案主因为缺少关心而产生的负面情绪，家庭成员之间缺少良性的沟通机制。

## 三 心理困境的表现

心理困境在本文中主要是指因不满的情绪或不能实现的欲望而引发的干扰日常生活的心理活动和行为，在案例中是指二胎家庭中的长子女因不能接受二胎诞生，而产生的一系列异常的心理活动和行为。本案例中的服务对象的心理困境在心理和行为方面主要表现为以下几点内容。

（1）低自尊感

案主存在低自尊感的表现，她不能认同自己在家庭中存在的价值，将父母生育二胎的原因归咎到自己身上，甚至怀疑自己在家庭中存在的意义。这些表现都反映出案主处于低自尊感的状态，这样的心理已经影响了她的正常生活。

（2）敏感焦虑

案主对于二胎的问题非常敏感，案主曾经反映认为邻居都在嘲笑他们家，议论他父母因为生了女儿不孝顺才会选择高龄生育二胎。但通过走访社区了解，邻居并没有这样的反应。由此看出案主目前非常的敏感和焦虑，害怕因二胎出生而被否定。

（3）暴躁易怒，行为偏激

案主在家庭中经常因为一些小事情发脾气。案主的妈妈曾经反映，案主会因为饭菜不合心意就生气摔碗，有时弟弟调皮有些吵闹，案主就会生气骂弟弟甚至动手打弟弟。根据观察发现，案主在生活中确实存在一些偏激的态度和行为，这也是她心理困境的表现之一。

（4）逃避现实，自我贬低

案主将生活中遇到的问题都归咎到二胎上，认为家庭生活的不顺遂、社会生活的苦难重重，都是因为二胎的出生。她没有成熟理性地面对问题，而是贬低自我，不能将自己看作独立的个体，认为自己是依附于家庭的存在，选择用一种逃避的态度面对生活中的困难。当工作不顺利时，选择辞去工作躲回家里；在家庭中发生任何的问题她都认为是弟弟的错，对弟弟动辄打骂。这样逃避现实、贬低自我的行为，也是案主心理困境的表现之一。

## 四　问题分析与诊断

### （一）问题诊断

在与案主初步会谈的过程中，首先针对案主 W 运用了头胎子女对二胎接纳程度问卷，发现案主不能完全接纳弟弟 M，在家庭生活中没有将 M 看作家庭的一分子，在情感、态度和行为上都没有接受二胎的出生。之后针对这个家庭可能存在的问题，对家庭成员使用了亲子关系量表，根据测量结果发现，家庭中亲子关系矛盾突出，亲子之间互动存在很大问题。

经过初步整理收集到的相关资料，笔者发现，案主 W 的问题不是她个人的问题，而是整个家庭出现了功能的失调，家庭成员之间不良的沟通模式影响了家庭关系。根据萨提亚的治疗理论诊断评估案主及其家庭主要存在以下问题。

（1）案主 W 的低自尊感

案主的父母选择在案主 21 岁时，不顾案主的反对生育一个儿子，即案主的弟弟 M，之后案主就做出了许多偏激的行为。通过与案主的接触，笔者发现，案主非常焦虑，也十分关心旁人对她的看法，常常表现出对自己不确定的态度。她认为是因为她不够优秀所以父母才选择生育弟弟 M，这些都是低自尊的表现。自尊感是一个人对自己价值的肯定、对自己的爱和尊重，而低自尊感的出现往往使人陷入心理困境，若是无法排解，就会导致行为的失常。

（2）案主W的认知产生偏差

案主W存在很多的偏差认知。她认为弟弟的出生是因为她自己不够优秀，自己在家庭中没有存在的价值，她也认为因为弟弟的出生才会导致她如今生活不顺遂。这些偏差认知导致她深陷在心理困境中无法自拔，也导致她产生一系列偏差行为。

（3）案主W贬低自我的态度和应对方式

案主以前是独生子女，21岁时才有了弟弟M，青少年时期她一直是家庭的中心，习惯于被父母全心全意地呵护，导致她没有学会成熟理性的应对方式。突然出现的弟弟M打乱了她的生活，案主不知道如何与父母进行正确的沟通，父母也一直忽视她的声音。在这样的情况下，案主不能将自己看作独立的个体，而认为自己是依附于父母、家庭的存在，所以她在应对这一问题和困境时，只能选择不符合自己年龄的应对方式来反抗自己的父母。

（4）家庭中存在功能不良的沟通姿态

在与案主及其家人的接触中发现，这个家庭的家庭成员之间存在功能不良的沟通姿态。根据萨提亚对于沟通模式的分类判断：案主主要表现为责备的生存姿态，她通过愤怒的语言和行为模式掩饰内心的低自尊感；案主的父亲同样表现为责备的生存姿态，父亲不认同女儿的表现，对于女儿的行为只有斥责和冷漠；而案主的母亲则表现为讨好的生存姿态，母亲为了保持家庭表面的和谐，讨好女儿、安抚女儿焦虑的情绪，同时也安抚丈夫对于女儿的不满。这些不良的生存姿态导致了这个家庭不良的沟通模式。萨提亚认为一个人的问题不是她个人的问题，而是家庭中的沟通出现了问题。在案主的家庭中，家庭成员间缺少良性沟通导致家庭矛盾愈演愈烈。

（5）消极的家庭规则

在与案主及其家庭的接触中，笔者发现案主的家庭中存在消极的家庭规则。这些消极的家庭规则致使父母认为自己是绝对的权威，W只需要顺从父母就可以了。而这些不良的规则导致了家庭矛盾的激化，不仅不利于案主未来的发展，也不利于家庭的和谐稳定。

（二）需求评估

通过与案主及其家人的接触，诊断他们的问题，笔者认为案主及其家庭有以下几点需求。

（1）改善 W 的行为和认知

W 偏激的认知和行为，不仅严重影响了她的个人发展，也不利于家庭的和谐稳定。案主需要学会控制情绪，掌握积极有效的压力排解方法。首先走出房门，学会正确与家人沟通互动的方式；然后也要走出家门，积极融入社会，正确对待生活中所受的挫折。

（2）恢复家庭的和谐氛围

W 的家人都迫切希望家庭能够重新恢复生育二胎前的平静生活，也为 M 创造一个良好的成长环境。

（3）提高案主自尊感

低自尊感导致了案主一系列的反常行为，因为案主不能认同自己在家庭中存在的价值，所以她用贬低自我的态度以期获得家人对自己价值的肯定。同时低自尊感导致她出现不良的沟通姿态，影响了整个家庭的和谐与稳定，所以需要提高 W 的自尊感，帮助她了解自己是家庭中不可或缺的一分子，同时挖掘案主的价值，鼓励案主走出家门，拥抱社会。

（4）矫正家庭沟通模式

改变家庭中家庭成员之间的不良沟通模式，达到表里一致的沟通姿态。家庭成员间形成良性的互动沟通，对于帮助案主建立自尊感，以及后期重塑家庭规则都有着重要的意义。

（5）重塑家庭规则

帮助家庭成员意识到家庭规则的存在，同时使他们认识到正是这些干扰家庭生活的消极规则引起了家庭成员间的矛盾。我们要做的正是重新塑造新的家庭规则，父母能够了解 W 作为家庭中的一分子也可以发表自己的意见，W 作为独立的个人不仅仅是依附于父母权威之下的存在。这样打破旧的规则，建立新的良性的家庭规则，也有利于家庭提升抗风险的能力。

## 五 目标和方案制定

### （一）服务的目标

服务对象在现阶段遇到很多的家庭问题、工作问题、感情问题等，这些都让案主感到非常困惑，但其实之所以会出现这么多的困扰，是因为早年习得的功能不良的应对模式一直跟随着她。因此，本次治疗的目标是要解决家庭系统里的深层次的问题。

经过与案主反复沟通和一点点澄清目标，最终确定在本次服务中需要达到以下目标：改变与父母间僵化的关系，达到平等的沟通；帮助案主改变偏差认知，提高自尊感；减少自我贬低应对方式对案主未来生活的影响；帮助家庭建立新的积极的家庭规则，提升家庭抵御风险的能力。

### （二）服务方案的制定

萨提亚模式认为，案主的问题不在于问题本身，而要回溯她的原生家庭，从家庭中找出问题的根源，所以介入服务也不仅限于案主本人，她的家庭也要参与到改变的过程中。

萨提亚模式认为，应主要从这几个方面评估介入：首先是人的自尊感，其次是家庭沟通模式，最后是家庭规则。所以在评估、制定服务方案时，主要也是从这三个方面入手，针对案主个人，提高案主的自尊感，同时将家庭成员纳入改变系统之中，矫正家庭间的不良沟通方式，这样双管齐下帮助案主走出心理困境。最后帮助家庭建立新规则，提高家庭抵御风险的能力，预防下一次可能出现的风险。

根据萨提亚人性认同过程模式，服务主要分为三个阶段。第一是建立关系的阶段，这个阶段主要收集资料，与家庭成员建立信任关系；第二是混乱阶段，帮助案主提高自尊感和帮助家庭矫正不良沟通模式就属于这个阶段，这个阶段主要帮助案主和家庭成员放下自我防御和保护，面对以往不敢展现给自己或他人的部分，通过这样的展示来习得改变的途径；第三是整合阶段，重建家庭新规则就属于这个阶段，这个阶段以充满希望愿意尝试新的行为方式为特征，这个阶段为家庭建立积极的家庭指南，是从预防的角度帮助家庭提高抵御风险的能力。

在与案主及其家人的共同商定下，具体的服务方案见附录一。

## 第三节　提高案主自尊感

根据对案主心理困境表现的分析，案主在家庭中存在低自尊感的表现。她不能认同自己在家庭中存在的价值，认为父母生育二胎是因为自己不优秀。所以要帮助案主提高自尊感，首先改变她的偏差认知，正确看待弟弟和自己的家庭；其次改变降低自尊的应对方式，以增强自尊、理性成熟的方式解决问题；最后发掘她的自身价值，提高她的自我价值感，学会尊重自己。主要的介入阶段和内容如表 1 所示。

**表 1　介入阶段和内容**

<table>
<tr><td colspan="4">第一阶段——提高案主自尊感</td></tr>
<tr><td colspan="4">阶段目标：帮助案主了解到自己现阶段出现的困惑并不是来源于家庭中的某一个人，也不仅仅是自己的原因</td></tr>
<tr><td>活动主题</td><td>服务内容</td><td>服务目标</td><td>服务形式</td></tr>
<tr><td>我的弟弟</td><td>讲述心中的弟弟</td><td>让案主更加清晰地认识到弟弟已经出现在家庭中，逃避无法解决问题</td><td rowspan="5">一对一访谈</td></tr>
<tr><td>我的家庭</td><td>讲述自己的家庭</td><td>让案主思考自己在家庭中的改变，以及改变的好与坏</td></tr>
<tr><td>如果的事</td><td>情景模拟，引导案主换位思考</td><td>帮助案主正确看待家庭中已经发生的改变，以及自己贬低自我的应对模式对自己和家庭造成的影响</td></tr>
<tr><td>独立与依附</td><td>说说自己与弟弟的不同需求</td><td>帮助案主了解到什么才是符合她的年龄阶段的理性应对方式</td></tr>
<tr><td>真实的我</td><td>描述自己的优点，绘制成“自我的树”</td><td>帮助案主更好地认识自己，提高自尊感</td></tr>
</table>

在服务过程中，案主会认识到弟弟出生势必会对她的生活产生影响，但这并不是问题本身，她所存在的困惑来源于她不适宜

的应对方式。改变她对于弟弟的偏差认知，能够帮助她接受这个家庭的新成员，改变对待弟弟的偏激的方式，与家庭成员保持和睦的关系。找到了案主产生心理困境的认知方面的原因后，笔者在本阶段的服务试图达到以下目的：帮助案主正确认识自己的弟弟，认识自己的家庭；帮助案主改变现在的应对方式；肯定案主存在的价值，帮助案主提高自尊感。

## 一　纠正案主偏差认知

案主的生活在弟弟出生后发生了很大的变化，于是产生了偏差认知，认为现阶段她所遇到的所有生活中、工作中、感情中的困难都是由于弟弟的出生。而她少年时习得的错误的应对方式，导致她在面对自己的家庭成员时产生了偏激的情绪和行为，最终导致家庭矛盾的激化和家庭关系的紧张僵化。所以首先要做的就是改变案主的偏差认知，正确认识到二胎出生已经成为事实，才能更好地进行接下来的服务。

（一）“我的弟弟”

本次服务的主题是“我的弟弟”，旨在帮助案主说出她心中的弟弟是什么样子，以此帮助案主学会正视已经出现的新的家庭成员，不逃避现实，勇敢地面对自己的心声。

……

社工：你能跟我说说你的弟弟吗？

W：他很调皮的，总是在家吵吵闹闹，到处扔的都是他的玩具，家里乱糟糟的。

社工：那你能说说你排斥他的原因吗？

W：我不是真的不喜欢他，但是我不喜欢爸爸妈妈只关心他，而且他出生以后我真的很不顺利，根本没有人关心我，我在外面工作受到挫折，爸爸妈妈就像不知道一样，根本不管我，后来我一生气把工作也辞掉了，反正他们要养弟弟，那就把我一起养着吧。

社工：你认为你现在遇到的一些困难都是因为你弟弟？

W：对，我觉得都是因为他，我现在生活、工作一团糟。

……

由此可以看出，案主不喜欢弟弟 M 的原因在于，她认为弟弟抢夺了父母全部的注意力和关心，所以她使用了错误的应对方式，以一种偏激的方式抗拒弟弟的出生，也希望以此吸引父母的关注。但这种偏差的认知和错误的应对方式更加激化了家庭矛盾，使她在自己的心理困境中越走越远。

……

社工：你有没有正式跟你的父母表达过你心里的想法？

W：没有，我觉得很烦，不想跟他们说这些，有时候看到他们照顾弟弟、带弟弟玩，我就只想发脾气，感觉自己不像这个家的人。

社工：所以你向他们表达抗议的方式仅仅是发脾气吗？

W：好像确实是。

……

社工：我认为你可以试着改变一下你对待亲人的方式，弟弟已经出现在了你的家庭，你也说过血脉相连是一件很奇妙的事情。他们都是你的亲人，你试着陪弟弟玩一会儿玩具或者陪他看看动画片，走出你的房门多跟家人接触，你认为呢？

W：嗯，我会再想想，也会试着改变自己的态度。

……

案主愿意尝试改变就是好的开始，弟弟出生已成事实无法改变，而自己在生活中遇到的困难其实不仅仅是因为弟弟出生。案主之后向笔者描述在尝试改变与弟弟的相处方式后，她觉得自己的生活也轻松了很多，不会强迫自己去认为弟弟是多余的，也觉得弟弟还是很可爱的。而父母在看到案主的变化后，也十分开心，认为女儿终于懂事了。为了改变案主的偏差认知，笔者先诱导案主说出自己心里对弟弟的看法，通过以感情为纽带，帮助案主接受自己的弟弟，并能在行为上一点点做出改变。案主这样正确看待自己的弟弟，也是她走出心理困境的第一步。

（二）“我的家庭”

本次服务的主题是“我的家庭”，旨在帮助案主换位思考，同时引导案主反思自己的改变，以及这些改变对于自己和家人的影响。

……

社工：你能跟我讲讲现在你们家的家务分工吗？

W：妈妈要买菜做饭洗衣服洗碗，还要照顾弟弟的生活起居，爸爸偶尔帮忙买买菜，然后每天带弟弟出去玩。家里的事情好像主要是妈妈在做。

社工：那你呢？

W：以前我也会帮妈妈做家务，但是后来我就不做了，我觉得她现在这么累是自找的，谁让她生弟弟呢。但是有时候看到她那么累我还是很心疼，所以我每天干脆关在房间里，眼不见心不烦。

社工：其实有时候我们换位思考一下，就能知道父母一些行为的原因了。妈妈想要你帮忙分担一些家务，爸爸希望你能参与到家庭生活中，而不是把自己锁在房间眼不见为净，你若能多换位思考，就会明白他们的行为背后的原因。

……

案主偶尔会抱怨父母对她的不理解，但是经过换位思考之后，案主明白父母的行为背后也有他们的原因，母亲辛苦，希望她能帮忙分担一些家事；父亲工作忙，看到女儿一直不愿再上班工作，内心也十分焦虑。案主以前只是不愿意思考这些问题，她将这些不理解和她所受的委屈全部归咎于弟弟，所以才会产生诸多的家庭矛盾。但经过与笔者的交流和换位思考的过程，她会慢慢学会站在他人的角度看问题，理解父母行为背后的原因。

……

社工：你认为弟弟出生之后你的家庭地位变化了吗？

W：肯定变了，以前家里就我一个小孩，现在家里有了弟弟，爸妈不喜欢我了，奶奶也更喜欢我弟弟。而且弟弟现在年纪小，爸爸妈妈关注他更多我也能够理解。但是他们有时都是直接漠视我，还不让弟弟跟我接触，我真的觉得自己已经被他们排除在外了。

社工：其实你用心想想，爸爸妈妈真的不关心你吗？妈妈有没有准备你喜欢的饭菜，对你嘘寒问暖？爸爸有没有关心你的工作，担心你在家没有朋友？他们是真的不让弟弟跟你接触，还是因为怕你生气所以不让弟弟接触你？

W：（沉默）

社工：家庭是这个社会的细胞，你在家庭中都会遇到如此之多的问题，更何况是在社会中呢。

W：是的，静下心来想想其实父母还是关心我的，而且我已经长大了，其实已经可以独立了，好像真的不用一直跟弟弟吃醋。

……

案主开始意识到自己并没有被家庭边缘化，她仍然是这个家庭中的一分子。让案主自己描述自己的家庭，她在说的过程中也会有思考，回忆一些事情的过程中，也会反思自己的行为，将她的偏差认知纠正过来，明白家庭中现存的矛盾不是因为弟弟的出生，而是在弟弟出生后，她没有及时调整心态，采用了错误的应对方式。在此阶段，案主知道了自己之前对待父母的不理解时所使用的错误方法，通过换位思考，案主开始改变对待父母的态度，家庭氛围僵化的问题也慢慢得到缓解。

## 二　改变自我贬低的态度

### （一）“如果的事”

案主在面对二胎问题时的行为态度都源于她贬低自我的应对

方式，她降低自尊，将自己看作与弟弟一样的儿童，所以在面对出现的问题和困难时，她不能采取积极有效的方式去面对，而是消极逃避和抵抗。在面对二胎出生的问题上，她不能很好地与父母沟通，而是采取吵闹的方式反抗父母的决定；面对弟弟时，只能用凶狠的态度表达自己的不满；甚至因为一时的挫折辞去工作，这都是案主自我贬低的应对姿态的表现。本阶段介入目标主要是帮助案主W认识到什么才是正确的应对方式，并能将其应用到生活中。

本阶段的主题是“如果的事”，利用情景模拟，帮助案主正确看待家庭中已经发生的改变以及不良的应对模式对自己和家庭造成的影响。

……

社工：如果爸爸妈妈在考虑要不要弟弟的时候跟你商量你会怎么做？

W：我会阻止他们，不仅仅因为我习惯了自己是独生女，还有爸爸妈妈年纪大了。妈妈这个年纪生孩子很危险，我不想失去妈妈。爸爸也是，本来我上班以后赚钱了他就可以休息了，但是有了弟弟就意味着他会更辛苦。

社工：如果没有弟弟，你觉得你现在的生活是什么样子？

W：会轻松很多吧，我应该不会赌气辞职回家，爸爸妈妈也不会这么辛苦照顾小孩。

社工：如果有了弟弟之后你能跟他和睦相处，你觉得现在会怎么样？

W：可能就不会有今天的谈话了。当然我肯定会是个好姐姐，我觉得我不会辞职，跟爸爸妈妈也不会有这么多矛盾，应该会开心很多吧。

社工：你看，就算有了弟弟，如果你们和睦相处了，你也不会赌气辞职，所以你在生活中遇到的困难其实跟弟弟的出生没有关系，最终还是在你自己，是因为你选择了不合适的应对方式，所以才会有现在的困境。

……

事实上，事情都是没有如果的，发生的事情不能改变。但是，通过这样一种方式，帮助案主回忆过去的细节，也是一个反省的过程。通过案主自己的想象和描述，她发现自己在生活中和工作中遇到的困境不是来源于弟弟出生，而是源于她贬低自我的态度。笔者在这个阶段就是帮助案主巩固已经改变的偏差认知，更加明确自己的这种态度引起的不良应对方式的存在对自己和家人造成的影响，从而反省自己、改变自己。当案主越来越敞开自己，表达自己的时候，她也会越了解自己，看到自己当初没有看到的盲点，从而走出因为二胎出生而产生的心理困境。

……

社工：那我们现在来想一想，不同的应对问题的方式都可能会造成什么样的结果。

W：好的。

社工：与父母意见相左时，激烈的争吵和理性的对话。

W：激烈的争吵肯定场面会很不好看，能够对话的话问题可能解决得更顺利。但有时父母根本不会与孩子对话，他们不需要意见，只需要服从。

社工：对，这也是家庭矛盾的根源之一，但是你能认识到激烈的争吵并不是好的方法我觉得就已经很棒了。

……

社工：如果回到妈妈刚刚生育弟弟时，这个时候理性地面对生活和把自己的生活搞得一团乱，你觉得都会有什么样的结果。

W：可能理性地面对生活才是对自己负责吧。其实我现在也经常在想，我这样辞职回家把自己的生活过成现在这样到底惩罚了谁，爸爸妈妈并没有心疼我，我也没有因此而过得更开心。

社工：我觉得你现在能反思这个问题真的非常好。那你能多跟我讲讲你的想法吗？

W：我心里知道弟弟出生不能改变了，但是我就是很生气，所以不听爸爸妈妈的话，经常吵架顶撞他们，后来把工作也辞了。现在觉得这样做对他们根本不痛不痒，好像只有我在无理取闹。

社工：对，其实你这些反抗的行为就是我所说的应对方式，可能你在面对问题时这些应对方式太消极，所以既伤害了你又伤害了家人，我希望你能更加理性地面对问题，而不是逃避。比如你的弟弟，他已经出生了，你也许一时做不到很喜欢他，但不能因为他而放弃自己，我希望你能思考一下。

W：好的，我会想一想，以后面对问题做出反应之前也会先想想你说的话。

……

案主了解到在她身上存在的错误的应对方式，这对于她未来的改变非常重要。在这个“如果的事”的小游戏中，将应对的选项放在她的面前，由她自己思考反馈，帮助她了解不同的应对方式会造成不同的后果。这也是帮助她在未来的生活中，能够思考什么是正确的应对方式，什么样的应对方式是当前最优的。这样案主习得积极的应对方式，才能应用到生活中，也能帮助案主放下心中消极的心理感受，真正走出心理困境。

（二）“独立与依附”

案主在面对二胎问题时，放低自己的自尊感，将自己放于与弟弟M同一年龄层次，将自己的需求与弟弟的需求重叠，造成她的需求无法得到满足，最后陷于因二胎而产生的心理困境中。其实案主已经是一个成熟独立的个体，但她并没有将自己看成一个独立的个体，仍依附于父母，从父母处寻找自己的价值，这也就导致她在弟弟出生后产生低自尊感。

本阶段的主题就是“独立与依附”，通过帮助案主了解到自己与弟弟M不同的年龄层次、不同的家庭定位、不同的需求，从而帮助案主W了解到自己已经是一个成熟独立的个体，提高她的自尊感。

……

社工：你能跟我说说你觉得自己现在和弟弟有什么不同吗？

W：他是男孩子，我是女孩子；我是姐姐，他是弟弟；爸爸妈妈比较喜欢他，不喜欢我。

社工：对，你刚刚提到了你是姐姐，他是弟弟，也就是说你意识到了你们之间的年龄差距。

W：嗯，我今年25岁了，有些人在这个年龄都是妈妈了。

社工：对，你今年25岁，已经长大了，已经走出校园成为一个社会人了；你的弟弟今年4岁，幼儿园小班。你有没有考虑过你们现在对于父母的需求是不同的。

W：没有，我只是觉得我的爸爸妈妈不管我几岁都应该对我好。

……

社工：你现在需要父母的关爱，可是你已经不需要爸爸接送你上下学，不需要爸爸带着你下楼玩游戏一直担心你受伤，不需要妈妈喂你吃饭、哄你睡觉、给你讲故事。你当然需要父母的关爱，但是不像弟弟那样时时刻刻需要父母盯着，因为他们觉得你已经成熟了，所以很多事情可以独立地面对。你认为呢？

……

W：我只是忍不住会觉得他们坚持生弟弟是因为我不够优秀，因为我是一个女孩子，所以才一定要有弟弟。所以我有时候会觉得生活真的很没意思，那既然这样我就放弃自己吧，反正我也不优秀，我一点都不重要。

……

在服务过程中，可以看出案主是从家庭中寻求自身价值，她的自尊感来源于家庭中父母的肯定，所以她认为弟弟出生是父母对她的一种否定，这种偏差认知造成她现在的一种自我贬低的态度。

在本次服务中，帮助案主了解到自己是一个成熟独立的个体，而不是依附于父母的存在。通过本次会谈，案主开始思考自己对于父母的需求与弟弟的不同，学会改变贬低自我的态度，将自己看作成熟的个体，而不是与弟弟一样的小孩子，同时为下次挖掘案主自身价值的服务奠定基础。

## 三 发掘自身价值

这个服务阶段的最后就是要帮助案主发掘自身的价值，帮助她认识自己、了解自己、最终做到爱自己。萨提亚模式认为，个人和家庭带入治疗中的大部分问题最终都与低自尊感有关。在之前的问题分析中发现案主存在低自尊感，不能正确认识自己，也不能正确看待自己在家庭中的定位。本次的服务就是要帮助案主发掘自身的价值，最终提高她的自尊感。

本阶段的主题是“真实的我”，首先案主描述自己的优点和缺点，绘制“自我之树”，了解案主对自己的看法，然后将提前准备的家庭成员对案主的优缺点的描述粘贴到案主的“自我之树”上，帮助她完善对自己的认识，最后帮助案主发掘她身上的价值，让她学会尊重自己、爱自己。

……

社工：那我们先来说说优点吧，你认为自己的优点有哪些。

W：我的优点……我觉得自己好像没有什么优点。

社工：怎么会没有优点呢，不是需要多大的优点，画画好看、字写得好看，这些都可以是优点。

W：那我觉得我画画很好，而且我很爱干净，我喜欢笑，虽然我朋友不多但是我其实很健谈，还有我唱歌很好听……

社工：你看你真的有很多的优点，来，我们一起把优点都写在你的“自我之树”上，以后你再想到自己的优点也能补充上去。

……

社工：这里有一些我之前准备的家人眼中你的优点，我也帮你补充到你的“自我之树”上。

W：好的。

社工：你爸爸认为你画画很棒，学习也很努力……妈妈觉得你是一个很细心的女孩，觉得你非常率真……弟弟因为还小所以就没有收集到他的想法。

W：原来我在他们心里是这个样子的。

社工：你看你的“自我之树”，你真的有很多的优点，所以你为什么不喜欢自己呢？

……

通过“自我之树”这样的活动形式，帮助案主更加了解自己，让她看到自己身上的优点，能够学会发现自己的价值。这次活动后，案主发现自己身上有许多的亮点，有许多自己以前没有注意的优点，包括父母对她的看法，都使她更加了解自己。案主清楚了解自己的优点后，也会从父母的评价中体会出自己在家庭中的价值，能够感受到自己被父母疼爱，这样的亲情不会因为弟弟出生而被斩断，进而帮助案主走出心理困境，帮助家庭重归和谐。

## 四　小结和反思

在本阶段，笔者一共进行了四次无结构式访谈，其间也会有一些非正式的小访谈，以及一些家庭作业。针对之前的问题诊断以及萨提亚模式的评估介入层面，首先需要做的就是提高案主的自尊感，这样从案主个人层面帮助案主走出心理困境。在制定服务方案时，第一步是纠正案主的偏差认知，帮助案主了解问题的根源；第二步是改变案主的错误的应对方式，通过服务介入改变案主个人的行为和态度；第三步就是帮助案主发掘自己的价值，提高自尊感。这样从个人层面介入，帮助案主走出心理困境。

在改变案主的过程中，首先引导案主正确认识自己的弟弟，改变从给弟弟一个微笑开始，能够陪弟弟玩一会儿玩具或看一集动画片，在慢慢接触中建立感情；其次引导案主学会理解父母，正确看待自己在家庭中的位置，使案主了解自己并不是真正为其他家庭成员所边缘化，而是她自己将自己边缘化，正确认识弟弟出生后家庭所发生的改变，接受这样的改变并能融入新的家庭氛围，帮助案主缓解与父母之间僵化的亲子关系；再次通过“如果的事”的小游戏，帮助案主巩固认知，现阶段的问题不是因为弟弟的出生，而是因为自己的行为态度，只有改变自己的应对方式才能解决一部分问题；最后通过“自我之树”的游戏，帮助案主正确认识自我，发掘自己的价值，提高自尊感，帮助案主走出心理困境。

但是，在本阶段的服务中，笔者对于萨提亚模式的运用还是存在缺陷，没有将萨提亚的治疗方法很好地运用到服务过程中。而笔者对于问题的把握不足，也导致服务时间超出笔者的预算。

## 第四节 矫正家庭不良沟通模式

在之前与案主的接触阶段发现，案主的问题不仅仅在于她本身，也要回溯到她的原生家庭。她因二胎所产生的心理困境，不仅仅是因为她个人的应对方式错误，也是因为家庭的沟通模式出现了问题。在这个家庭中，父亲表现为“责备”的生存姿态，在家庭中责备女儿不懂事，也会教训母亲太过纵容女儿；母亲表现为“讨好”的生存姿态，不仅要讨好女儿，使女儿不要顶撞父亲，也要讨好丈夫，使丈夫不要过多责备女儿，以维持家庭的和谐；而女儿同样表现为“责备”的生存姿态，她将所有的过错归咎到别人身上，责怪父母不理解、不关心自己。整个家庭的沟通呈现一种畸形的氛围，父母与孩子之间更多的是一种单向的沟通。这样的不良的沟通模式推动了家庭中长女心理困境的产生，因为缺少沟通，父母不了解女儿的内心，也放任了案主负面情绪的滋生，最终导致家庭矛盾的激化。所以要帮助案主走出心理困境，不能仅仅改变案主一人，要将她的家庭也纳入改变系统之中，这样双管齐下才能真正帮助案主走出心理困境，帮助家庭重新恢复和谐。针对家庭中的不良沟通模式，社会工作者主要的介入阶段和内容如表 2 所示。

**表 2　介入阶段和内容**

<table>
<tr><td colspan="4">第二阶段——矫正家庭不良沟通模式</td></tr>
<tr><td colspan="4">阶段目标：帮助案主达成与其他家庭成员间的良性互动，改变家庭成员不良的沟通姿态，使他们达成“表里一致”，达到父母与子女间的双向沟通</td></tr>
<tr><td>活动主题</td><td>服务内容</td><td>服务目标</td><td>服务形式</td></tr>
<tr><td>冥想</td><td>所有成员一起冥想，体验一段生活经历</td><td>帮助案主和她的父母做联结，创造一个相互理解、换位思考的环境</td><td rowspan="4">社工引导家庭成员分享经历</td></tr>
<tr><td>情景模拟</td><td>模拟家庭成员的生存姿态</td><td>帮助家庭成员反省自己的生存姿态和沟通模式中存在的问题</td></tr>
<tr><td>良性沟通你我他</td><td>良性沟通的意义</td><td>家庭成员认识到什么是良性沟通以及良性沟通的意义</td></tr>
<tr><td>我们沟通吧</td><td>家庭成员互动交流</td><td>为案主和她的家人创造和谐的沟通环境，帮助他们建立良性的沟通模式</td></tr>
</table>

## 一　纠正家庭成员偏差认知

这个家庭中的家庭成员其实也存在一些偏差认知，父母将家庭中存在的矛盾全部归咎到女儿的不懂事上，没有意识到家庭中的沟通存在问题。所以针对家庭的服务介入首先是要纠正家庭成员的偏差认知，帮助他们意识到家庭中存在的不良的沟通模式。

在本阶段，笔者希望通过家庭重塑的方法，给案主一个机会，能够作为平等独立的个体与父母进行交流。同时父母能够意识到女儿是独立的个人，家庭成员间的沟通应是双向的。

### （一）冥想

在进行冥想（具体内容见表 3）前，笔者首先为这个家庭绘制了家谱图，如图 2 所示。

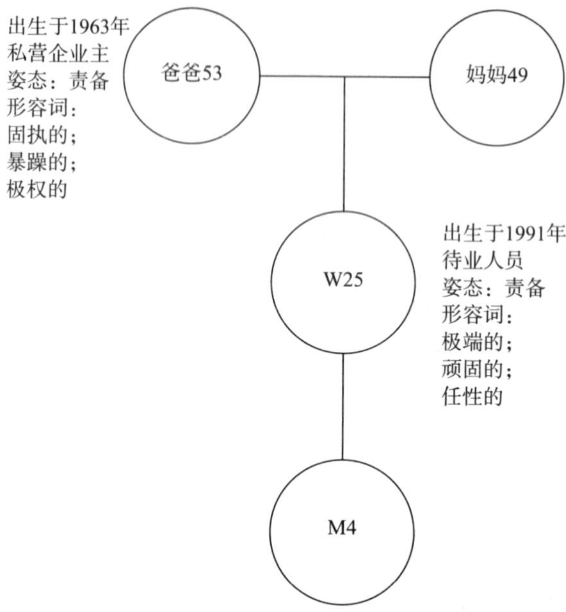


**图2 家谱图**

注：图中年龄均以2016年的年龄为标准。

**表3 冥想的内容、目标、分析与总结**

| 主题 | 冥想 |
| --- | --- |
| 内容 | 1. 根据之前绘制的家谱图和家庭生活编年史，笔者选择了几个场景，希望通过冥想，帮助家庭成员间联结。<br>（1）请父母描述，案主想象自己出生时的场景："你刚生下来时小小的一个人，手十分的温暖，爸爸抱着你觉得要用自己的一生去呵护你，要更加用心赚钱，为你创造更好的生活……"，"妈妈生完你之后筋疲力尽，但是还是感谢你的到来，让我们的家庭更加完整，你是妈妈生命的延续……"。<br>（2）请案主描述，父母想象当时的场景："妈妈怀孕了才告诉我要生一个弟弟了，我当时觉得很绝望，一个人在被子里哭了很久，我觉得是不是因为我不优秀所以爸爸妈妈才要生弟弟……弟弟出生以后，爸爸妈妈再也没有多余的时间关注我，我在工作中遇到很多挫折，觉得很难过，但是回家一看爸爸妈妈都围着弟弟转，根本不在意我的情绪……"<br>2. 双方进行完冥想后，给双方一个沉默思考的时间，反思自己。<br>3. 进入冥想后的会谈、讨论阶段。<br>社工："通过刚才的冥想，我想各位之间一定有了更多的相互了解吧，W能通过父母分别的描述感受到自己所拥有的爱，而父母也一定能从W的描述中感受到在二胎这件事情中W的所感和所想，以及你们单方面决定生育二胎给她造成的伤害，请你们说说你们现在的感受。"<br>W："我能感受到我是在家人的关爱中出生的，但是不为自己父母所认可的感觉真的很糟糕，根本不给我发表意见的机会让我很难过。" |

续表

| 主题 | 冥想 |
| --- | --- |
| 目标 | 1. 从案主和家人的真实经历着手，在冥想中让他们感受到对方的真实情绪；<br>2. 给案主和她的家人创造一个反思的环境；<br>3. 通过冥想将案主和她的家人进行联结，为下一步的家庭重塑做准备 |
| 分析与总结 | 通过这样一个冥想的过程，案主和家人之间产生了联结，同时笔者为案主和父母选取的都是对于他们来说非常重要的生活经历。通过让案主冥想自己出生的场景，案主相信自己是被爱的，父母选择生育弟弟并不是因为她有错；让父母想象女儿在生育二胎后所受到的影响和伤害，父母也会反思自己的行为是否做到尊重自己的女儿。在最后的讨论时间里，父母都愿意表达自己的观点，在女儿表达自己不被父母认可时，他们明显有些震惊，也会反思。<br>从案主本人的描述中可以看出，案主不能接受的不是父母选择生育二胎，而是父母的态度。她不能接受父母没有给予她一个商量交流的过程，不听取她的意见，只是告知她这样一个结果。而通过这样一个过程，父母也了解到女儿情绪和行为出现异常的部分原因，也会做出相应的反省 |

（二）家庭重塑

本阶段主要运用家庭重塑的方法，旨在帮助家庭成员意识到家庭中存在的不良沟通模式，帮助他们反思现有的沟通模式对他们生活产生的消极影响，同时激发他们改变的愿望，为创造良性沟通模式打好基础。

在邀请的志愿者们分别模拟家庭成员的生存姿态和家庭沟通模式后，家庭成员们有了一段时间的沉默，之后也分享了他们的思考。

> ……
>
> W：原来我在家都是这样的说话态度我真的没有想到，看到别人演出来才觉得自己有时候有些过分。
>
> 爸爸：女儿长大了也会有自己的意见，以前总把她当小孩子看，觉得她说话不算数，看完觉得自己可能太固执了。
>
> 妈妈：平时在家为了父女不吵架我也真的是哄完大的哄小的，跟刚刚他们表演的一样，我也觉得很累，但是他们太固执了，我也没有办法。
>
> ……

其实在这个家庭中，存在单向沟通的问题，就是仅仅是父母对子女的信息传达，而子女不能将自己的想法传递给父母。比如二胎这件事情，父母没有考虑到女儿作为家庭的一分子也应该提出自己的意见，甚至在W产生负面情绪后，父母也没有及时与她沟通，而是放任她的情绪，希望她自己想通。在这一点上父母也需要为W产生的心理困境负责。反观W，并没有强势地要求父母倾听自己的声音，而是将自己封闭起来，拒绝交流，这样也是错误的反应。

这样的一个家庭重塑的过程，在重塑过程中其实无论案主还是她的父母都有许多的感触，平时生活中不会察觉到自己在家庭中的生存姿态，通过别人的表演则有所领悟。在这个过程中，家庭成员有许多的思考，不仅会反思他们过去的不良沟通方式，也会思考未来要用什么样的方式与家人之间进行交流。而在本次服务的最后，社工指出由于父母忽视与W的交流过程，W才会在弟弟出生后产生心理困境，希望父母能反思自己的行为；同时W作为当事人，作为一个独立的个体，也并没有要求父母与自己交流，而是用了错误的方式反抗自己的父母，子女与父母之间的沟通渠道被完全封死，才造成了之后家庭矛盾的激化。

而在本次的服务过程中，通过重塑的手段将这样的问题点明，也是在帮助案主和她的家人反思什么样的沟通才是良性的沟通，才是有利于家庭和谐的沟通，而社工将这样的问题留给案主和父母，希望他们能够做出改变。

## 二 培育家庭良性沟通模式

帮助家庭成员意识到家庭中存在的不良沟通模式后，使他们了解什么才是积极的家庭沟通模式，帮助他们建立起良性沟通的模式，并学习将这种良性沟通模式运用到生活中。

本阶段的主题是“良性沟通你我他”。这个阶段的服务主要是帮助家庭成员了解什么才是良性的沟通模式，并能在服务过程中习得新的良性沟通模式，学会将它运用到未来的生活中。

家庭成员们在这个阶段分享了自己对于良性沟通模式的认识，

在一个和谐平等的氛围下初步形成良性的沟通模式。

> ……
>
> 妈妈：良性沟通模式应该是我们多尊重孩子的声音吧，也要听取孩子们的意见。
>
> 爸爸：虽然我是一家之主，但不是所有的事情都由我一个人决定，妈妈和孩子们都应该发表自己的观点，再来做最后的决定。
>
> W：学会正确的与父母沟通的方式，不是靠发脾气引起他们的注意，而是要努力让他们听见我的声音。
>
> ……

通过上次服务结束前，笔者给案主和她的家人所留的思考题，案主和她的父母都有了自己的思考，并愿意与家庭成员分享，这是好的开始。这样良好的沟通模式，也反映了父母对于案主 W 的重视，这样的重视能够帮助案主走出心理困境，更好地接纳自己的弟弟。

在二胎家庭中，长子女不愿意接受二胎，最大的原因就是害怕二胎的出现会影响自己在爸爸妈妈心中的地位，害怕自己得不到关注，害怕自己的爱被分享。但是良好的沟通模式不仅能够帮助父母和孩子之间保持一个和谐的氛围，同时也能够让孩子感受到父母的关心与爱，无论在二胎出生前还是二胎出生后，听取长子女的声音都是很重要的。

家庭成员在服务过程中习得新的沟通方式，并愿意在生活中学会践行这种方式不仅有利于案主未来的发展，同时对弟弟 M 的成长也十分有利，对于提升家庭抵御风险的能力，创造和谐稳定的家庭氛围也十分重要。

### 三　践行巩固良性沟通模式

家庭成员在生活中践行良性沟通模式才是本阶段服务的最终目标，本次服务就是要帮助家庭成员能够自觉在生活中践行新习得的沟通模式，为家庭建立良好的沟通氛围，帮助案主 W 走出心理困境。

本阶段的主题是“我们沟通吧”（具体内容见表4）。这个阶段的服务主要是模拟一个沟通的场景，通过情景模拟帮助家庭成员回到生育二胎前，给家庭成员一个机会，弥补之前因为缺少沟通而造成的遗憾。

**表4 “我们沟通吧”内容、目标、分析与总结**

| 主题 | 我们沟通吧 |
| --- | --- |
| 内容 | 1. 社工了解家庭成员过去几天对于沟通方式的反思和总结。<br>2. 根据给定的情景，家庭成员模拟一个沟通场景。<br>社工：“假如回到考虑要不要生育二胎的时候，请大家想象一下这一次你们会怎么做。”<br>在给定情景下，这一次案主父母选择与女儿一起讨论生育二胎的利弊，女儿也向父母表达自己的观点，形成一个良好的沟通氛围 |
| 目标 | 1. 建立良性的沟通模式；<br>2. 学会在生活中运用良性的沟通模式 |
| 分析与总结 | 上次活动之后，家庭成员都有自己对于良性沟通的新想法，首先让家庭成员分享自己对于这种新的沟通方式的想法，这样的交流过程本身也是一个平等的沟通过程，对于家庭成员间创立平等的沟通环境十分有利。<br>在最后的情景中，笔者给定的是如果家庭成员回到二胎出生前的考虑阶段，这次会怎么样。这是给父母一个机会，倾听女儿的声音，弥补女儿的遗憾；也是给案主一个机会，表达自己的观点，弥补在生育二胎的过程中缺失的沟通机会，有利于案主走出心理困境。<br>情景模拟的过程是希望家庭成员能够在生活中也践行这样的沟通模式，通过几次介入服务，家庭成员能够了解到家庭中存在的不良沟通模式，并能通过服务过程看到这种不良沟通模式造成的消极影响，对于他们改变是非常重要的。在服务的最后，家庭成员均表示愿意慢慢做出改变，并愿意相互监督，为家庭建立平等沟通的氛围 |

## 四　小结和反思

案主因二胎出生产生的心理困境，不仅仅是她个人原因所造成的，与她的家庭也有密切的关系。所以，笔者在关注案主自身改变的同时，也要将她的家庭纳入改变系统之中。改变家庭的沟通方式，使案主在家庭良好的沟通氛围中感受到自己被重视、被疼爱，案主不再纠结于弟弟出生后家庭关系的改变，也就能够走出心理困境，而家庭成员间也因此关系更加紧密，家庭氛围更加和谐。

第一阶段服务中笔者运用了冥想的方法，帮助案主和她的家人之间产生联结，案主更加了解自己的父母，父母也更加了解自己的女儿，在这个过程中双方体会到对方的重要性；笔者在第二阶段使用了家庭重塑的方法，帮助这个家庭意识到他们之间存在的不良的沟通模式，使他们意识到这样不良的沟通模式影响了他们的家庭，造成了女儿因二胎产生的心理困境，并让他们学会思考什么才是良性的沟通模式；在第三阶段的服务中，家庭成员不仅分享了自己对于良性沟通的看法，也在给定的情景下模拟使用了良性的沟通模式，而给定的是与他们家庭息息相关的情景，能帮助案主弥补遗憾，有利于案主走出心理困境。

本阶段的访谈都是针对整个家庭的，家人的参与有利于案主走出心理困境，但是由于笔者本人的能力有限，不能很好地把握一对多的方式，在服务过程中也发生了很多问题，同时萨提亚模式的运用也有些生硬。

## 第五节　重建家庭新规则

萨提亚模式认为每个家庭都有自己的一套家庭规则，家庭中的规则是一种非常动态，同时也是至关重要的生命力量。规则的本意是要逐渐让我们社会化，然而很多规则限定了我们评论，以及对谁评论的自由。[①] 在案主的家庭中，也存在一些制约家庭发展的规则，本阶段的目的就是要帮助案主家庭意识到这些规则的存在，同时将规则转化为指导家庭发展的指南，抛弃规则中不合理的部分。这样做可以促进表里一致的沟通，增强自尊，帮助家庭成员更加放松、自由。这对于案主而言更有利于她从家庭中汲取力量，摆脱二胎阴霾，走出心理困境。同时这也帮助家庭习得解

---

① 〔美〕萨提亚：《萨提亚家庭治疗模式》，聂晶译，世界图书出版社，2007。

决问题的方法，提高抵御风险的能力，预防下一次问题的发生。

针对重建家庭中的家庭规则，社会工作者主要的介入阶段和内容如表 5 所示。

**表 5 介入阶段和内容**

| 第三阶段——重建家庭新规则 | | | |
|---|---|---|---|
| 阶段目标：帮助案主家庭打破消极的家庭规则，提升家庭抵抗风险的能力，并帮助案主从中习得正确的应对方式 | | | |
| 活动主题 | 服务内容 | 服务目标 | 服务形式 |
| 阳光下 | 曝光隐藏的家庭规则 | 使家庭成员意识到家庭中存在的消极的家庭规则 | 会谈、讨论 |
| 转化规则 | 将强迫性的规则变为选择 | 不抛弃规则中蕴含的智慧，将规则转变为指导家庭生活的指南 | 会谈、讨论 |
| 家庭指南在我身边 | 回顾家庭规则，加强改变的力量 | 帮助家庭成员将家庭中强迫性的规则改为选择，使他们强化转变规则的力量 | 会谈、讨论 |

## 一　阳光下的家庭规则

本阶段的主题是“阳光下”，旨在帮助家庭成员认识到家庭中存在家庭规则，并且帮助他们反思家庭规则中存在的消极部分。

本次的服务让这个家庭意识到家庭规则的存在，同时请家庭成员自己说出家庭中存在的规则，这也是让他们思考和反思的过程。在罗列家庭规则的过程中，家庭成员自己也会反思自己的家庭生活中有哪些约定俗成的规定，而这些规定有没有对自己的家庭生活造成消极的影响。

首先邀请家庭成员们共同制作一张家庭规则表，罗列他们认为在他们的家庭中现在存在的或是曾经存在的家庭规则，如不要顶嘴；错误是致命的，不要犯错误；大的总要让着小的；父母是绝对的权威。

家庭成员们在罗列完家庭规则之后，开始讲述他们认为哪些家庭规则目前仍然在家庭中适用，并说出他们认为这些规则存在的意义。通过这样一个过程，家庭成员间能够互相了解，也是实践良性沟通模式的过程，同时一些隐藏的规则也能在这个过程中凸显出来。

……

W：爸爸妈妈总觉得我应该让着弟弟，但是有时候我也很委屈，像上次弟弟进我房间，弄坏了我的东西，我很生气就骂了弟弟，结果他们反过来还指责我。我只是觉得小孩子犯了错就应该告诉他这件事他做错了，但是爸爸妈妈根本不理解我。

爸爸：父母当然是绝对的权威，很多事情是不需要他们（儿女）来帮我们决定的，家庭中的一些大事应该由父母来做决定。

妈妈：顶嘴不是好习惯，父母毕竟是长辈，长辈说话小孩子顶嘴非常不礼貌，再说出去上班老板说话你还能顶嘴吗？

……

之后社工也为家庭成员罗列出一些可能存在的隐藏家庭规则，并希望家庭成员能够分享他们的看法，认为哪些可能是消极的家庭规则，制约了他们家庭的良性运转。

……

社工：不要问为什么要听父母的话，不然会受到惩罚；大人说话小孩不要插嘴；等等。

W：父母是绝对权威这个，我是一个独立的人，我也有自己的观点和意见，我希望他们能听一听我的话，商量之后再做一些决定。

爸爸：听父母的话这个吧，其实小孩小时候还是要听父母的话的，但是孩子长大了，有了自己的观点，只听父母的话也不行。

妈妈：刚刚听我女儿说我觉得确实有些时候不能只要求大的让着小的，小的也会犯错，确实要从小好好教育，不能一味包庇。

……

在案主的家庭中归根到底有一条总的规则就是父母是绝对的权威，父母作为权威的存在，不允许女儿有任何的质疑。所以当二胎问题出现时，父母没有将女儿的不满看在眼里，认为女儿会自己想通，也没有跟女儿交流疏导女儿的情绪。而这种权威的影响，造成案主对于父母的不满日益扩大，但因为父母权威的存在，案主不敢将不满发泄到父母身上，于是她将偏激的情绪投射到二胎的身上，造成她的心理困境。

本次服务就是让父母意识到这种权威地位的存在，让他们知道在这样的权威影响下，父母与子女之间的沟通必定是不平等的，这样不利于他们未来建立一个良好的沟通模式。

## 二　转化消极家庭规则

本次服务的目的很简单，将上次活动中罗列出的家庭规则中一些消极的部分转化为积极的，将规则转化为指南。通过这样的家庭规则转化，父母明白案主作为独立的个人，也拥有自己的意志，孩子并不是父母的附庸；而案主本人也应该明白，在家庭中要为自己创造说话的机会，要将自己看作独立的个人，不能完全依附于父母。

本次活动中转化规则主要分为三个步骤：第一步就是将“应该”转变为“可以”，增加了规则的可选择性；第二步就是扩大这个选择，将“永远”变为“有时”；第三步就是将规则的前提条件扩大，将“我可以”扩展到三个甚至更多的可能。[①] 通过这样的过程，我们扩展了我们的选择，而不是为一个提前决定的结果所驱使。这意味着案主和父母无论在面对家庭大的改变或生活中小小的选择时，都能平等沟通、理性思考，而不是被固有的规则束缚。通过这样做，父母可以有效地与案主沟通，疏导案主情绪，帮助

① 〔美〕萨提亚：《萨提亚家庭治疗模式》，聂晶译，世界图书出版社，2007。

案主走出心理困境。

通过本次服务过程，家庭中一些消极的家庭规则得到转变，父母开始思考怎样更加平等地对待自己的女儿，W也开始思考自己如何作为独立的个体在家庭中正确表达自己的声音。但是家庭规则的改变过程是一个循序渐进的过程，在未来的生活中，还需要家庭成员共同遵守新的家庭指南，为家庭关系向良性方向发展发挥自己的作用。

## 三 重建和谐家庭指南

这一次的服务帮助这个家庭转化了消极的家庭规则，最后罗列出新的家庭指南。积极的家庭规则可以转变为适用于所有人的家庭指南，而家庭指南也会指导这个家庭的家庭生活，包括促进表里一致的沟通，增强自尊，帮助家庭成员变得更加放松、自由，并接触到自身的真理和价值。[①]

首先社工请家庭成员分享在家庭生活中是否有因为遵守规则而付出了昂贵代价的事，这个过程中家庭成员反思自己的家庭生活，并愿意与其他家庭成员分享自己的所思所想。

……

爸爸：因为我一直觉得在我们家我跟她妈妈决定的事情，不需要W来过问，所以当时生M的时候从来没有想过要跟W商量，听听她的意见。之后的事情你也知道，她一直接受不了，所以我们家闹了这么多年，对M的成长也不是很好。

妈妈：每次姐弟俩吵架，我都会叫W让着弟弟，有时候W跟我解释，我也是觉得是因为她不喜欢弟弟，所以才为她的行为找借口，确实我们没有把她看作一个独立的大人，还是觉得在家她就得听我们的。

W：其实我想了想，不仅爸爸妈妈觉得我没长大，有时候我自己也没有把自己当成一个有独立人格的个体，我以前很

---

① 〔美〕萨提亚：《萨提亚家庭治疗模式》，聂晶译，世界图书出版社，2007。

少反抗他们，也真的觉得他们说的都是对的，这次关于弟弟的事情我生气他们不跟我商量，但是我没有主动去找他们沟通，我也该学会长大了。

之后通过改变消极家庭规则的方法，帮助家庭成员改变消极的家庭规则，将其转变为能够指导家庭生活的家庭指南。为家庭成员罗列新的家庭指南，如每一个孩子都是拥有独立人格的个体，尊重家庭中每一个成员的声音；父母也可能犯错，学会向孩子们学习；孩子可以问为什么，可以向父母发表观点……希望家庭成员在未来的生活中能够遵守这些新的家庭指南，为家庭和谐做出自己的努力。

在这个阶段，父母意识到了之前的一些家庭规则制约了家庭成员间关系的发展，对于女儿因二胎问题产生的心理困境，父母同样应该为此负责。父母愿意将在本次服务中所习得的内容应用到往后的生活中，这对于案主的发展来说是一件非常好的事情。因为笔者在有限的服务中能做到的很少，重要的还是希望案主及其父母将所想所感运用到未来的生活中，这样不仅能帮助案主走出这样一段心理困境，还能帮助家庭提高抵御风险和解决问题的能力。

## 四 小结和反思

经过之前的观察，笔者发现案主的家庭中存在许多消极的家庭规则，在她的家庭中父母是绝对的权威，她只是依附于父母的存在。因此，笔者在这一阶段希望帮助案主的家庭转化这种强迫性的家庭规则，将它转化为能够指导家庭积极发展的家庭指南，帮助案主在未来的家庭生活中保持独立性。

本次针对家庭规则的服务首先从帮助家庭成员意识到家庭中隐藏的规则入手，将家庭规则摊在阳光下；其次帮助家庭成员们意识到规则的利弊，激发他们改变的决定；最后利用萨提亚的转化规则的方法，帮助他们转化家庭规则，并希望他们将规则运用到未来的生活中。

社会工作不仅仅是治疗的工作，也是预防的工作。在帮助服务对象走出心理困境的服务中，笔者帮助案主和她的家庭成员一起改变他们的偏差认知，纠正案主的错误应对模式，矫正家庭的不良沟通模式。最后在本阶段重建家庭规则不仅仅是为了帮助案主走出心理困境，同时也起到预防的作用，即帮助家庭习得解决问题的方法，提高抵御风险的能力，在未来的家庭生活中能够正确解决出现的新问题，抵抗可能影响家庭和谐的新风险。

## 第六节　评估与结案

在从案主个人的认知偏差、家庭的沟通模式和转化家庭规则这几个方面一一入手后，案主的心理落差得到缓解，并慢慢开始走出自己的心理困境，与家人的关系也更加紧密。但这并不意味着对案主的服务就此结束，在正式结案之前，会有一个缓冲期，以便于笔者观察前期的服务效果，针对可能出现的问题做出及时的补救，最后通过各方的评估，再在与案主协商后正式结案。

### 一　跟踪观察

为了解案主及其家人在接受服务后家庭沟通模式的改变，针对所有家庭成员又展开了一次情景模拟，希望家庭成员能够以最自然的方式将生活展现在笔者面前。

社工：上一次我们模拟了 M 出生前的场景，这一次我希望你们能够回到 W 辞职的时候，如果事情再发生一次，你们会怎么做。

……

妈妈：我看你最近工作很不开心，但是妈妈还是希望你能再考虑一下，毕竟人生会有很多的挫折，不能因为不开心就逃避。

爸爸：你能跟我说说你想离职的原因吗？

W：我这段时间觉得工作压力真的很大，而且一直在公司做小助理，我觉得好像没有很大的发展空间，一直都是做一些杂事，所以我想离职之后再学点东西，给自己充充电，然后再做打算。

爸爸：那你自己的事情我希望你对自己负责，你想学习当然是好事，我们也会支持你，但是希望你能早点规划好自己未来的路，这样才不会迷茫。

妈妈：妈妈也会支持你，只要你不逃避，是在为自己的未来奋斗，一时的挫折都没有关系。

……

经过一段情景模拟，笔者可以看出家庭成员间在面对发生的问题时，能够心平气和地沟通，父母能够尊重女儿的决定，案主本人也能够在父母面前表达自己的观点，初步形成一个双向的良性沟通模式。

之后笔者也分别与案主和案主的父母展开会谈。从与案主会谈中了解到案主父母现在态度也改变了很多，父母不再一味地责备她，也会尽量关心她，她也反映说自己现在能够明显感觉到父母会更加关注她的情绪，更加关心她。她现在明白即使弟弟出生，自己也仍然是这个家庭中的一分子，是在父母期待和爱里出生和长大的，她会学着包容弟弟。在与案主父母的会谈中，笔者也发现，案主的父母对待案主也多了一份包容，不再将所有的错误归咎到案主的身上，也会反思自己作为父母的失职。同时父母反馈女儿现在对待弟弟包容了很多，虽然没有特别的亲近，但是偶尔也愿意耐心听弟弟讲话，陪他玩一玩玩具，弟弟 M 也非常开心。

最后为了再一次巩固服务的成果，笔者与案主和所有的家庭成员开展了一次会谈，本次会谈弟弟 M 也参与进来。在会谈中，案主再一次向父母表露自己改变的决心，父母也表示会记住这次服务中所学习到的家庭成员相处之道，无论对女儿还是儿子，未来都会尊重他们，而不仅仅将他们看作父母的附庸。弟弟 M 虽小，但表示喜欢姐姐现在的改变，喜欢姐姐陪他玩，也喜欢姐姐不凶他。案主与父母在听到弟弟 M 的童言童语时也都很开心。

## 二　综合评估

为了更加全面地考察服务的效果，笔者主要从以下几个层面进行综合的评估。

（一）社会工作者的评估

社会工作者对于服务的评估主要包括两个方面，一个是过程评估，一个是结果评估。过程评估穿插在每次的服务中，在每一次服务结束后，笔者都会针对本次服务的内容及目标达成程度展开评估，具体的评估也包含在每一次服务结束后的小结和反思中。这种边介入边评估的方法，有利于笔者更好地把握服务的进程，对推动社工服务的发展有积极的作用。在每一阶段的服务完成后，笔者都会对服务对象进行一个结果评估，主要通过问卷和量表进行。

（1）针对矫正案主认知偏差的服务评估

在三次服务结束后，再次运用了头胎子女对二胎接纳程度问卷评估本次的服务效果。根据问卷结果可以看出，案主不再将自己在家庭和工作中所受的挫折尽数归咎于二胎的身上，虽然还是无法做到完全亲近自己的弟弟，但是对于弟弟的偏激的心态得到缓解，能够用更加积极的应对方式面对问题。同时案主也更加能够意识到自己的价值，不再将父母生育二胎的原因归结于自己不优秀。虽然案主完全接纳、亲近自己的弟弟，走出心理困境还有一段路程要走，但是通过服务案主已经能够自我救赎，学会自己走出困境的方法。所以，笔者认为本阶段的针对案主的服务目标基本达成。

（2）针对矫正家庭沟通模式的服务评估

经过社工本人的观察、案主和父母的描述，经过一系列的服务过程，案主和她的家人都已经意识到家庭中存在不良的沟通模式，以及每个人身上存在不良的生存姿态。他们已经了解到这样的问题不仅不利于案主本人走出心理困境，同时也不利于家庭未来的和谐发展。通过社工向他们展示的良性沟通模式，他们已经在生活中慢慢改变自己的沟通模式。当然罗马不是一天建成的，改变也不是一朝一夕就能完成的，但是每一个家庭成员都能意识到沟通的问题，并愿意做出改变就是好的开始。所以，笔者认为虽有不足，但本阶段的目标也基本达成。

（3）针对重建家庭新规则的服务评估

在服务完成后，对家庭成员使用了亲子关系量表，父母与案主分别接受量表的测量，发现案主与父母之间僵化的亲子关系得到缓解。之后通过观察和家庭成员自己的反馈，了解到他们开始接受新的家庭指南。父母不再将自己放在权威的位置上，能够将案主看作独立的个人；而案主也能够成长起来，将自己看作拥有独立人格的个人，而不再依附于父母。整个家庭的凝聚力增强，同时家庭成员习得了解决困难的方法，这样也提高了家庭抵御风险的能力。

（4）整体服务的评估

在最后服务结束后，笔者分别对案主和她的家庭成员做了一个简单的访谈，具体评估本次服务的效果。

在案主的访谈中笔者发现，案主不再纠结于弟弟出生前自己的生活以及出生后自己生活发生的那些改变，她学会将目光放到未来。她学会换位思考理解自己的父母，也开始慢慢亲近自己的弟弟，学会喜欢弟弟。她也说通过这次与笔者的互动交流，将沉积在内心的话都表达出来，感觉非常的轻松，以后会更加积极地面对生活。最后笔者也询问了案主对于笔者的想法，她说虽然开始不能接受，但是慢慢地愿意倾诉，自己也在倾诉中得到解脱。

而父母也反映案主最近发生了很多的变化，能够包容父母、包容弟弟，不再将自己关在房间里，家庭氛围变得更加的和谐融洽，他们也十分感谢笔者的介入和帮助。

（二）案主的评估

在最后的访谈中，案主这样评价自己：

以前我就是陷在自己给自己设定的困境里，觉得自己受到了天大的委屈，觉得这个家再也没有我的立足之处了。结果不仅家庭生活一团乱，工作也没了。现在我知道了，我也是被爸爸妈妈呵护长大的，他们不会因为（有了）弟弟就不要我，也不是因为我不够好才选择生弟弟。我上次听到别人说，多一个弟弟就多一个人爱我，我觉得挺有道理的。虽然我现在还是会烦他，但是我会学着喜欢他，这样也会多一个人来爱我。

从案主的话中可以感受案主心态的变化，她不再陷于自己的心理困境中，因弟弟的事情而烦恼生气。她学会换一个角度看问题，弟弟的出生不是多一个人分享她的爱，而是多一个人来爱她。由此可以看出，本次服务对于案主走出心理困境产生了积极的作用，服务的主要目标也基本达成了。

在之后与案主的QQ交流中，还了解到案主通过朋友介绍已经找到了一份新的工作，决定走出家门走进社会，她也反映不会再因为一些挫折就随便辞职放弃工作了，希望以后能更加勇敢地面对家庭、生活中的困难。

（三）案主父母的评估

当询问案主的父母对于本次服务的看法时，他们说：

妈妈：真的很谢谢你，感觉W最近懂事了很多，不仅偶尔帮我分担家务，也不会再动不动就骂弟弟，还会陪弟弟玩一会儿，以前这些我都不敢想。

爸爸：她最近变了很多，感觉人都变柔和了，不会一直板着脸，我们之间的关系也慢慢缓和了，真是要谢谢你啊。

从父母的描述中，我们看到案主的一系列的改变。现在他们的家庭氛围得到缓和，父母也在学习改变，整个家庭都在朝着好的方向发展。

（四）弟弟M的评估

在之后某次社区活动中，笔者与弟弟M交流了解案主目前的情况：

社工：听妈妈说姐姐陪你看了一会儿动画片，你开心吗？

M：开心，有人陪我玩了。

社工：那姐姐最近还有没有骂你呀？

M：有呀，但是没有打我了。不过有时候是我做错事她才骂我。

社工：那你觉得姐姐变好了吗？

M：是的，她愿意陪我玩了，我喜欢我姐姐。

通过弟弟 M 的描述可以看出，W 已经努力做出改变，慢慢接受弟弟，虽然还是会有一些摩擦，但是已经能够很好地相处了。弟弟不再埋怨姐姐不喜欢自己，而且表达出喜欢姐姐的意思，这就表明案主已经走出心理困境，家庭也开始恢复和谐。

### 三　结案

本次个案共进行了 17 次会谈，文章中呈现了介入期和跟踪观察期的 10 次会谈经过，整个过程跨度大约 4 个月。在与案主和她的家人的共同努力下，笔者帮助案主正确认识二胎问题，走出自设的心理困境，同时帮助她的家庭改变沟通模式和重建家庭规则，以保证案主在未来不受家庭的消极因素影响，再一次陷入心理困境；帮助这个家庭习得解决问题的能力，提升抵御风险的能力，为案主未来的发展奠定好的家庭基础。从评估中，笔者发现案主已经慢慢开始走出心理困境，接受自己的弟弟，因此笔者认为可以结案。在最后的一次访谈中，笔者帮助案主回顾整个服务过程，梳理已经得到的成果，并鼓励案主在今后的生活中能够以更加健康的心态和坚强的心理去面对问题和挫折。笔者也向案主强调，在未来的生活中遇到困难，依然可以向社工求助，让她明白自己是被关心和照顾的。

## 第七节　结论与讨论

### 一　基本结论

#### （一）基本成果

经过四个月的个案服务，本次研究得到以下结论。

（1）案主走出心理困境，提高解决问题的能力

案主陷入心理困境主要表现为：案主认知偏差，低自尊感；对待二胎弟弟的偏激行为与态度；逃避现实，抗压能力弱。所以首先提高案主的自尊感，改变她自我贬低的态度；然后矫正家庭不良沟通模式，从家庭层面帮助案主走出心理困境。

针对案主个人，要提高案主的低自尊感。首先改变案主的偏差认知，其次改变她自我贬低的态度，最后挖掘她的自我价值感。本阶段进行了五次正式会谈，通过一些小活动和无结构式访谈的方法，帮助案主了解到她现阶段的烦恼并不是来自弟弟，而是她低自尊的应对方式。通过本阶段介入帮助案主习得积极的应对方式，发现自己的价值，使她走出心理困境。

在家庭层面，矫正家庭的不良沟通模式。首先纠正家庭成员的偏差认知，其次帮助家庭建立良性沟通模式，最后帮助他们践行新的沟通模式。本阶段与家庭成员进行了四次会谈，通过几次介入服务帮助他们意识到家庭中存在的问题不仅仅来自案主W，家庭沟通模式也存在问题。通过帮助家庭改变沟通模式，缓解僵化的亲子关系，最终达到帮助案主走出心理困境的目标。

案主的改变不仅仅来自她自己，家庭成员的改变也十分重要。将整个家庭纳入改变系统之中，从个人和家庭两个层面同时介入，才能更好地帮助案主走出心理困境。

（2）家庭恢复和谐氛围，抗风险能力得到提升

将治疗与预防相结合，才是社会工作的真正意义所在。在预防方面，主要是帮助家庭重建新的家庭规则。在观察、收集资料的阶段发现，在这个家庭中存在很多的家庭规则，有些规则隐藏在日常生活中，并没有得到家庭成员的重视，但这些规则可能导致家庭矛盾的产生。所以在这一阶段的服务中，第一次会谈的目的就是要帮助家庭成员们意识到隐藏的家庭规则。在服务过程中，由家庭成员们自己罗列出家庭中存在的规则，并发表对规则的看法，最后指出一些隐藏的规则。而在第二次会谈中，运用萨提亚模式转化家庭规则的方法，帮助这个家庭指出不良的家庭规则，

重建新的家庭规则，并将规则转变为指南，指导未来的家庭生活。第三次会谈就是帮助家庭成员们回顾哪些规则对自己的生活造成不好的影响，以此巩固新规则在家庭中的地位。在这一阶段的服务中，父母意识到孩子也是拥有独立人格的个体，父母在家庭中不是绝对的权威，尊重子女的意见十分重要。这样一来，家庭的氛围更加和谐自由，不仅有利于案主未来的发展，也帮助家庭提升抵御风险的能力，使家庭更加稳固。

（二）进一步讨论

全面二孩政策放开之后，越来越多的二胎家庭出现。其中很多高龄产妇选择生育二胎，这样造成头胎长子女与二胎子女之间年龄差距的增大。通过一些媒体报道会发现，很多较年长的长子女会更加激烈地反抗二胎的出生，如威胁自己的父母："你们敢生二胎，我就给你们生（外）孙子。"通过这样的威胁之声不难看出，很多家庭中的长子女都存在难以接受二胎降生的现状。而一些父母不顾子女的反对坚持生育二胎之后，新的二胎家庭中的长子女就很容易陷入心理困境，不仅不利于个人的发展，对于家庭的和谐也造成很大的伤害。所以社会工作介入二胎家庭是十分有必要的。无论是小组工作还是个案工作的介入，对于帮助这样的二胎家庭都有非常大的必要性。而针对一些问题比较突出的家庭，个案工作的介入就显得更加有效，如本文的案例。

本文的案例虽然具有一定的特殊性，但是其中也蕴含了一些普遍性。该案例中案主 W 与二胎年岁相差较大，而且已经走出校园成为一个社会人，但弟弟出生四年后她仍然无法接受这一事实，家庭矛盾愈演愈烈。案主 W 心理困境的表现其实存在普遍性，无论二胎家庭中的长子女是什么年纪，都会产生激烈的反抗心理，所以这个家庭中存在的问题是具有共性的。现在二孩政策放开后，选择生育二胎的家庭越来越多，那么二胎家庭中存在的问题会更加凸显，这个案例的研究对于未来研究二胎家庭是有一定借鉴意义的。

社会工作介入二胎家庭主要可以从以下几个层面展开。

社会工作可以从个人层面帮助案主改变。二胎家庭中的多发问题就是长子女产生心理困境，不能接受二胎的出生而可能产生不良行为。在本文中，笔者首先通过改变案主个人的偏差认知，以帮助案主走出心理困境。当案主发现生活中的问题不仅仅源自二胎时，态度逐渐发生了改变，开始接受弟弟出生的事实，不再逃避问题，而是选择一种积极的应对态度面对未来生活。

社会工作可以从家庭层面帮助案主改变。在二胎家庭中，案主个人的问题通常不是问题的本身，家庭对于他的影响是十分重要的。父母与子女之间的沟通、家庭中隐藏的消极的家庭规则，这些都可能导致案主心理困境的产生。在本文中，制定的服务方案不仅仅针对案主个人，同时也帮助这个家庭做出改变。父母态度的改变有利于案主未来的心理健康。

社会工作不仅仅是治疗同时也是预防。家庭中的问题是不断发生的，未来可能因为其他变故的发生而又出现新的问题。所以社会工作不仅仅是在眼前这个问题上帮助案主和她的家庭，同时也要帮助案主和她的家庭习得解决问题的方法，提升抵御风险的能力。在本文中，最后重建家庭新规则的服务介入，主要目标就是希望家庭成员能够将现在的所感所想所学真正运用到生活中，以预防下一次问题的发生。

## 二　萨提亚模式运用的优势与挑战

### （一）萨提亚模式的适切性

中国一向是一个重视家庭的国家，家庭和谐是社会和谐的基础。但是随着社会的发展，如今社会中出现很多的家庭问题，如离婚率的上升、婆媳矛盾的升级、二胎出生后家庭矛盾的凸显等，甚至包括青少年的越轨行为增多，这些问题的发生都要追溯到家庭，因此家庭治疗十分重要。

萨提亚模式认为问题的本身不是问题，如何应对才是问题。这就强调我们要接受自己的错误，将挫折看成一次成长的机会，这种理念无疑与中国文化不谋而合。萨提亚模式中提到的诸多理念如生存姿态、冰山理论，都表明在问题之后也存在转机，每一个人身上都存在正向的资源。这种积极的理念正适合当下发展中的中国社会。

萨提亚模式的价值观对于二胎家庭中产生的种种问题都是有一定适切性的，具体表现为以下几个方面。

（1）寻找平等

有一个成语叫作“各得其所”，我们每一个人其实都在寻找自己的定位。在家庭、工作和社交中，我们都认为只有找到属于自己的定位，才能获得相应的安全感。但萨提亚认为，人们往往是因为这些定位的存在才感到焦虑，这是人们对于平等的渴望。这个观念告诉我们，不是去创造平等，而是向服务对象灌输平等的思想，这种思想包括性别的平等、身份的平等、价值的平等。在二胎家庭中，长子女所产生的心理困境往往是由于找不到平等。他们认为自己是被抛弃、被放弃的人，看不到自己存在的价值。所以帮助他们认识家庭中的平等关系，有助于服务对象更好地去寻找自己的价值，摆脱心理困境。

（2）回归自我

萨提亚认为规则以及他人和社会的要求对于个体而言都是一种桎梏，人们往往因为这些规则而勉强自己、忽略自己的需求。但这样的忽略并不是消除需求，人们只是隐藏自己的真实需求，不断压抑最终产生许多的问题。萨提亚认为自我是充满力量的，这种力量来源于自我需求满足后的成就感，是自我价值的体现。在二胎家庭中，长子女的需求长期被压抑，容易导致他们产生心理困境，在服务中，社会工作者应该帮助他们找回自我，寻求自己的人生价值。

（3）隐藏的真相

萨提亚认为一件事情发生的原因是多方面的，结果也是多方面的，没有绝对的对错之分，我们往往只能看到事情的表象，而忽略表象之下隐藏的真相，从而使人们产生刻板印象。在二胎家庭中，我们总是看到长子女的反抗，就认定他们都是存在问题的，这样的标签的存在更不利于家庭的发展。长子女或多或少存在一些心理上的落差，但是他们的问题并不都在于他们本身，家庭中也可能存在很多的问题。所以在针对二胎家庭的服务中，应发掘服务对象行为之下的部分，看到行为产生的多方面原因。

（二）萨提亚模式运用的挑战

萨提亚家庭治疗模式源自西方社会，理论中的一些假设和前提更多的是适应西方的家庭观念和世界观，如果一味地生搬硬套模式，也会与中国传统价值观念产生摩擦，对介入服务的效果产生不良影响。

一方面，中西思想中对待家庭的观念存在差异。西方家庭更加重视个人，个人问题解决，家庭问题也会迎刃而解。但在中国，家庭观念更加重要，古语“家和万事兴”正是这个道理，中国家庭追求的是整体的和谐与稳定，而个人利益都应该为家庭利益做出让步。所以在运用萨提亚模式介入家庭时，也要考虑结合中国实际，在关注家庭成员个人问题的同时，也要关注家庭整体的稳定与和谐，将家庭的和谐作为服务的目标，而不仅仅是解决个人的问题。在本文研究的案例中，虽说是由案主 W 的个人问题引入，但是鉴于中国传统文化中“家庭为重”的观念，在制定服务方案时，也将整个家庭纳入改变体系，不仅解决个人的问题，同时也营造良好的家庭氛围。

另一方面，中西方思想的开放程度存在差异。西方思想更加开放，对于家庭中的问题，他们不吝于寻求外界的帮助。但在中国，思想文化更加含蓄，同时中国人认为“家丑不可外扬”“清官难断家务事”，将家庭中的问题置于家庭之中，不希望外界过多干预。并且中国家庭对于孩子的问题往往会将原因归咎于孩子还小不懂事，而不认为是家庭问题，所以缺少及时有效的干预。在本文的案例中，案主 W 的情绪在弟弟出生后产生变化，但父母并没有及时干预，最终导致家庭矛盾的发生。同时在服务过程中发现，案主 W 与其父母虽然愿意与社工沟通、倾诉他们所遇到的问题，但刚开始对于社工的介入和帮助还是十分抵触的，所以在运用萨提亚家庭治疗模式介入家庭时，建立信任关系的阶段尤其重要，需要充分的耐心与细心。

所以在运用萨提亚模式介入家庭时，需要注意模式背后的文化价值理念是否符合本土，更要将本土的文化和价值理念融入模式中，使之更加适合在中国家庭中使用，而不是生搬硬套，陷入一味实践西方理论模式的误区。

## 三 研究的不足

### （一）缺少针对弟弟M的介入

在本次服务中，主要服务对象是案主和她的父母，弟弟作为家庭成员没有被列入服务之中，这是本次研究的一个不足之处。弟弟作为问题的引出者和主要的家庭成员，应该被纳入改变系统之中，但是由于笔者能力不足，考虑到弟弟年龄小、接受能力还较弱的情况，所以没有将弟弟放在服务介入之中，这样对于帮助案主走出心理困境、达成服务目标可能也造成了一些消极的影响。

### （二）专业方法运用的不足

通过本次服务，笔者意识到熟练掌握萨提亚模式的重要性和难度。在制定服务方案和服务过程中，虽然笔者尽量将所学、所掌握的萨提亚模式的知识都运用进去，但是仍存在很多的不足。回顾活动的过程，很多萨提亚理论、技巧的应用都十分生硬，服务过程也留下了很多的问题。因为缺少有效的个案介入经验，服务的过程并不是一帆风顺的，虽然最终完成了本次服务，但是过程和结果还是有很多的瑕疵。

### （三）研究对象的特殊性

本次个案服务选取的研究对象，虽然属于当下热门的二胎问题的范畴，但是由于案主情况比较特殊，在弟弟已经四岁后仍然不能接受弟弟出生的事实，父母也没有采用任何措施缓解矛盾。而笔者的介入也并不及时，经过了几年，案主W的状态经历了一些改变，很多问题不仅仅是二胎出生所引起的，针对W的服务过程中也出现了许多的问题。所以研究对象的特殊性导致研究缺少普遍性也是本次研究的不足所在。

# 附录　个案服务方案

<table>
<tr><th>服务阶段</th><th>服务时间</th><th colspan="2">服务目标</th><th>服务内容、形式</th></tr>
<tr><td rowspan="7">观察准备期</td><td>2016. 03. 17 ~ 03. 18</td><td colspan="2">与案主接触，收集资料</td><td>无结构式访谈</td></tr>
<tr><td>2016. 03. 22</td><td colspan="2">与案主深入接触，建立良好关系，获得信任，初步了解案主的心理困境及成因</td><td>会谈聊天，进一步拉近与案主的关系</td></tr>
<tr><td>2016. 03. 31</td><td colspan="2">评估现状及原因</td><td>整理资料，综合分析，初步判定，确定采用萨提亚家庭治疗模式</td></tr>
<tr><td>2016. 04. 04</td><td colspan="2" rowspan="4">家庭诊断阶段：了解家庭问题的现状，收集资料，并与案主及其家庭成员建立信任关系</td><td>与案主的家人建立关系，沟通目前存在的问题，同时创造一个安全氛围，引导案主与其父母面对面沟通，直观了解家庭现状</td></tr>
<tr><td>2016. 04. 07</td><td>本次会谈主要对象是案主，请案主讲述自己对于父母和弟弟的看法与态度</td></tr>
<tr><td>2016. 04. 10</td><td>本次会谈的对象是案主的父母，请案主父母分别讲述现阶段对于女儿的态度和期许</td></tr>
<tr><td>2016. 04. 13</td><td>与案主家人沟通进入下一阶段，确定下一阶段的任务目标</td></tr>
<tr><td rowspan="4">介入干预期</td><td>2016. 04. 20</td><td rowspan="4">混乱阶段：让家庭成员意识到问题的存在并做出改变</td><td rowspan="4">纠正案主的偏差认知，了解自己遇到的问题不仅仅是因为弟弟的出生</td><td>以“我的弟弟”为主题，案主讲述自己的弟弟</td></tr>
<tr><td>2016. 04. 25</td><td>以“我的家庭”为主题，案主描述自己的家庭</td></tr>
<tr><td rowspan="2">2016. 04. 29</td><td>以“如果的事”为主题，进行情景模拟</td></tr>
<tr><td>以“真实的自我”为主题，绘制“自我之树”</td></tr>
</table>

续表

| 服务阶段 | 服务时间 | 服务目标 | | 服务内容、形式 |
|---|---|---|---|---|
| 介入干预期 | 2016.05.04 | 混乱阶段：让家庭成员意识到问题的存在并做出改变 | 矫正家庭不良的沟通模式，建立“表里一致”的沟通姿态 | 使用模拟家庭的技巧，邀请三名志愿者扮演家庭中的不同角色，通过模拟帮助家庭成员了解自己和其他成员的沟通姿态，帮助他们进行反思 |
| | 2016.05.09 | | | 情景模拟良性的沟通模式，使家庭成员习得新的沟通姿态，创造积极的家庭氛围 |
| | 2016.05.09 | | | 以“我们沟通吧”为主题，为家庭成员创造一个沟通的氛围，引导案主及家人说出内心的困惑和不满，引发案主及家人对于自身行为的思考 |
| | 2016.05.18 | | 打破隐藏的家庭规则，重建积极的家庭新规则 | 以“阳光下”为主题，工作者点明家庭中隐藏的消极规则，请家庭成员评述正确与否 |
| | 2016.05.27 | | | 与案主父母会谈，使他们认识到尊重女儿的声音的重要性 |
| | 2016.06.03 | | | 与案主全家会谈，引导案主与父母正面沟通，帮助案主在家庭中表达自己的意见 |
| | 2016.06.13 | | | 与全家人会谈，帮助家庭建立积极的家庭新规则 |
| 跟进结案期 | 2016.06.23 | 整合阶段：巩固家庭实践，使家庭成员用正确的应对模式来对待生活中的问题 | | 模拟情景，由社工给出特定情景，家庭成员按照情景真实展现成员间的互动沟通方式 |
| | 2016.06.27 | | | 会谈针对父母，了解父母对于新的沟通模式和家庭规则的践行情况 |
| | 2016.07.01 | | | 会谈针对案主，了解案主对于新的沟通模式和家庭规则的践行情况 |
| | 2016.07.07 | | | 会谈针对案主全家，了解家庭成员间对于对方的改变是否满意，以及其他需要改善的地方 |
| | 2016.07.10~07.31 | | | 巩固：与案主一同回顾、总结已取得的成效 |
| | | | | 发展：在QQ上交流或信件往来 |
| | | | | 评估（工作者、案主、同学、家长） |

# 社会目标模式介入青年志愿者协会的应用研究

## ——基于武汉市S职高志愿者小组工作服务

兰　澜

## 第一节　绪论

### 一　研究背景

中职生群体在现有的教育体制中是一个相对特殊的群体，他们因为学习成绩相对较差而被教育体制分离出来。社会大众更多认可的是普通全日制的中学教育，对于中职生更多的是一些负面的看法，认为学习是学生的天职，是学生的第一要务，如果学习不好就没有好学校读，要去职业高中学习技能，高中毕业之后直接就业。“学习不好，自卑感严重，逆反心理强烈”等这样的标签被贴在中职生群体的身上，在这样类似标签之下成长的中职生趋向于自我否定、自卑，同时对未来感到迷茫。在这样的情况下，如何利用中职生自身存在的优势去帮助他们促进自我认同，提升个人能力，消除负面标签，改善社会大众对于中职生群体的负面认知成了社会工作的介入点。社会工作对学生进行的工作与传统教学工作不同，社会工作者运用专业的社工方法和专业技巧，以个人为服务对象，通过个人与群体之间的互动使个人的潜能得到激发，从而使个人与群体的力量能够得到最大化的实现。通过社会工作在学校的介入有助于提高学生的适应能力，从而帮助处在不利地位的学生解决问题，与此同时学校社会工作也能帮助促进学校思政工作的顺利开展。[①] 社会工作介入学校青年志愿者协会可以有效地帮助协会链接志愿服务资源，对协会成员学习志愿服务知识与技巧进行培训，以此提升协会成员的个人能力。在志愿者具备更好的志愿服务能力的情况下去进行志愿服务活动不仅能够使志愿者本身得到更大的收获，同时也能够使志愿服务取得更好的效果。在现有的研究成果中，宏观层面的关于志愿服务发展现状以及理论的研究较多，而实务方面的研究较少；而在已有的文献中绝大多数文献是以青年群体为主，只有极少数以青少年为主。[②]

社工进入S职高，与学校的团委老师和青年志愿者协会的几个主要负责人建立了初步关系。社工刚刚进入学校时对学生的情况以及青年志愿者协会的情况并不了解，社工的主要想法是先与服务对象建立好关系，寻找服务的介入点。

刚刚接触青年志愿者协会时，社工的主要工作是建立青年志愿者协会与其所在社区的联系，带领志愿者去社区开展志愿服务活动。志愿者们分组隔周一次进入社区的两户空巢老人的家庭进行探访，在每次的探访结束之后社工组织分享会，让志愿者们分享参与志愿服务的感受，传递志愿服务的理念，增强他们自身对于志愿服务的肯定，探讨发现志愿服务中的问题与不足。通过活动对志愿者进行观察，寻找服务的介入点。

通过一个学期的观察以及社工对于青年志愿者协会成员、学校老师、社区负责人的访谈，社工总结出了青年志愿者存在的一些不足：志愿者自身与社区负责人都表示在服务的过程中缺乏一些专业的技巧，在服务能力上有所欠缺，希望能够在这方面得到提升和帮助。学校的老师和负责人都对学生积极参与志愿服务的热情感到高兴，希望他们能够把服务做大做好，为社区争光，为学校添彩。

---

① 李雨霓：《小组工作方法在学校中的运用与探析》，陕西师范大学硕士学位论文，2015。

② 何欣、张娅楠、谢玮洁：《北京市青少年志愿服务现状及参与意愿研究》，《社会建设》2016年第2期。

为此，社工阅读相关书籍，选取社会目标模式的理论，根据此理论制订了一个青年志愿者服务计划开展社工服务。

## 二 研究意义

### （一）理论意义

社会目标模式以关注社会整合和人参与社会的责任感为主要的工作重点，通过人的能力和意识的提高去影响和改变社会。这种工作模式利用小组过程发展小组成员的民主意识，培养组员参与社会变迁的责任心，同时增强他们的自尊心，并注重提升他们适应社会生活的能力。社工选取了社会目标模式作为服务的理论模式，根据社会目标模式将志愿小组的服务分为传递志愿服务专业精神、提升自我能力培训和督导志愿者小组组员参与志愿服务三个阶段。这三个阶段与社会目标模式关注的工作重点对应，通过社工服务的效果论证了社会目标模式在志愿者小组工作中的可行性。①

在服务开展之前，社工在文献库搜索以“社会目标模式”为关键词的文献，只搜索到一篇相关文献，这对于社工开展该服务寻找借鉴经验有较大的难度，但是同时也给社工开展服务带来了更多尝试的方向和挑战，社工希望通过本次服务可以为以社会目标模式开展的社会工作服务提供补充素材。

### （二）现实意义

在微观层面上，通过社工服务把青年志愿者成员组成志愿者小组，以培训的形式使青年志愿者协会成员学习到志愿服务的理论知识，传递志愿服务的理念，同时以培训和实践演练的方式提升志愿者自身的服务能力、自尊自信以及领导能力。

在中观层面上，通过在学校内部创办志愿服务以及参与社区志愿服务，在学校和社区层面传递志愿服务理念，在中职生群体中树立正确的价值观念，培养中职生关注社会的意识。

在宏观层面上，社工通过链接社会志愿服务资源，整合学校

---

① 王思斌主编《社会工作概论》，高等教育出版社，2013，第121—128页。

资源，带领志愿者走出学校、走出社区，在社会范围内参与志愿服务活动，帮助社会弱势群体，以期改变社会大众对于中职生群体的负面认知。

## 三 文献综述

### （一）关于青少年志愿服务发展的研究

在志愿服务的发展现状方面，陈锦萍、刘新玲指出，香港作为青少年志愿服务发展领先的地区，政府在政策的制定上就做了很多努力，把青少年群体作为志愿服务发展的首要群体，把教育机构和一些非政府组织放在发展志愿服务的重要地位。香港特区政府希望能将发展志愿服务融入学校的教学之中，使青少年能有更多的机会参与正规的志愿服务培训。① 何欣、张娅楠、谢玮洁通过研究发现，现有的研究成果中在宏观层面的关于志愿服务发展现状以及理论的研究较多，而在实务方面的研究较少；而在已有的文献中绝大多数文献是以青年群体为主，只有极少数一部分以青少年为主。② 陈佳指出，最近的十几年中国大陆的志愿服务发展的速度较快，在快速的发展过程中也取得了一些成果，但同时也有不足之处。例如，第一，政策缺失。有的组织已经符合规范，但是由于申请的程序繁复，迟迟不能取得注册资格。第二，缺乏志愿服务的资源和经费。现在志愿者组织的大部分经费都来自社会捐赠，一旦社会捐赠停止，组织就难以继续维持。同时，组织自身能力的发展也是一个难题。志愿服务的志愿性是志愿者组织强调的重点，志愿性也就意味着组织成员的待遇没有保障，导致志愿组织很难吸引和挽留人才。③ 廖大鹏、聂涛在研究中指出，在高校中开展志愿服务为在校学生提供了很多的实践机会，但是高校的志愿活动开展也存在很大的困难和难题。第一，缺乏完善的

---

① 陈锦萍、刘新玲：《我国香港地区青少年志愿服务培育机制及启示》，《青年探索》2015年第2期。

② 何欣、张娅楠、谢玮洁：《北京市青少年志愿服务现状及参与意愿研究》，《社会建设》2016年第2期。

③ 陈佳：《关于中国青年志愿者组织发展现状的思考》，《理论界》2006年第2期。

政策。由于缺乏政策的保护，高校志愿者在开展活动的过程中存在较多的局限。第二，规章制度不健全。随着高校志愿者队伍的迅猛发展，遇到的问题也就越来越多，志愿者组织在管理、培训、募捐、奖励等方面都未建立有效的制度，严重阻碍了组织发展的进度。第三，缺少资金。志愿服务的开展需要经费，学校能够用在学生开展志愿服务方面的支出微乎其微；没有经费的支持，志愿服务难以得到持续的发展。[①] 李勃在其论文中将国内外青年志愿者工作进行比较指出，两者工作机制的不同主要在于以下几点：国内外在志愿服务的组织方法上各异，在培训方面，国外的资源相较于国内要好很多，国内外在参与志愿服务方面的奖励机制不同，以及在对于志愿服务的评估方面国内外的方法存在较大差异。近年来志愿服务发展速度迅猛是有目共睹的，但是在中国大陆志愿服务的发展过程存在一些问题，要从根本上解决上述问题需要我们不断地去创新发展方式，以求得更好的发展。[②]

在志愿服务发展的效果方面，朱莉玲研究得出，青少年的民主意识和个人素养可以在参与志愿服务的过程中得到提升，参与志愿服务就是青少年群体参与社会实践最直接的方式，从而增加他们与社会大环境接触的机会。[③] 陈萍、朱莉玲认为，参与志愿服务是很好的可以提升青少年公民素质的方式，在参与志愿服务的过程中青少年自身的责任意识得到增强，同时能够更好地体现他们作为社会一分子的价值，也能帮助他们拓宽视野。[④] 赵梅提出，志愿服务的本质是志愿者凭借自身的奉献意识和社会责任感，自发地去服务社会。但是，现阶段很多的志愿服务还是被以“命令式”和“任务式”等方式组织开展起来的。虽然活动很丰富，但

---

① 廖大鹏、聂涛：《浅议高校青年志愿者活动的开展》，《成都电子机械高等专科学校学报》2006 年第 3 期。

② 李勃：《国内外青年志愿者工作机制比较研究》，《中国青年研究》2009 年第 4 期。

③ 朱莉玲：《志愿服务：青少年公民教育的新途径》，《北京青年政治学院学报》2009 年第 2 期。

④ 陈萍、朱莉玲：《志愿服务是提升青少年公民素质的有效途径》，《广东青年干部学院学报》2007 年第 2 期。

长此以往，必将极大打击志愿者们自身的积极性和主动性。面对这样的发展现状，需要在政策方面再不断完善，以此来保护志愿者们的利益，志愿者的利益有了保障才能使志愿服务能够持续地开展。志愿服务是一项长期的服务，光凭自身的爱心和热情来参与志愿服务是不够的，还需要各部门一起努力，共同来完善体制、创新形式，以此改善志愿服务的效果。①

（二）关于社会大众对中职生群体认知的研究

中职生，指的是在中职学校念过书或毕业的学生。中职生群体在现有的教育体制中是一个相对特殊的群体，他们因为学习成绩相对较差而被教育体制分离出来，只能进入职校学习。正值青春期的中职生情绪容易产生较大波动，心理也处在由不成熟向成熟转变的过渡时期。中职生情绪不稳定，波动较大，这是中职生群体的特点，他们会放大自己取得的成就而洋洋自得，同时他们也会放大自己遇到的挫折，对未来充满畏惧。②“自卑感严重，逆反心理强烈，学习成绩差”是这个群体的特点。普通高中对学生进行评判的最高标准是学生的成绩，进入职高就读的学生自身学习的基础较差，老师和家长对于中职生在学习成绩上的期许相对于普通高中而言较低，学习成绩也不是评判中职生在校地位的唯一甚或最高标准。职校注重学生专业技能和实践能力的培养，中职生不必面对严峻的升学压力，在学校中也有更多的机会参与各类文体活动，这使在职校的中职生们改变了他们从小树立的对学业态度的认知。在职校中，文化课成绩差、不擅长应试教育但是动手能力强的学生能够扬长补短。③ 中职生也有优势，他们年轻富有活力，与同龄人相比他们拥有较多的才艺和一些专业技能，因此参与志愿服务是中职生提升自我、展现自我的良好途径。

---

① 赵梅：《服务他人，提升自我——浅析高校青年志愿服务》，《赤峰学院学报》（汉文哲学社会科学版）2013年第4期。

② 张阿敏、徐大真：《中职生问题行为及其与社会支持关系的调查报告》，《职业技术教育》2013年第1期。

③ 赵金娥：《中职生学业情绪的现状与特点研究——以山东省某中等职业学校为例》，《中国特殊教育》2014年第10期。

在中职生家庭经济状况方面，赵伟的研究提到，教育部统计贫困家庭学生在职校学生总数中所占的比例大概为30%，而普通高中贫困家庭学生的比例大概为总数的20%，职校贫困家庭比例比普通高中的这一比例高了大约10个百分点。据统计，现阶段中职学校在校生人数约为1800万人，按照30%的比例推算，约有540万人的中职生家庭存在贫困状况。①

在中职生同辈群体交往方面，唐定琴的研究指出，同辈群体交往是中职生寻求情感归宿的重要途径。在同辈群体交往的过程中，中职生们能够在情感、生活以及学习等方面彼此帮助、共同进步。在同辈群体的帮助下，大多数中职生能够克服学习成绩不好带来的挫折感，努力投入职业技能的学习之中，通过学习专业技能中职生们能够看到自我的成长，逐渐走向成熟。在学校主流群体的带动下，中职生的自我观念会在交往过程中不断更新，他们自己的学习目标和人生目标也会随现实状况重新定位。但同时，在中职生交往过程中存在的问题也是很明显的。一方面，相当一部分职高学生的家庭条件不好，甚至贫困，这会使他们在一定程度上感到自卑。他们在应试教育中因成绩不好而被普通高中拒之门外，学习成绩是他们的短板，因此他们较为缺乏自信。另一方面，中职生朋辈群体交往状态经常是形成小的交际圈，而且这样的交际圈形成后会相对稳定。中职生交往的动机较为强烈和单纯，容易因为年纪轻、社会经验浅而缺乏理性。②

（三）关于社会目标模式的研究

在社会目标模式理论方面，社会目标模式的理论主要来源于系统论和社会学的观点，王思斌在《社会工作概论》中指出，社会目标模式强调社会系统与人和群体之间是相互作用、相互影响的。个人和群体的功能出现失常或出现问题，与社会系统的功能是否正常紧密相关，而人和群体的行为又会对社会系统的正常运

---

① 赵伟：《中职贫困生群体的基本特征及构建资助体系的重要意义》，《职业技术教育》2007年第16期。

② 唐定琴：《中职生同辈群体交往问题及引导》，华中师范大学博士学位论文，2011。

转产生影响，因此个人问题的解决必须通过社会变迁的途径来实现。社会目标模式以关注社会整合和人参与社会的责任感为工作重点，通过人的能力和意识的提高去影响和改变社会。这种工作模式利用小组过程发展小组成员的民主意识和参与社会变迁的责任心，并提高其适应社会生活的能力。在这种工作模式中，小组被看作一个统一体，通过小组的力量达到社会变迁。①

在社会目标模式下的社工实务研究方面，郭杰的研究证明，将社会目标模式运用于老年志愿者培训，从个人层面来说，可以帮助老年志愿者提升自信，增强服务能力。从小组层面来说，社会目标模式的运用能够有效提升老年志愿者小组的服务效果，达到小组整体服务能力的提升，从而在老年人群体中形成积极的力量以此吸引更多的老年人参与到志愿服务之中。从宏观层面来说，老年志愿者小组的发展可以使更多的人关注老年人群体的发展，为老年人群体争取更多的社会资源。提出“积极老龄化”这一概念已经有很长一段时间，但是应该如何通过具体的方法，把这一抽象的概念变为实际的行动，是世界各国都在探索的难题。社会目标模式有系统的理论和具体的操作方法，将社会目标模式的工作方法与我国老年人人口规模庞大的现实状况和传统文化中助人为乐的特点相结合，共同运用于老年志愿者培训，不仅契合我国老年志愿服务发展的需要，同时还可以帮助老年志愿者提升自身的志愿服务能力和社会责任感。社会目标模式有强大的理论支撑以及具体的操作方法，将这些运用于老年人的志愿培训之中能够更好地提升培训的效果，使老年志愿者的个人潜能得到激发，老年志愿者群体的力量得到增强，同时社会大众也会更加重视老年人群体的生存和发展，使“积极老龄化”概念得到真正的践行。②

（四）研究评述

综上所述，笔者得到以下几点结论。第一，中职生在当前的

---

① 王思斌主编《社会工作概论》，高等教育出版社，2013，第121—128页。

② 郭杰：《社会目标模式小组工作在老年志愿者培训中的运用研究》，云南大学博士学位论文，2015。

教育系统中是一个较为特殊的群体，社工服务主要是对弱势群体进行的服务，他们与传统意义上的弱势群体又有一些不同，如何利用他们的优势去开展社工服务，是笔者努力的方向。第二，志愿服务相对已经得到发展，但是不同的地区发展的水平不同，近些年中国大陆的志愿服务已经在一定程度上得到发展，但是相比于志愿服务发展较好的地区来说还是有很大的进步空间。第三，中国大陆的志愿服务主要集中在高校学生，特别是大学生，中学生涉及较少。第四，关于志愿服务的研究方面，笔者查阅文献发现关于宏观的政策环境方面研究文献较多，但是关于志愿者实务方面的研究较少。

笔者本次的服务相对已有的研究有以下补充。第一，本次的社工服务主要的服务对象是中职生，以往研究中对于青少年志愿服务的研究较少，本次的服务在这方面是一个较新的尝试。第二，现有文献中关于社会目标模式在社会工作服务方面的研究极少，本次的研究希望能够为社会目标模式下的社会工作服务研究提供一些素材，同时探讨社会目标模式下志愿者小组的发展模式。第三，本次的服务社工开展了志愿者小组，这类小组不仅是兴趣小组，同时也具有教育性和社会性，同时志愿者小组的服务效果不局限于小组内部，在以往的研究中对于此类小组的研究较少。

## 四　研究思路

### （一）核心概念

（1）中职生

中职生，是指在中职学校念过书或毕业的学生。本文所研究的中职生是在职业学校接受教育的适龄青少年，他们一般是初中毕业后，没有考上普通高中或不愿去普通高中学习，而选择进入职校学习一门专业技能，学生的年龄一般在 15 ~ 18 周岁。

（2）志愿者小组

志愿者小组的主要目标是通过小组过程发展成员的潜能和公共责任意识。本文中的志愿者小组是指由有参加志愿服务热情并愿意加入小组开展志愿服务及参与培训的组员组成的小组。[①]

（3）志愿服务

志愿服务是志愿者不以获取物质报酬为目的，自愿贡献时间、能力和财富，为社会和他人提供的公益服务。[②] 奉献精神是志愿服务精神的精髓，志愿服务精神提倡志愿者欣赏他人、与人为善、有爱无碍、平等尊重。志愿服务提倡“互相帮助、助人自助”，包含着深刻的互助精神。

（二）理论基础

（1）社会目标模式

社会目标模式是源于小组工作的早期实践而逐步发展起来的。早期的社会工作者柯义特、凯瑟、克那普克和克根等人最早提出了这一模式的概念框架和主张。

社会目标模式以关注社会整合和人参与社会的责任感为工作重点，通过人的能力和意识的提高去影响和改变社会。这种工作模式利用小组过程发展小组成员的民主意识和参与社会变迁的责任心，增强他们的自尊心，并提高其适应社会生活的能力。在这种工作模式中，小组被看作一个统一体，通过小组集体的力量达到社会变迁，社会责任得到鼓励，领导能力得到发展，民主的概念在小组的过程中也得到充分的实践。

（2）社会目标模式在志愿者小组服务中的具体运用

社工选取社会目标模式作为服务的理论支持，社会目标模式的三个工作重点是：发展民主意识和参与社会变迁的责任心、提高小组组员适应社会生活的能力，以及通过小组集体的力量达到社会变迁。社工将社会目标模式运用于志愿者小组的服务中，通过对社会目标模式工作重点的转化，将服务划分为三个阶段，分别为传递志愿服务专业精神、提升自我能力培训和督导志愿者小组组员参与志愿服务活动，三个阶段中社工又将目标细化，综合

---

① 王思斌主编《社会工作概论》，高等教育出版社，2013，第124页。

② 魏娜：《我国志愿服务发展：成就、问题与展望》，《中国行政管理》2013年第7期。

运用各种形式对志愿者小组开展了十五节小组活动。图1是社会目标模式在志愿者小组中的理论应用图。

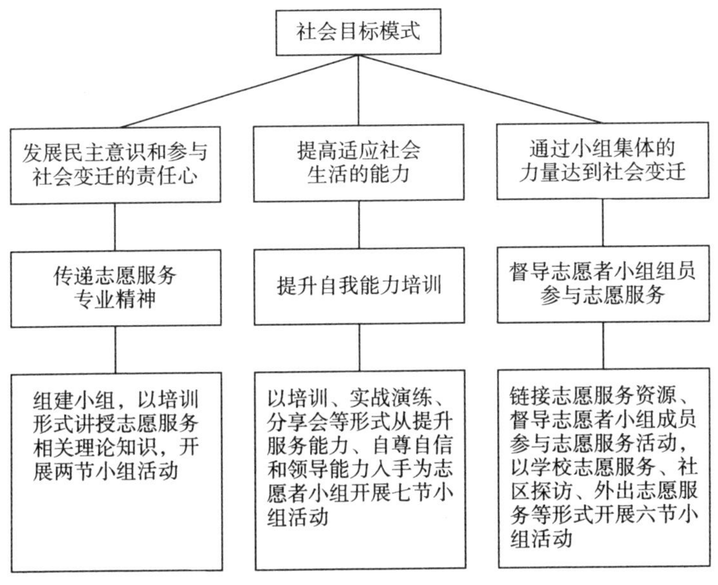


**图1 社会目标模式理论应用**

### （三）研究思路

相较于普通高中就读的学生，中职生步入社会的时间更早，因此参与志愿服务活动是中职生社会课堂的重要内容。参与志愿服务不仅能够帮助中职生树立正确的价值观，培养他们积极向善的品格，同时通过参与志愿服务活动还能够让中职生通过自身的力量去帮助他人，在帮助他人的过程中去锻炼自身的能力，丰富自身的社会实践经验。

服务开展前，社工首先与服务对象接触，建立服务关系，运用访谈和观察的方法对青年志愿者协会进行需求评估。通过前期需求评估，笔者得到以下信息：S职高青年志愿者协会是一个学生自主参与志愿服务活动的平台，但是由于中职生各方面条件的限制，青年志愿者协会并没有完全发挥其影响力。

社工希望通过服务能够挖掘中职生自身存在的优势来帮助他

们促进自我认同，提升个人能力，引导中职生群体树立正确的价值观，改变社会大众对于中职生群体的负面认知。

社工运用小组工作的方法在青年志愿者协会中成立志愿者小组，以社会目标模式作为理论指导，围绕传递志愿服务专业精神、提升自我能力培训和督导志愿者小组组员参与志愿服务活动这三个阶段开展服务，在每个阶段中划分具体目标，一共开展了十五节小组活动。

整体服务结束之后，社工运用访谈和问卷的方法评估志愿者小组社会工作服务的效果，从志愿者小组组员个人、学校层面形成的影响、社区层面和社会层面参与志愿服务的效果检验服务的成效。

最后，社工对服务的内容以及服务经验进行总结，撰写论文。

## 五　研究方法

### （一）资料收集方法

（1）观察法

社工在介入服务之前，进入中职生生活的校园环境，了解中职生性格特点以及他们的兴趣爱好、交往方式。通过观察不仅了解到服务对象的情况，同时对于中职生群体的特点也有一个整体的感知。在与服务对象一起进入社区进行入户探访的过程中通过对服务对象的观察了解服务对象参与志愿服务情况，发现服务的介入点。

（2）访谈法

访谈法在本次的研究过程中运用了两次，第一次是在服务开展之前的需求评估中，社工撰写访谈提纲，对青协（“青年志愿者协会”的简称）成员、学校老师和社区负责人进行访谈，了解学校青年志愿者协会的基本情况，通过对青年志愿者协会成员的访谈从服务对象本身发现服务需求，同时通过对老师和社区负责人的访谈从客观方面了解社工可以从哪些方面介入服务。第二次访谈法的运用是在效果评估中，社工撰写访谈提纲，对青协成员、学校老师、学校学生、社区负责人以及社区居民进行访谈，通过访谈结果评估社工服务的效果。

(3) 问卷法

社工根据服务设计了调查问卷，对青年志愿者协会的成员进行问卷调查，评估服务的效果。同时社工也运用相同问卷，在校园内随机调查了部分非青年志愿者协会的学生，将两次问卷调查的结果进行对比来分析服务效果。

(二) 服务方法——小组工作

小组工作是社会工作的三大方法之一，社会工作者在小组中，通过小组互动与方案活动达到个人的成长与社会目标的完成。小组工作者的目的在于根据个人能力与需求促进个人成长，使个人与他人、团体与社会之间相适应，促使个人有社会改良的动机，同时让每个人认识到自己的权利、能力和独特性。

在本次服务中，社工运用小组工作的服务方法，为青年志愿者协会的成员们成立志愿者小组，根据社会目标模式将服务分为三个阶段。第一阶段成立小组，形成契约，使小组组员对本次小组的目标有共同的认识，通过小组成员的相互认识和对于志愿者协会的认识来增强志愿者小组间的凝聚力；第二阶段主要指通过培训和操练来提升志愿者小组组员的个人能力以及他们参与志愿服务的能力；第三阶段社工为志愿者小组链接志愿服务资源，督导志愿者小组的成员在学校、社区、社会等不同的层面去开展志愿服务活动，让他们将从小组中获得的知识在实际中运用和巩固，通过服务让他们增强自身的能力和自尊自信，同时传递正能量，在中职生群体中形成正面的影响，树立中职生的正面形象，改变社会大众对于中职生群体的负面认知。

## 第二节　S 职高青年志愿者协会的现状及问题

### 一　服务背景介绍

S 职高青年志愿者协会成立于 2015 年，本次服务社工进入 S 职高时是学校青年志愿者成立的第二年，也是青年志愿者协会自主招募社员开展活动的第一年。在之前的社工服务中，通过校园摆点宣传、校园广播、发放宣传单页以及报名表等方式在全校范围内招募成员，在中一年级各专业中招募了16名成员组成了S职高第一届青年志愿者协会成员。在本次服务的前期，青年志愿者协会的成员们自主策划，通过班级宣传、校园摆点的方式招募成员，有63名学生报名加入青年志愿者协会，其中部分成员也同时报名了其他社团，通过筛选和协调本届青年志愿者协会，最终确定由47名来自中一、中二各专业的学生组成，其中男生25名、女生22名。

## 二 S职高青年志愿者协会存在的问题与不足

### （一）青协成员们活动积极性高与服务能力不足的矛盾

在与学生接触的过程中，社工了解到，大部分学生加入青年志愿者协会最主要的目的是希望能够多参与志愿服务活动，通过参与志愿服务来奉献爱心，同时参与志愿服务也可以锻炼自己的能力，认识更多的朋友。在访谈中有学生表示：

> 我想参加志愿服务活动，跟老人聊天，给老人按摩都可以，参与志愿服务我觉得做什么都无所谓，主要是参与其中我就觉得可以奉献爱心，帮助别人。（CTL）

当问及在志愿服务中有哪些注意事项，以及在与老人的沟通交流过程中有什么应该注意的地方时，成员的回答中一般都会出现“好像”“我觉得”等这类不确定的词语，这表明成员们有想参加志愿服务的积极性，但是服务的专业知识储备不足，志愿服务的实践能力也不足。

在前期的观察中，社工通过观察青年志愿者协会成员们入户探访时的表现也发现，他们在入户探访时有时候会不知道说什么、不知道可以做什么，在与老人沟通的过程中成员们偶尔会陷入相互对望不知道说什么的尴尬场面。在对社区负责人的访谈中，社区负责人表示：

> 青年志愿者协会的学生参与活动的积极性还是很高的，但是他们的确缺乏参与志愿服务的专业知识以及实践能力，没有把活动做实，要把志愿服务做好的难度很大。要在活动中与老人建立关系，获得老人的信任才能够把活动继续开展好，我觉得他们在这方面还需要加强。（PL）

社区负责人对于志愿者对志愿服务的积极性给予肯定，但是希望志愿者们能够掌握更多志愿服务的专业知识以及志愿服务的技巧，只有这样才能将志愿服务做好，使志愿服务更有成效。

（二）学校管理层与班主任对于学生参与志愿服务活动不同态度的矛盾

社工服务开展之前，社工首先接触的是团委老师，团委老师表示：

> 我希望学生们能够在青协的活动中丰富他们的课余生活，根据自己的兴趣爱好聚集在一起，学到更多的知识，青协的活动氛围应该是轻松愉快的，我希望每一个成员都能够在其中得到锻炼，都能够有所提高，在学校把青年志愿者协会的品牌打响，吸引更多的同学参与青年志愿者协会的活动。（C老师）

作为学生社团，青年志愿者协会是学校学生可以与外界社会接触的一个窗口，对于青年志愿者协会中的成员个人而言，团委老师希望学生能够通过这个窗口多去学习，能够学习到更多的社会经验，能够为他们步入社会打下良好的基础。在校方的角度上来说，团委老师表示：

> 去年志愿者做的一些活动效果都挺好的，还参加了比赛，为学校争取了荣誉，希望他们能够继续努力。（C老师）

2015年S职高青年志愿者协会通过参加比赛获得“H区教育

局志愿服务优秀团队”称号，为学校争得了荣誉。学校管理层希望青协能够继续努力，为学校争取更多的荣誉，打响学校的品牌。

在青年志愿者协会组织进行志愿服务时，有一些活动的时间与学校的学业安排有冲突，需要成员们请假参加活动，他们在请假的过程中遇到一些困难，有同学表示：

> 我们班主任不同意我们请假，他说下周就要考试了，希望我们把精力集中在学习上。(LY)
>
> 我们在进班级宣传活动的时候，有的班主任根本就不让我们进，不同意学生参加社团活动。(LRR)

班主任的绩效考核与学生的成绩紧密相关，大多数班主任更加关心学生的学习成绩，不希望他们参加社团活动，认为学习才是学生的天职，考试成绩是学生能力最客观、最真实的反映，一切与学习无关的活动都是浪费时间。校方管理层与班主任对于学生参与社团活动态度的矛盾是客观存在的，在这样的情况下如何与各方进行协调，让青年志愿者协会的成员们更好地参与志愿服务是社工服务的内容之一。

（三）青年志愿者协会自身社团管理经验不足

社工进入S职高时是学校青年志愿者协会成立的第二年，青年志愿者协会第一年成立时是由社工牵头在学校范围内招募成员，因此本届青年志愿者协会是协会自主招募成员的第一年。

本届青年志愿者协会招募开展之前，协会有中二年级会长1名、副会长2名、部长7名，他们都是第一届青年志愿者协会的成员，本届新成员的招募主要是由他们来负责，通过他们前期的策划宣传，本届青年志愿者协会最后招募到中一、中二年级新成员37名，加上原有的会长、副会长以及部长，本届青年志愿者协会共有成员47名。对于第一届只有16名成员的青年志愿者协会而言，本次招募扩大了协会的规模，同时也给青年志愿者协会后期的运作和管理带来了很大挑战。在访谈中，协会的某会长表示：

> 我们协会现在有7个部门，各个部门都有分工，但是我们现在参与的活动较少，有的部门没有实际的工作。(ZL)

社工了解到青年志愿者协会共有主席团、外联部、活动部、编辑部、策划部、宣传部和秘书部7个部门，但是在协会的日常运作中有的部门并没有实际的工作，协会的管理层在管理能力和领导能力方面还有待提升。因此，如何帮助青年志愿者协会建立完备有效的管理架构，形成有效的社团规范，帮助协会提升自身的管理能力是社工需要努力的方向。

(四) 青年志愿者协会志愿服务资源不足

社工了解到青年志愿者协会现有的志愿服务是社区的入户探访，经过社区负责人的协商，社区中有两户空巢老人家庭同意青年志愿者协会成员进行入户探访。由于青年志愿者协会的人数较多，而每次入户探访可以参与的人数有限，所以成员们分成了小组，以小组探访的形式轮流进行探访。一个学期下来，每个同学可能只能参与两次入户探访，成员们觉得参与志愿服务的机会太少。访谈中有成员表示：

> 我觉得我们进行志愿服务的机会太少了，能不能请你们帮我们寻找一些志愿服务的机会，我们就是希望能够多出去参加志愿服务。去年母亲节的时候我们去了普爱医院，我觉得很有意义，希望能够再参加类似的活动。(YY)
>
> 我们协会应该多组织大家参加志愿服务活动，这样我们才会感觉加入社团真的做了一些事情，对协会才会有归属感，特别是外出的志愿服务活动，我们参与的积极性会更高。(ZJ)

在访谈中社工感受到了成员们渴望参与志愿服务的热情。在与社区负责人的访谈过程中，社区负责人表示：

> 我们社区以前有四户家庭愿意接受探访，但是由于考虑

到安全方面的问题他们有的就不愿意再参加了。你们也知道，中国的家庭一般有困难很少向社区和陌生人寻求帮助，他们更愿意自己去解决。后期我们还是会多尝试给你们联系一些家庭去进行探访，但是前提是他们（此处指青协志愿者）真的能够将服务做到实处。(PL)

社区负责人的话让社工明白，志愿服务并不是一朝一夕的事情，要真正做好志愿服务不仅需要专业技巧，同时更需要有一颗真正想要将服务做好的心，将志愿服务做好需要长久的、不断的努力。因此，在后期的服务中如何帮助青年志愿者协会链接志愿服务资源是社工需要努力去做的。

## 三 社工服务主题的确立

进入S职高后，为了更好地了解服务对象以及寻找服务介入点，社工与青年志愿者协会的成员们一起去社区进行入户探访，观察他们参与志愿服务的情况。由于每次入户探访人数的限制，青年志愿者协会的成员进行了分组，4到5人一组，每组成员由一位社工带领，每次由两组成员分别进入社区两户空巢老人家庭进行探访。在探访的过程中社工对青协成员以及被探访老人进行观察，在探访结束后进行活动的总结和分享。

通过观察社工发现如下两个问题：第一，社工发现青年志愿者协会的成员在入户对空巢老人进行探访前的准备不足，在探访的过程中有不适应的表现，例如不知道自己应该坐在什么位置，不知道和老人聊什么话题，不知道自己可以为老人做什么；第二，青协成员在总结分享的时候普遍表示自己缺乏入户探访的知识与技巧，希望社工能在这方面提供帮助。

在服务开展之前，社工撰写访谈提纲，对青年志愿者协会的成员、学校的老师以及社区的负责人进行访谈，根据访谈发现，青协成员、学校老师还有社区负责人对青年志愿者协会的发展和青协成员个人的发展有不同的看法和期待，总结如下：第一，学校老师希望学生能够在青年志愿者协会这个平台中提升自我能力、丰富课余生活，青年志愿者协会的成员希望自己可以在青协的活动中锻炼自我能力，如参加志愿服务的能力、自身的领导能力、人际交往能力、活动的组织和策划能力等；第二，青年志愿者协会的成员对于参与志愿服务有很高的热情，但是他们自身缺乏志愿服务相关的理论知识和专业技巧，活动缺乏组织性；第三，青年志愿者协会的成员们想积极参与志愿服务活动，他们认为协会应该多组织成员们参与志愿活动，现有的活动较少；第四，学校老师以及社区负责人对于志愿者积极参与志愿活动表示肯定和支持，并希望他们通过参与志愿服务在学校和社会中能够形成正面的影响。

根据需求评估的结果，社工通过查阅相关资料，准备成立志愿者小组，希望通过小组的活动能提升组员的个人能力，通过带领小组成员参与志愿服务能够在中职生群体中树立正确的价值观念，传递志愿服务的理念，同时通过参与志愿服务改变社会大众对于中职生群体的负面认知。

## 四　服务方案设计

根据需求评估的结果，通过查阅资料以及与督导老师和其他服务社工的探讨，最终确定了总体服务方案。根据需求评估的结果以及青年志愿者协会的实际情况，社工为其成立志愿者小组，查阅相关文献后选取社会目标模式作为理论指导，将服务整体划分为传递志愿服务专业精神、提升自我能力培训和督导志愿者小组组员参与志愿服务三个阶段，每个阶段中再将目标细化，一共策划了 15 节小组活动，服务总体方案设计如表 1 所示。

**表 1　志愿者小组服务方案设计**

| 第一阶段　传递志愿服务专业精神 |
| --- |
| 志愿之行，与你同在 |
| 目标：通过活动加深成员之间彼此的认识，形成小组契约，培养小组凝聚力，通过培训加深组员对志愿者身份以及青年志愿者协会的认识，传递志愿服务专业精神 |

续表

| 对象 | 活动主题 | 活动名称 | 活动目标 | 形式 |
|---|---|---|---|---|
| 志愿者小组成员 | 成员认识 | 相亲相爱一家人 | 组员之间彼此认识，形成小组契约，加深志愿者小组的凝聚力 | 破冰游戏、自我介绍 |
| | 志愿者培训 | 义工知识知多少 | 学习志愿者理论知识，传递志愿服务理念、宗旨及志愿精神 | 培训、知识竞答 |
| 第二阶段　提升自我能力培训 | | | | |
| 提升服务能力 | | | | |
| 目标：通过培训使组员学习和掌握志愿服务的技巧，培养志愿服务意识，提升志愿服务水平和能力 | | | | |
| 对象 | 活动主题 | 活动名称 | 活动目标 | 形式 |
| 志愿者小组成员 | 志愿者培训 | 如何进行入户探访 | 通过培训学习入户探访技巧，通过实践强化学习效果 | 培训、实践演练 |
| | 志愿者培训 | 如何与老人进行交流 | 通过培训学习与老年人沟通交流的技巧，学习老年人群体的相关知识 | 培训、实践演练 |
| 提升自尊自信 | | | | |
| 目标：通过活动的分享和总结，提升组员自身的自信心和自尊心，增强他们的社会责任感 | | | | |
| 对象 | 活动主题 | 活动名称 | 活动目标 | 形式 |
| 志愿者小组成员 | 募捐活动分享会 | 小小爱心，大大力量 | 通过PPT展示校园募捐活动的成果，通过分享增强同学们参与志愿服务的责任感 | PPT展示、分享交流 |
| | 百步亭社区志愿活动分享会 | 快乐助人 | 通过简报的展示和活动照片的展示回忆志愿活动过程，通过同学们的分享增强志愿者自身的自信和自尊 | 简报展示、照片展示、分享交流 |
| | 社会福利院志愿活动分享会 | 助人自助 | 通过对社会福利院志愿服务的分享，增强同学们的自信心，感受志愿服务的快乐 | PPT展示、分享交流 |
| 提升领导能力 | | | | |
| 目标：通过活动和培训使组员认识青年志愿者协会的组织架构，通过培训提升志愿者小组成员的策划能力和组织能力 | | | | |

续表

| 对象 | 活动主题 | 活动名称 | 活动目标 | 形式 |
|---|---|---|---|---|
| 志愿者小组成员 | 社团换届选举 | 我的未来不是梦 | 制定协会规章制度，通过培训让青协志愿者了解协会的组织框架，以及各个职位的职能，鼓励成员们积极参选 | 培训 |
| | 志愿者培训 | 如何自主开展志愿活动 | 通过培训学习创办志愿活动的方法，学习撰写活动策划书 | 培训、练习 |

第三阶段　督导志愿者小组组员参与志愿服务

学校层面

目标：通过在学校开展志愿服务形成积极的影响，在学校学生中传递志愿服务理念，树立正确的价值观

| 对象 | 活动主题 | 活动名称 | 活动目标 | 形式 |
|---|---|---|---|---|
| 志愿者小组成员 | 志愿募捐活动 | 为尿毒症患者闻同学募捐 | 通过学校的倡导、志愿者小组的组织，在学校中为闻同学募捐治疗善款 | 外展、募捐 |
| | 校内义卖活动 | “日行一善”跳蚤市场 | 通过组员自主策划校内义卖活动，在校园内扩大志愿服务的影响，传播志愿服务精神 | 外展、义卖 |

社区层面

目标：通过在社区中开展志愿服务活动帮助空巢老人感受快乐，丰富留守儿童的业余生活，改变社区居民对于中职生的负面看法

| 对象 | 活动主题 | 活动名称 | 活动目标 | 形式 |
|---|---|---|---|---|
| 志愿者小组成员 | 社区入户探访活动 | 当幸福来敲门 | 通过对空巢老人的探访，为老人减少孤独感 | 探访 |
| | 社区志愿活动 | 四点半课堂 | 通过在社区中建立四点半课堂丰富社区儿童课余生活 | 策划、活动 |

社会层面

目标：为志愿者小组链接社会中的志愿服务资源，通过带领志愿者小组的成员们走出学校去参加志愿服务活动来树立中职生群体的正面形象，改变社会大众对于中职生群体的负面认知

续表

| 对象 | 活动主题 | 活动名称 | 活动目标 | 形式 |
|---|---|---|---|---|
| 志愿者小组成员 | 百步亭社区志愿服务活动 | 社区老人生日会志愿活动 | 链接志愿服务资源，借助百步亭社区生日会的平台，通过为祝寿老人表演节目给他们带来快乐，减少孤独感 | 表演、交流 |
| | 社会福利院志愿服务活动 | 社会福利院孝心活动月活动 | 链接志愿服务资源，借助社会福利院孝心活动月平台，通过为福利院老人表演节目给他们带来快乐，减少孤独感 | 表演、交流 |

## 第三节　社会目标模式指导下志愿者小组的社会工作服务

### 一　传递志愿服务专业精神

青年志愿者协会的成员们都是来自中一、中二年级的学生，他们青春年少，希望通过参加青年志愿者协会的活动丰富自己的课余生活，锻炼自我能力，结交好朋友，奉献自己的爱心。他们具有青春活力和参与志愿服务的热情值得肯定，但是在青年志愿者协会的运作过程中，他们存在一些缺乏组织纪律性、活动安排不到位的情况。青年志愿者协会的成员知道自己加入协会就可以成为志愿者，和协会一起参与志愿服务活动，但是他们自身对于志愿者这个身份的理解并不深刻，他们对自己加入协会的理解大多都是跟着其他成员一起做志愿服务奉献爱心。在访谈中当被问及对于青年志愿者协会以及青年志愿者身份的理解时，有成员表示：

> 我觉得加入青年志愿者协会很光荣，在这里可以参与志愿服务，奉献自己的爱心，这样就可以了。(ZZW)

成员们缺乏对青年志愿者协会、志愿者身份、志愿者专业精神的理解。因此，志愿者小组的第一阶段工作目标就是在青年志愿者协会中把志愿者小组建立起来，培养小组的凝聚力，使小组成员们能够从专业的角度认识青年志愿者协会以及志愿者身份，在小组中去传递志愿服务专业精神，对此社工设计了两节小组活动。

（一）小组建立，形成契约

在志愿者小组建立之前，青年志愿者协会的成员在一起做志愿活动已经有一个学期，成员之间彼此较为熟悉，因此在这个部分社工设计了一节小组活动，最主要的目的是建立志愿者小组，说明本次小组的目标和计划，形成小组契约。

社工将成立志愿者小组的相关事宜向青年志愿者协会的成员们讲解，成员们都很赞同建立志愿者小组，也愿意加入其中，志愿者小组就此建立。在活动中社工与组员们一起探讨志愿者小组的目标，希望组员们都能够为更好地完成小组目标而努力。社工与组员们一起制定小组契约并在契约上郑重签名，表明加入志愿者小组并将为达成小组目标而努力的决心。

（二）志愿者理论知识培训

良好的理论基础可以为实践提供更好的指导，志愿者小组的成员们有参与志愿服务的热情，但是他们缺少对青年志愿者协会和志愿者身份的深刻认识。通过学习和查阅资料，社工学习了关于青年志愿者协会的相关知识，并将知识进行总结，制作成PPT以培训的形式与组员们一起学习。理论知识的学习比较枯燥，因此，社工还选取了一些其他组织参与志愿服务的图片同组员们一起欣赏。为增强小组的凝聚力，社工还组织组员们一起学习了志愿者歌曲《把爱传出去》。社工希望通过这样的方式能够让组员更好地学习理论知识，通过图片的欣赏、歌曲的学习能够增强组员对青年志愿者协会这个组织以及他们自身志愿者身份的认同，能够让组员深入其中，形成小组的凝聚力。

为了巩固理论知识的学习成果，社工在培训学习之后组织小组组员进行知识竞赛，希望能用竞争的氛围激发小组成员学习理论知识的热情，使这些知识能够在后期的志愿服务中给小组组员提供更多的指导，使小组组员的服务更有成效。

## 二 提升自我能力培训

以社会目标模式为理论指导，本次社工服务的第二阶段是对志愿者小组的组员进行提升个人能力的培训。根据需求评估的结果，社工将个人能力划分为服务能力、自尊自信以及领导能力三个模块，针对每个模块中小组组员的需求结合不同的形式帮助他们提升个人能力。

（一）提升服务能力

在访谈中有成员表示：

> 我去探访的时候不知道应该跟老人们聊些什么，我声音比较小，他们有时候也听不到，一般就是几个女生去给老人按摩、跟老人聊天，我不知道自己可以为老人做些什么。（YQF）
>
> 有时候跟老人聊天我们不知道聊什么，然后就会有些尴尬，大家都不说话，气氛很沉闷。我感觉参加志愿服务应该是件开心的事情，应该充满欢声笑语，我们想为老人唱歌跳舞，但是房间太小了，表演起来也不方便。（WXL）

大多数成员表示参与志愿服务时有时候不知道自己应该如何去做，不知道怎么样才能将服务做好，社工将这些总结为小组组员志愿服务能力和技巧的欠缺，因此在能力提升的第一个模块社工希望能够针对组员进行志愿服务能力提升的培训。对此社工设计了两节小组活动，运用培训以及实践演练的方法对志愿者小组组员开展了如何进行入户探访以及如何与老人交流的培训。

青年志愿者协会已有的志愿服务是进入社区探访，志愿服务中主要接触的服务对象是老人，所以本次服务主要是针对小组组员对老年人群体进行志愿服务的技巧进行提升。社工通过自己上网查阅资料以及向社区负责人学习等方式学习关于老年人群体的知识以及参与老年人志愿服务的技巧，社工将学习的知识进行总结制作成 PPT，以培训的形式与小组组员一起学习。

提升服务能力第一节培训的内容主要是如何进行入户探访，根据社工前期的观察以及访谈的结果针对小组组员在探访中的不足进行能力提升培训，主要围绕入户探访技巧、入户探访注意事项等内容展开。在制作 PPT 时社工在网上搜索了一些其他组织进行志愿服务的图片，结合实际案例为小组组员进行培训。培训过后，社工邀请组员上台进行实践演练，让一位组员扮演社区的空巢老人，另外两位组员扮演志愿者进行探访演练，在演练中要求组员应用培训时所学习的技巧和注意事项。第一组三个成员上台演练的效果很好，扮演老人的男生将老人举手投足都表演得相当到位，剧情的发展也与实际探访相符。第一组的演练引得台下观看的组员不时发出赞叹声，同时社工与其他组员也发现了他们在表演中的一些不足。表演过后，社工请表演者首先表达自己的感受，扮演老年人的组员表示：

> 我觉得刚刚的情景模拟中对我进行探访的两位志愿者都很有礼貌，当我故意表现得自己听不到声音的时候他们都放大声音与我交流，我觉得很好。(WTJ)

扮演进行探访的志愿者的组员表示：

> 其实我刚刚在表演的时候有点紧张，所以有的地方没有表现好，例如，老爷爷腿脚不好我们在离开的时候应该跟他说让他不要送我们了，多休息，少走动。我觉得我们应该去善于观察这样的细节，这样对于我们今后做志愿服务会有很大的帮助。这样的演练也可以使我们得到很大的提升和成长，让我们能够多积累、多尝试，对于我们以后实际参与志愿服务会有很大的帮助。(XY)

表演者发表完观点之后，社工邀请观看演练的组员提出意见和建议，各位组员也积极踊跃地发表自己的观点。社工希望大家以这样的方式使组员能够相互纠正，相互鼓励。每个人都把自己的想法提出来进行探讨，这样对于我们进行志愿服务能够有很大的提升。把每个人观察到的细节分享出来，通过交流我们就一定能看得更细致、更全面。经过两组组员的演练和分享，小组组员一起将培训中所学习的内容进行总结，对培训中所学的内容印象更加深刻。

服务能力提升第二节培训主要是给组员培训一些关于老年人群体的知识，主要包括老年人的身体特征、心理特征、兴趣爱好以及常见疾病等。在培训之前，社工首先邀请组员分享一些自己知道的关于老年人的知识或者自己家里老年人的小故事。有几位组员在小组中进行分享，他们有的分享了一些自己知道的关于老年人的常识，有的与小组其他组员分享了一些自己的家庭趣事。有些故事引起了组员们的共鸣，职高里面有较多的留守儿童，他们从小跟随祖辈长大，跟祖辈之间都有很深的感情，也许这也是他们愿意参与志愿服务的一个动力吧，希望能够尽自己所能去帮助老年人。分享结束之后，社工对进行分享的组员表示感谢，然后针对本次的小组目标对组员进行培训，经过分享带动气氛，组员们对于培训也更加认真。培训结束之后我们还是运用实践演练的形式对培训的内容进行巩固。通过培训，组员们在演练中能够找到更多的与老年人交流的话题，演练结束后在分享中有组员表示：

> 我之前在探访中总是不知道和老年人聊什么话题，通过今天的培训，我知道可以与老年人聊什么话题了，希望下次去探访的时候这些能够派上用场。(LL)

小组组员对于实践演练的方式很认可，组员们觉得这样的方式能够让他们更好地得到提升。

（二）提升自尊自信

社会目标模式中提出这种工作模式利用小组过程发展小组成员的民主意识和参与社会变迁的责任心，增强他们的自尊心。在前期的观察中社工也发现青年志愿者协会的成员们在进行志愿服务时自信心不够，自信心缺乏的原因主要是他们自身进行志愿服务的能力不足，因此在能力提升方面，社工为他们进行志愿服务能力的培训。同时社工认为，在小组中也应该注重小组组员自尊自信的提升，因此提升自我能力的第二个模块主要是针对组员进行自尊自信的提升，对此社工设计了三节小组活动。

这个模块社工选取的活动形式主要是分享会，在志愿服务中，分享交流是一项很重要的工作。往常青年志愿者协会在志愿活动结束后没有分享会，一般就是由编辑部的成员制作简报，上交老师存档，甚至连青年志愿者协会的成员们都不知道简报的内容。成员们只是一起去做志愿服务，参与服务却没有分享服务的成果，对此，社工准备在每次参与志愿服务之后都开展分享会，通过分享会的形式让组员们回顾服务的过程，总结服务的成果。

分享会开始的时候，社工首先通过游戏的方式使气氛活跃起来，为契合主题，社工选取的游戏是与增强自信心有关的，例如“优点大爆炸”、击鼓传花等。“优点大爆炸”的游戏规则是每个人依次说出自身的优点，不能与之前同学说过的优点重合，说不出来的同学就给组员们分享一下自己在生活中做过的与志愿服务相关的事情。社工希望用这样的游戏使组员发现自身优点，同时也能增强组员之间的了解，发现彼此的优点。击鼓传花是活跃气氛时常用的一种游戏，社工背对着组员，用手在黑板上击打，组员们依次传递毛绒玩具，等到社工击打结束时毛绒玩具在哪位组员的手里就由哪位组员为大家表演节目。社工希望用这样的游戏活跃现场氛围，同时能让组员们有在小组中展现自我的机会和勇气。

在志愿服务结束后社工让组员们分工负责，将本次服务的内容制作成 PPT 或者简报，在分享会上进行分享。分享会上首先请小组成员代表为大家展示志愿服务的成果，包括前期准备、活动分工、展示活动的照片和简报等。在组员展示完成之后，社工邀请小组组员一起探讨，探讨后分享活动的感受或者自己的意见和建议。组员们发表自己的看法，有组员分享道：

> 在校园募捐的活动中，一开始我们表现得比较拘谨，都站在展板的旁边，那个时候正好放学了，有一些家长来接学生放学。我们就借着这样的机会去和家长们说明本次募捐的缘由，当时我跟一位奶奶说完之后她掏出了50元钱投入募捐箱。我非常感动，我觉得自己的努力为闻同学争取到了治疗的费用，就更加充满干劲和其他家长们去讲解。(WZJ)

还有组员在讲到去百步亭社区进行志愿服务时表示：

> 那天我们去为老人们庆生，他们都很高兴，和我们聊天，看我们表演，我觉得自己得到了很多的鼓励和肯定，希望以后能多参与志愿服务，我喜欢跟老人家相处，觉得很快乐。(YY)

通过分享会这样的形式，组员们看到了自己参与志愿服务的成果，他们觉得很自豪，这样的分享让他们看到自己做的服务是有价值的。

（三）提升领导能力

社会目标模式注重小组成员领导能力的培养，在前期的观察中社工发现青年志愿者协会存在一些组织管理不完善的问题，例如开会和参与活动时成员时间观念不强，迟到现象较为严重，协会缺少组织规章制度，组织架构不明确，青年志愿者协会的成员们希望能多参与志愿服务但组织策划能力不足等，对此，社工设计了两节小组活动。

社工在前期的观察中发现在参与志愿服务时志愿者们时间观念不强，到了集合的时间人总是不齐，活动需要延迟开始。在活动组织方面，活动开展前的考虑不够周详，活动中成员们的分工不明确。对此，社工觉得有必要制定协会规章制度使成员们遵守章程参与活动，借着换届选举的契机，社工与组员们一起探讨制定协会制度，并让大家达成一致，参与活动时严格遵守制度规定。针对组织架构问题，社工与团委老师以及青协负责人商量决定将原有的7个部门缩减成5个部门，将原有的外联部撤除，策划部与编辑部合并为编辑部，5个部门分别是主席团、活动部、策划部、宣传部以及秘书部，划分各部门职责，明确部门职能。社工通过培训的方式使小组组员了解青年志愿者协会的组织架构，鼓励他们积极参与换届选举。

领导能力提升方面还有一个重要的内容是为小组组员展开培训，教授他们如何自主开展志愿服务。一方面，要将志愿者小组后期的志愿服务组织好，组员自身需要提升自我的领导能力；另一方面，进行领导能力提升的培训能够帮助组员学习自主开展志愿服务，使小组能够在校内和社区内部打造志愿服务品牌。社工结合以往自身学校学生工作的经验以及青年志愿者协会的活动形式为小组组员进行活动策划培训，从各方面讲解创办志愿服务的方法及过程，并用相应范例讲解活动策划书撰写的方法，培训后让组员进行针对性训练，尝试在学校内部自主开展志愿服务。

## 三　督导志愿小组组员参与志愿服务

依据社会目标模式，社工将本次服务的第三阶段设计为督导志愿者小组组员参与志愿服务，本阶段社工主要的任务是帮助志愿者小组链接志愿服务资源，督导小组组员参与志愿服务。通过志愿服务的开展，不仅可以帮助小组组员巩固在小组中学习的志愿服务知识与技巧，还可以通过实际参与志愿服务锻炼组员的服务能力。通过小组组员参与志愿服务形成正面的影响，消除社会大众对中职生这个群体的负面看法。这个阶段中志愿者小组在学校、社区、社会这三个层面上开展志愿服务。

### （一）学校层面开展的志愿服务

青年志愿者协会是S职高内的一个学生社团，以往青年志愿者协会的志愿活动主要是在社区中做，学校中作为社团代表站岗执勤、清理校园这类的活动并不是真正意义上的志愿服务。社工希望能够通过让组员在校内创办组织志愿活动以及参与志愿服务，扩大青年志愿者协会在校园内部的影响，吸引更多的学生关注志愿服务、参与志愿服务，在中职生群体中树立正确的价值观念，形成积极正面的影响。对此，社工设计了两节小组活动。

校内的志愿服务社工主要是帮助志愿者小组去与校方进行沟通，在学校范围内寻找服务资源。在社工服务开展期间，学校某班的闻同学患上了尿毒症，因为家庭经济困难，学校了解情况后组织学生参加募捐，在各个班级开展了为闻同学献爱心的捐款活动。募捐完成后治疗经费仍有很大的缺口，经过社工与校方的探讨，一致觉得可以借助青年志愿者协会这个平台再次展开募捐，经过社工牵头，志愿者小组的同学们积极响应，参与组织募捐活动。在募捐活动开展之前，志愿者小组的组员撰写捐款倡议书，制作海报和展板。募捐的时间是在中午放学期间和晚上放学后，活动的地点是学校门口。活动开展期间，志愿者小组的组员向来往的同学发出倡议，希望大家能够将自己的零花钱捐出来支持闻同学的治疗，在募捐时也有校外的人来往，志愿者小组的组员也向他们说明了募捐的原因以及募捐款项的用途，来往的行人也慷慨解囊，奉献自己的爱心，在募捐箱里为闻同学投进了一份希望。最后，募捐活动筹集了 9700 余元，志愿者小组的组员代表去医院看望闻同学，为她送去了募捐到的善款以及同学们为她手写的祝福卡片，希望她能够树立自信，积极接受治疗，早日回归校园。闻同学的父母对志愿者小组的组员表示感谢，说道：

> 我为我自己的女儿感到很欣慰，她能够有你们这样的同学是她的幸运，谢谢你们为我们带来了希望和温暖。(WM)

伴着闻同学母亲顺着脸颊留下的热泪，组员也收获了满满的感动和志愿服务成功的自豪感。

社工与志愿者小组的组员共同商讨，希望青年志愿者协会能够在校园内部创办一些社团的品牌活动，以此来扩大青年志愿者协会在校园内部的影响力。一方面，志愿者小组可以通过在校园内部自主开展志愿服务来丰富小组的志愿服务资源；另一方面，这样的活动可以调动学校学生参与志愿服务的积极性，通过创办校园内部的志愿服务活动，在中职生群体中形成正面的影响，引导中职生群体关注弱势群体，参与志愿服务。经过反复商定，最终社工以及志愿者小组的组员决定在校园内部开展义卖活动，希望收集同学们的闲置物品在校园内进行义卖，将义卖的款项作为志愿者小组参与志愿服务的活动经费，用于社区的探访活动。小组组员积极响应，策划部制定出活动方案，主席团的成员与学校领导以及团委老师商定服务开展相关事宜，最终敲定了服务的具体方案，服务主要分为前期宣传、收集闲置物品，以及校园义卖三个部分，小组组员分工合作，积极展开活动。

（二）社区层面开展的志愿服务

社区层面的志愿服务是青年志愿者协会前期做得比较好的，青年志愿者协会与社区保持较为密切的联系，也经常去社区中探访空巢老人。这个部分中社工主要的工作是帮助志愿者小组将社区的志愿服务常规化，使社区志愿服务更加系统和完善，并且希望能够与小组组员一起探索，发现更多社区中志愿服务的资源，对此社工设计了两节小组活动。

根据服务设计，社区志愿服务分为两个部分。第一个部分是社区入户探访。社区入户探访是青年志愿者协会已有的志愿服务，但是之前的服务没有形成持续性，社工希望通过与社区负责人以及小组组员的沟通，商定社区入户探访的时间和内容，将服务的时间固定下来，成为志愿者小组的常规服务。经过商定之后，社区入户探访的时间定为每两周周四下午放学之后，服务时间为一个小时，服务内容包括对空巢老人进行探访，帮助他们解决生活困难，如家电维修、重物搬运，另外组员也可以为老人表演节目、与老人聊天、为老人按摩等。小组组员四到六人分为一组，在服务时间内每组组员轮流进行入户探访。

第二个部分是四点半课堂。这个活动是社工与社区负责人在沟通中探讨出来的志愿者小组组员可以参与社区志愿服务的新活动。社区准备在办公楼中开设一个四点半课堂，时间初步定为周二下午四点半到五点半之间的一个小时，社区中的孩子在放学后可以来社区的四点半课堂参与活动，四点半课堂为孩子们开设的服务有作业辅导以及一些有利于孩子身心健康发展的文体活动。社工将这个想法与小组组员进行沟通，他们觉得这个方案可行，并且为社工提供了一种思路，有组员提出他们可以联合学校其他社团一起去四点半课堂开展服务，这样能够为孩子们提供更加丰富多样的活动。一方面，社工考虑到与其他社团一起开展服务的难度；另一方面，社工也认为组员的这种想法如果可以达到预期的效果会使小组的服务更加丰富，同时也能扩大青年志愿者协会的影响。社工与小组组员商定以后，组员之间分工合作，分配组员与团委老师以及其他部门的负责人商量服务的方式和内容，并写出服务的策划书交予社区负责人。

（三）社会层面开展的志愿服务

社会层面的服务主要是针对社工服务中宏观的目标细化出来的，社工希望能够通过带领志愿者小组的组员参与志愿服务来改变社会大众对中职生群体的负面认知。中职生群体是从教育体制中分离出来的特殊群体，在社会大众的主观印象中，学生的天职就是学习，职校的孩子因为不好好学习、成绩不好，而考不上普通高中；他们没有经历正规的文化教育，以后也不会有太大的出息。“学习不好，自卑感严重，逆反心理强”是中职生群体的几大标签。社工在这个阶段中主要是帮助组员去链接一些社区或者志愿服务组织中的志愿服务活动资源，带领他们走出校园，参与志愿服务，展示热情、才艺，树立中职生群体正面的社会形象。对此，社工设计了两节志愿服务活动。

社工通过同学联系到百步亭社区以及社会福利院，经过前期的沟通他们愿意为志愿者小组提供志愿服务资源。百步亭社区和社会福利院在一些节日以及生日会中需要志愿者为老年人进行表演，所以志愿服务主要是以表演的形式展开的。志愿者小组的组员们排练节目，参与活动，同时他们也陪老人一起做运动、聊天。在百步亭社区的志愿服务中一同参加活动的某医院的医生找到社工说：

> 刚刚看到你们的表演我觉得很精彩，我自己也很想学习茶艺表演，如果你们能来我们医院为我们的患者进行表演，他们一定也会特别开心。（L医生）

社工与这位医生彼此互留了联系方式，希望以后能有机会一起组织志愿服务，对此社工觉得很自豪，组员们在参与志愿服务的过程中也有收获。

## 第四节　社会工作介入志愿者小组的服务效果

### 一　个人能力有所提升

对于志愿者小组组员个人层面能力提升的效果评估，笔者主要是根据小组组员参与小组活动时的内容以及目标进行评估。能力提升方面的小组活动主要有志愿者理论知识培训、组员志愿服务能力培训、自尊自信培训以及领导能力培训，结合服务内容设计问卷。

社工对志愿者小组组员进行问卷调查，回收了18份有效问卷，同时社工利用相同问卷课间时间在学校广场上对中一、中二年级的学生进行随机调查，回收了20份有效问卷。

通过对志愿者小组组员调查得到的数据与社工在校园内随机调查中一、中二学生的数据对比分析，社工展开能力提升的效果评估。问卷根据程度由高到低设置为五个选项，并以5、4、3、2、1分进行赋值，将志愿者理论知识培训、组员志愿服务能力培训、自尊自信提升培训以及领导能力培训四个维度中题目得分进行加总后对每个维度进行独立样本的t检验，同时利用对均值的分析评估服务效果。

为检验自制问卷的内部一致性，笔者利用SPSS对问卷进行信度检验，检验得出Cronbach's α =0.851，大于0.6，说明问卷具有信度（见表2）。

表 2 问卷信度检验表

| 可靠性统计量 | | |
|---|---|---|
| Cronbach's α | 基于标准化项的 Cronbach's α | 项数 |
| 0.844 | 0.851 | 16 |

（一）对志愿者小组组员志愿者理论知识培训的效果评估

在问卷这一部分中社工设计了三个问题，是针对社工服务的第一阶段传递志愿服务专业精神的效果评估。在这一阶段的服务中社工运用培训的形式与志愿者小组的组员一起学习关于青年志愿者协会的相关知识，学习关于志愿者的理论知识，使组员对于青年志愿者协会有深入的了解，从而增强小组组员对于自身志愿者身份的理解和认同，增强志愿者小组的凝聚力。

笔者根据问卷调查的结果进行赋值，将传递志愿服务专业精神这个维度的三个问题的得分进行加总，并对结果进行独立样本 t 检验。

表 3 是志愿者小组组员与非志愿者小组组员在传递志愿服务专业精神维度独立样本 t 检验结果。从检验的结果可知，$t=2.904$，Sig.（双侧）=0.006，小于 0.05，说明在传递志愿服务专业精神方面志愿者小组组员与非志愿者小组组员之间存在明显的差异，社工的服务是有效果的。

表 3 传递志愿服务专业精神独立样本 t 检验结果

| | | 方差方程的 Levene 检验 | 均值方程的 t 检验 | | | | | | |
|---|---|---|---|---|---|---|---|---|---|
| | *F* | Sig. | *t* | *df* | Sig.（双侧） | 均值差值 | 标准误差值 | 差分的 95% 置信区间 | |
| | | | | | | | | 下限 | 上限 |

续表

| | | | | | | | | | | |
|---|---|---|---|---|---|---|---|---|---|---|
| 传递志愿服务专业精神 | 假设方差相等 | 4.726 | 0.036 | 2.904 | 36 | 0.006 | 3 | 1.033 | 0.905 | 5.095 |
| | 假设方差不相等 | | | 2.904 | 31.612 | 0.006 | 3 | 1.033 | 0.895 | 5.105 |

如表4所示，对青协精神的了解方面，志愿者小组组员的均值为3.00，非志愿者小组组员的均值为2.28，3.00 > 2.28，说明志愿者小组组员对青协精神的掌握程度高于非志愿者小组组员。对志愿者理论知识的了解方面，志愿者小组组员的均值为3.50，非志愿者小组组员的均值为2.56，志愿者小组组员对志愿者理论知识的了解程度明显高于非志愿者小组组员。在对青协的结构框架及部门职能是否了解方面，志愿者小组组员的均值为3.45，非志愿者小组组员的均值为2.39，志愿者小组组员的均值也是明显高于非志愿者小组组员的。

**表4　传递志愿服务专业精神样本统计量**

| | 是否为志愿者小组组员 | *N* | 均值 | 标准差 | 均值的标准误 |
|---|---|---|---|---|---|
| 你对青协精神是否了解 | 是 | 20 | 3.00 | 1.376 | 0.308 |
| | 否 | 18 | 2.28 | 1.018 | 0.24 |
| 你对志愿者的理论知识是否了解 | 是 | 20 | 3.50 | 1.235 | 0.276 |
| | 否 | 18 | 2.56 | 0.922 | 0.217 |
| 你对青协的结构框架及部门职能是否了解 | 是 | 20 | 3.45 | 1.432 | 0.32 |
| | 否 | 18 | 2.39 | 1.092 | 0.257 |

综上所述，根据传递志愿服务专业精神维度的样本统计量显示，在"对青协精神的了解程度"、"对志愿者理论知识的了解程度"和"对青协结构框架及部门职能的了解程度"方面，志愿者小组组员的均值都比非志愿者小组组员高，说明社工对于志愿者小组组员的培训是有效果的。

非志愿者小组组员在生活中通过各种途径对志愿者的理论知识有一些了解，但由于没有进行针对性的学习和培训，因此他们对于专业的志愿者理论知识了解的程度较浅，分值低于志愿者小组组员。志愿者小组组员在接受社工的培训后对志愿者理论知识了解程度的自我评价还是低于4分，说明他们培训后对志愿者理论知识的了解程度仍然不够深入，在理论知识的学习方面仍需努力。

（二）对志愿者小组组员服务能力培训的效果评估

这一部分主要是针对志愿服务能力方面的评估。社工在服务能力提升培训这一环节中，对志愿者小组组员的服务主要是用培训的方式去给小组组员讲授志愿服务的方法和技巧，如何进行入户探访，如何与服务对象进行沟通交流，在培训后根据培训内容进行实践演练巩固培训的效果。

笔者将问卷中有关服务能力这个维度的五个问题的得分进行加总，并对结果进行独立样本 t 检验。

表5是志愿者小组组员与非志愿者小组组员在服务能力方面独立样本 t 检验结果。从结果可知，$t = 1.581$，Sig.（双侧）= 0.123，大于0.05，说明志愿者小组组员与非志愿者小组组员在服务能力方面不存在显著差异，社工的服务没有显著的效果。

**表5 服务能力独立样本 t 检验结果**

| | | 方差方程的Levene检验 | 均值方程的t检验 | | | | | | | |
|---|---|---|---|---|---|---|---|---|---|---|
| | | *F* | Sig. | *t* | *df* | Sig.（双侧） | 均值差值 | 标准误差值 | 差分的95%置信区间 | |
| | | | | | | | | | 下限 | 上限 |
| 服务能力 | 假设方差相等 | 0.414 | 0.524 | 1.581 | 36 | 0.123 | 2 | 1.265 | -0.566 | 4.566 |
| | 假设方差不相等 | | | 1.581 | 35.789 | 0.123 | 2 | 1.265 | -0.567 | 4.567 |

如表6所示，对于“你是否掌握了入户探访的技巧”这一项志愿者小组组员的均值是3.6，非志愿者小组组员的均值是2.61，均值差距较大（0.99），说明志愿者小组组员自身对于入户技巧掌握程度的评价明显高于非志愿者小组组员。“你能否积极地投入志愿服务中”、“你能否按计划较好地完成志愿服务”和“你能否对别人的表达及时给予回应”三个问题的均值，志愿者小组组员比非志愿者小组组员的均值分别高0.48、0.29和0.18，分差较小，说明在这几个方面社工服务效果不明显。在“你能否清楚地向他人表达自我观点”这一问题的均值结果中，非志愿者小组组员的均值比志愿者小组组员的均值高0.07，为什么参加培训的志愿者小组组员的均值会低于没有参加培训的非志愿者小组组员呢？这一点值得社工反思。

**表6　服务能力样本统计量**

| | 是否为志愿者小组组员 | $N$ | 均值 | 标准差 | 均值的标准误 |
|---|---|---|---|---|---|
| 你能否积极地投入志愿服务中 | 是 | 20 | 2.65 | 1.04 | 0.233 |
| | 否 | 18 | 2.17 | 1.098 | 0.259 |
| 你能否按计划较好地完成志愿服务 | 是 | 20 | 2.4 | 0.995 | 0.222 |
| | 否 | 18 | 2.11 | 0.963 | 0.227 |
| 你能否清楚地向他人表达自我观点 | 是 | 20 | 2.15 | 0.933 | 0.209 |
| | 否 | 18 | 2.22 | 1.003 | 0.236 |
| 你能否对别人的表达及时给予回应 | 是 | 20 | 2.4 | 1.273 | 0.285 |
| | 否 | 18 | 2.22 | 0.943 | 0.222 |
| 你是否掌握了入户探访的技巧 | 是 | 20 | 3.6 | 0.94 | 0.21 |
| | 否 | 18 | 2.61 | 0.85 | 0.2 |

对于服务能力的效果评估，笔者认为志愿者小组的组员都参与过社区入户探访的志愿服务活动，在培训中社工也详细地给他们讲解过入户探访的方法和技巧，理论与实际的结合使他们基本掌握了入户探访的知识。相比之下，非志愿者小组组员在这一方面没有受到过培训，生活中也基本上没有接触过入户探访，对于

入户探访的概念比较模糊，缺乏理论的学习以及实际的锻炼，因此分差较大。根据数据的对比显示，志愿者小组组员相比非志愿者小组组员也更加能够投入志愿服务中和按计划完成志愿服务活动，志愿者小组组员想要参与到志愿服务中的主观意识较强。

对于“你能否清楚地向他人表达自我观点”和“你能否对别人的表达及时给予回应”这两项，志愿者小组组员的均值和非志愿者小组组员的均值相差不大，在“你能否清楚地向他人表达自我观点”这一项中，非志愿者小组组员的均值比志愿者小组组员高。这两个问题对于志愿者小组组员设定的情景是他们与服务对象之间的沟通，对于非志愿者小组组员设定的情景是生活中的人际交往沟通，两者之间存在一定差别，但是在问卷调查中两组问卷内容完全一致，笔者没有对问卷调查的情景进行设定，这可能是导致效果不明显的主要原因。相较于生活中的人际交往来说，志愿者与志愿服务的对象之间的沟通技巧更多，难度更大，因此志愿者小组组员对这两项能力的自我判断可能会相对较低。

服务能力样本统计量显示，志愿者小组组员在培训之后相对于非志愿者小组组员来说更为突出。t检验结果显示，社工服务效果不显著存在多方面的原因。其中一个重要的原因是社工也并非专业的志愿者，对于志愿者知识的了解也不够深入，因此在培训的时候自身能力有限，培训缺乏系统性。

（三）对志愿者小组组员自尊自信培训的效果评估

这一部分社工对志愿者小组组员开展的服务是活动分享会，通过分享会让小组组员总结志愿服务的成果，巩固他们在活动中的收获，让他们看到自己参与的志愿服务是有成效的，社工希望可以通过将活动成果外化使小组组员的自尊自信得到提升。

笔者将问卷中有关自尊自信这个维度的三个问题的得分进行加总，并对结果进行独立样本t检验。

表7是志愿者小组组员与非志愿者小组组员在自尊自信方面独立样本t检验结果。从结果可知，$t=0.793$，Sig.（双侧）= 0.433，大于0.05，表示在自尊自信方面，志愿者小组组员与非志愿者小组组员之间不存在显著差异。

**表 7　自尊自信独立样本 t 检验结果**

| | | 方差方程的 Levene 检验 | | 均值方程的 t 检验 | | | | | | |
|---|---|---|---|---|---|---|---|---|---|---|
| | | *F* | Sig. | *t* | *df* | Sig.（双侧） | 均值差值 | 标准误差值 | 差分的 95% 置信区间 | |
| | | | | | | | | | 下限 | 上限 |
| 自尊自信 | 假设方差相等 | 0.365 | 0.549 | 0.793 | 36 | 0.433 | 0.421 | 0.531 | -0.655 | 1.497 |
| | 假设方差不相等 | | | 0.793 | 33.555 | 0.433 | 0.421 | 0.531 | -0.658 | 1.5 |

如表 8 所示，在“你是否愿意尝试解决难题”和“如果让你担任某项活动的组织者，你是否有信心完成任务”这两个问题中，志愿者小组组员的均值均高于非志愿者小组组员，分别高 0.74 和 0.36，说明参与小组对组员在这方面的能力有所增强，但是分差不大，效果不显著。

**表 8　自尊自信样本统计量**

| | 是否为志愿者小组组员 | N | 均值 | 标准差 | 均值的标准误 |
|---|---|---|---|---|---|
| 你是否愿意尝试解决难题 | 是 | 20 | 2.53 | 1.307 | 0.3 |
| | 否 | 18 | 1.79 | 0.419 | 0.096 |
| 你在公众面前发言时是否会紧张 | 是 | 20 | 2.79 | 1.316 | 0.302 |
| | 否 | 18 | 3.47 | 1.073 | 0.246 |
| 如果让你担任某项活动的组织者，你是否有信心完成任务 | 是 | 20 | 2.89 | 1.286 | 0.295 |
| | 否 | 18 | 2.53 | 0.697 | 0.16 |

在“你在公众面前发言时是否会紧张”这一问题中，志愿者小组组员的均值低于非志愿者小组组员。社工反思自己对志愿者小组的服务，每次进行活动时会鼓励小组组员积极参与到社工组

织的活动中、积极发言，有时候社工会看到一些比较不常见的面孔来参与活动，但是大多数时候能够积极与社工和其他组员互动、积极发言、参与活动的同学是比较固定的几个人，因此效果并不明显。

对于“如果让你担任某项活动的组织者，你是否有信心完成任务”这一项志愿者小组组员分值较低的原因，社工总结分析有以下几点。第一，社工协助志愿者小组组员在全校范围内组织志愿服务活动，一方面希望青协成员能够通过活动得到锻炼，另一方面希望通过青协成员的力量能带动其他的同学在全校范围内形成积极的志愿活动氛围。在活动策划的过程中社工和志愿者成员一起学习活动策划书的撰写，一起为校园志愿服务寻找服务资源，前期做了很多工作，但是活动宣传和活动执行的过程中很多的环节没有跟上使校园的志愿服务活动中断，志愿者小组的组员们在这次的活动中体会到了组织志愿服务活动的难度较大，所以他们组织活动的信心遭受打击。第二，这一届的青年志愿者协会是青协自主组织招募成员的第一届，在前期的招募过程中遇到了很多困难。青年志愿者协会成立后在组织志愿服务的过程中总是会遇到一些人员冲突、时间冲突之类的问题，使志愿者小组组员觉得志愿服务活动的组织对于他们来说是一件比较困难的事情。第三，志愿者小组组员在小组中通过参与志愿服务能够发现自我价值，增强自信心，但是非志愿者小组的组员在生活、学习中同样也能通过不断学习以及参与学生工作和社会实践来增强自我的自尊自信。

（四）对志愿者小组组员领导能力培训的效果评估

这一部分的效果评估主要是针对社工对志愿者小组组员领导能力培训的评估。在这个部分的社工服务中社工协助团委老师帮助青年志愿者协会完成了换届选举的工作，在换届选举的过程中社工服务给予的支持是帮助青年志愿者协会建立青协结构框架，定位各个职位的职能，帮助志愿者小组成员更好地参与选举，在这个部分的能力提升服务中社工给青协成员培训了如何策划志愿服务活动以及如何撰写活动策划书。

笔者将问卷中有关领导能力这个维度的五个问题的得分进行加总，并对结果进行独立样本 t 检验。

表 9 是志愿者小组组员与非志愿者小组组员在领导能力方面独立样本 t 检验结果。t 检验结果显示，t = 2.523，Sig.（双侧）= 0.016，小于 0.05，说明在领导能力方面志愿者小组组员与非志愿者小组组员间存在明显的差异，社工服务有效果。

**表 9　领导能力独立样本 t 检验结果**

| | | 方差方程的 Levene 检验 | | 均值方程的 t 检验 | | | | | | |
|---|---|---|---|---|---|---|---|---|---|---|
| | *F* | Sig. | | *t* | *df* | Sig.（双侧） | 均值差值 | 标准误差值 | 差分的 95% 置信区间 | |
| | | | | | | | | | 下限 | 上限 |
| 领导能力 | 假设方差相等 | 12.387 | 0.001 | 2.523 | 36 | 0.016 | 1.947 | 0.772 | 0.382 | 3.513 |
| | 假设方差不相等 | | | 2.523 | 24.505 | 0.016 | 1.947 | 0.772 | 0.356 | 3.539 |

表 10 显示的是领导能力方面问卷调查的样本统计量，在“你是否具备较强的决断能力”、“你能否在团队中稳定成员的情绪”、“你能否在团队中较好地解决矛盾和冲突”、“你能否自主策划志愿服务活动”以及“你是否擅长团队合作”这五个问题中，志愿者小组组员的均值均高于非志愿者小组组员，分别高出 0.53、0.79、0.79、0.84 和 0.53。

**表 10　领导能力样本统计量**

| | 是否为志愿者小组组员 | *N* | 均值 | 标准差 | 均值的标准误 |
|---|---|---|---|---|---|
| 你是否具备较强的决断能力 | 是 | 20 | 3.11 | 0.937 | 0.215 |
| | 否 | 18 | 2.58 | 0.692 | 0.159 |

续表

| | 是否为志愿者小组组员 | $N$ | 均值 | 标准差 | 均值的标准误 |
|---|---|---|---|---|---|
| 你能否在团队中稳定成员的情绪 | 是 | 20 | 3 | 1.291 | 0.296 |
| | 否 | 18 | 2.21 | 0.631 | 0.145 |
| 你能否在团队中较好地解决矛盾和冲突 | 是 | 20 | 2.68 | 1.25 | 0.287 |
| | 否 | 18 | 1.89 | 0.567 | 0.13 |
| 你能否自主策划志愿服务活动 | 是 | 20 | 3.16 | 1.167 | 0.268 |
| | 否 | 18 | 2.32 | 0.749 | 0.172 |
| 你是否擅长团队合作 | 是 | 20 | 2.42 | 0.838 | 0.192 |
| | 否 | 18 | 1.89 | 0.567 | 0.13 |

综上所述，领导能力样本统计量数据显示，志愿者小组组员的均值比非志愿者小组组员的均值高，对比可以得出社工对志愿者小组的培训是有效果的。社工分析服务效果主要体现在以下两点：第一，社工对于青协成员的活动策划培训和策划书撰写的培训是非青协成员没有接触过的，所以在“你能否自主策划志愿服务活动”这个问题中志愿者小组组员呈现的均值比非志愿者小组组员高；第二，志愿者小组组员有更多的机会参与到志愿服务之中，在参与活动的过程中培养了自身的团队协作能力，也能够更好地在团队中去稳定其他组员的情绪和处理团体的矛盾冲突。

## 二 青年志愿者协会品牌效应初见成效

青年志愿者协会是S职高中刚刚成立的一个新的学生社团，社团从无到有经过很大的努力将有意愿参与到志愿服务之中的学生聚集起来，共同努力去做志愿服务。社工介入服务时是青年志愿者协会在S职高成立的第二年，青年志愿者协会以往在校园内部开展的志愿服务并不是专业的志愿服务，主要是作为社团代表站岗执勤、清扫学校卫生等。社工与学校团委老师、志愿者小组的组员一道，希望在校园内部探索自主开拓志愿服务的途径，打造青年志愿者协会在校园内的品牌活动，从而扩大青年志愿者协会的影响，以期在中职生群体中能够形成积极的志愿服务之风。

学校层面的效果评估笔者是以访谈的方式展开的，通过对学校老师以及学生的访谈来评估学校层面服务的效果。

社工对学校学生进行访谈，得到以下信息：

我知道学校的青年志愿者协会，我有一个玩得好的朋友在这个协会，他们平时会去HL社区探访，有时候校门口的展板上也会有他们活动的介绍和照片，我觉得他们做的事情很有意义，上次我的朋友跟我说了他们跳蚤市场的活动，我把我自己的一个闲置的笔袋给他们了，但是后来活动好像没有进行下去。(ZY)

我知道青年志愿者协会，上次和他们一起去百步亭社区给老人表演茶艺，我觉得跟他们一起去参加活动很开心，很有意义。(FBW)

我知道学校的青年志愿者协会，上次他们在学校里组织募捐活动我给那个患病的学生捐款了，我觉得他们很努力地在帮助自己的同学，我也想尽自己的力量去帮助别人。(YN)

我知道青年志愿者协会，但是他们具体做了什么活动我不太清楚，因为我没有关注这些，但是上次他们在校门口组织的募捐活动我参与了，我觉得那个同学很可怜，他们组织这样的活动去帮助同学我觉得很有意义。(WZJ)

通过对学校学生的访谈记录，笔者总结出表11的数据：

**表11　效果评估——对学校学生的访谈结果**

单位：%

| 相关描述 | 赞同描述 | 不赞同描述 |
|---|---|---|
| 你是否知道学校青年志愿者协会 | 90 | 10 |
| 你是否了解学校青年志愿者协会的活动 | 30 | 70 |
| 你是否参与过青年志愿者协会的活动 | 60 | 40 |

由表11的数据可知，学校绝大部分学生知道学校青年志愿者协会这个社团，主要是通过学校宣传栏的简报、社团招新活动、学校志愿服务活动了解到的。参与过青年志愿者协会活动的同学占比达60%，参与方式主要是参加募捐活动，这两项数据表示青年志愿者协会在校园内部还是具有知名度的，学生们知道这个社团的存在，大部分同学也参与过社团组织的活动。

除此之外，表示了解学校青年志愿者协会活动的学生比例较小，是通过学校简报了解的，但是也只是知道青年志愿者协会大概会做探访、募捐，对于青年志愿者协会具体的活动不了解。这表示，志愿者小组在宣传方面的工作做得还是比较薄弱，要想在校园内部达到一定的影响，不仅仅要把志愿服务做好，同时也要将所做的活动进行宣传，这样才能达到效果，这也是之后服务中应该注意的地方。

社工对学校老师进行访谈，得到以下信息：

> 说实话，我以前不知道我们的学生可以做得这么好，相对于普通高中的学生来说，他们的成绩确实不太好，平时也会有很多不好的习惯，较难管教，但是这么多次的活动下来，我看到他们能够踏踏实实地去开展志愿服务，有想把青年志愿者协会活动做好的坚持和勇气，在我心里真的很感动。通过参与志愿服务，他们积极地与社会、与他人去接触，这就是一种社会实践，在这样的实践中不仅仅锻炼和提升了他们个人的能力，同时他们也在成长，在帮助别人的过程中收获了快乐，他们更加的积极、更加的阳光，通过青年志愿者协会的活动可以为学校其他的学生做出榜样。他们每一次做完活动，我看到他们的简报和心得体会，觉得他们真的在成长，因此我自己的工作也会更有干劲，我将他们的简报打印出来，张贴在校园中进行宣传，我相信其他的学生看到了也会觉得骄傲和自豪。（L老师）
>
> 我一开始对于班上学生去参与志愿服务是不支持的，作为学生第一任务就是学习。我是班主任，对于学生的成绩是

> 更加关注的，但是班上有一些同学对于参与志愿服务有热情，他们的这种热情也让我难以拒绝，所以有时候也会“睁一只眼闭一只眼”，不限制他们这么多，课余时间还是不反对他们进行一些活动。后来有一次，学校有个闻同学得了尿毒症需要募捐，我们班的同学写好了捐款倡议书让我替他们进行修改，我觉得他们是认真在做志愿服务，这是一件好事。“十年树木，百年树人”，他们具有优秀的品质也是很重要的，我帮助他们修改倡议书，后来他们的募捐活动很成功，外出参与的志愿服务也做得很好，我觉得这是他们学习的另外一种方式，我现在也改变了自己的态度。爱心是可以传递的，通过这几个同学的带头作用，现在我们班愿意参与志愿服务的同学也增多了，上次他们说要在学校内部开展义卖的志愿服务，我们班的同学也积极捐助闲置物品，我希望他们能够越做越好。（Z老师）

老师们肯定了志愿者小组组员的努力和付出，是他们用自己参与志愿服务的实际行动在向老师证明他们可以做好。志愿者小组的活动不仅仅局限在社团自身，同时他们在校园内部也开始自主地探索开展志愿服务，初步打造了S职高青年志愿者协会的品牌。

## 三　社区服务的专业性与持续性得到发展

从社区层面对志愿者小组的服务效果进行评估主要是根据社工对于志愿者小组志愿服务的观察和访谈以及社工对社区中志愿者小组的服务对象和社区负责人进行访谈而得出的。

志愿服务专业性方面，在服务开展前的需求评估中，社工通过对青年志愿者协会成员志愿服务的过程进行观察发现他们志愿服务的专业性较为欠缺，因此成立志愿者小组对他们进行志愿服务技巧的培训，在培训中为组员讲解志愿服务的专业方法和技巧、介绍志愿服务群体的特征，以及让他们进行志愿服务过程中的实践演练来巩固培训效果。经过培训，在后期进行的志愿服务之中社工发现志愿者小组组员能够运用培训时学习的方法和技巧，志愿服务的能力增强。在对志愿者小组成员进行访谈时有组员表示：

> 加入青年志愿者协会是因为我希望通过参与志愿服务去帮助别人，但是一开始去社区探访的时候我觉得很尴尬，不知道自己应该和老人们聊什么，也不知道自己可以做什么。在培训中我学习到了一些技巧和方法，还在小组里面进行了实践演练，经过培训后我知道探访的时候应该跟老人聊一些什么话题，谈话的时候应该要声音大一些、有耐心一些，运用培训时候学习的技巧去进行志愿服务，提升了我志愿服务的能力，使我能感受到参与志愿服务的快乐。(ZSL)
>
> 在小组的培训中，我学习到了一些志愿服务的技巧，以前去探访时候见到服务对象就感觉很尴尬，坐在一旁不知道怎么办，现在去探访的时候我可以找到老人们感兴趣的一些话题和他们聊聊天，也尝试去观察他们，了解他们的需求，我觉得自己慢慢知道该如何做。(WTJ)

在小组发展的过程中，服务的持续性也得到了发展。服务开展之前，青年志愿者协会参与的志愿服务是较为零散的，例如，在学校开展运动会的时候安排成员去当志愿者，雷锋日的时候组织成员在校园内打扫卫生，去社区探访老人的时间也不是固定的。针对这样的情况，社工与社区负责人进行沟通，希望能将志愿者小组在社区内的探访活动常规化，使服务能够持续开展。通过志愿服务的持续开展，一方面，能够将小组的活动固定下来，使服务具有持续性，使小组组员能够有更多参与志愿服务的机会和责任感；另一方面，对于志愿者小组的服务对象来说，服务的持续开展会使成效更加显著。经过社工与社区负责人的沟通，针对社区老人的需求以及志愿者小组服务的时间最终将社区探访的时间固定下来，定为每两周周四下午放学后。

## 四　社会认同度增加

从社会层面的服务效果进行分析，效果主要体现在两个方面。第一，对于志愿者小组来说，拓宽了服务的广度。以往青年志愿者协会的活动主要就是在学校内部和社区内进行，服务的范围相对较小。在这次的服务中，社工帮助志愿者小组的成员链接志愿服务资源，在社区中不仅参与探访活动，还与社区负责人一起策划新的社区志愿服务——四点半课堂，并且带领他们到社会福利院以及其他社区中去进行志愿服务，拓宽了志愿者小组参与志愿服务的广度。

第二，志愿者小组作为中职生群体的代表，通过参与志愿服务改变了社会对于中职生群体的负面看法，社会对于中职生群体的认同度增加。中职生接受的是职业技术教育，他们相较于普通高中的学生所学的专业技能课更为丰富，所以他们自身大多有才艺，在带领志愿者小组组员外出进行志愿活动时他们的表演感染了老年人，感染了社区的工作者，感染了同行的其他志愿者。在看完他们的表演之后社区负责人表示：

> 你们的学生表演得很好，社区的老人看了之后都觉得好开心。他们年轻、富有活力，陪老人聊天，与老人一起做运动，给老人带来了快乐，我觉得他们做得很好，希望以后我们能够多合作，一起为老人带来快乐。（CJ）

同行的其他志愿者在看完志愿者小组成员的表演之后也由衷赞叹：

> 他们表演的茶道我觉得特别的精彩，他们在表演时沉稳、认真，我希望以后我们还能一起参与志愿服务，如果有机会我很想跟他们一起学习。（L 医生）

在访谈中谈及接受志愿服务的感受时，有志愿服务对象表示：

> 我是独居的老人，前两年老伴去世了，有一双儿女，但是他们平时工作很忙也有自己的家庭，老伴去世以后，他们都提议让我搬去和他们住，但是这么多年没有和他们一起住，生活习惯都不同，我不想给他们添麻烦。一个人住，年纪大了也不方便，平时就到社区的活动室走动走动，我喜欢热闹，志愿者们来做活动的时候我就觉得很开心，他们的表演都很精彩，也能陪我聊聊天，我也跟他们讲我年轻时候的故事，觉得很有意思。(Z爷爷)
>
> 志愿者来做活动的时候我很开心，子女们都长大了，不跟我们一起住，还有的去外地工作了，一年到头也难得回来一次，每次志愿者来做活动的时候比过年还要热闹，不仅仅邻里都聚在一起，也有很多年轻的志愿者在一起，感觉回到了年轻的时候。(C奶奶)

在访谈中谈及学生在志愿服务中的表现时学校的老师表示：

> 我并没有期待他们做的可以多好，但是他们做的超出了我的想象，那时候他们跟我说要去参加比赛，我以为他们只是一时兴起，结果他们真的很努力地去准备、去参赛，最后还被评为了H区教育局志愿服务优秀团队。这对于一个学生团体来说是一个极大的鼓励，他们的活动不仅展现了自己的风采，同时还为学校争光，实在是太难得了。(C老师)

## 五 志愿者小组服务总结

笔者根据S职高青年志愿者协会的情况结合社会目标模式理论以及社会工作的实务方法开展志愿者小组，通过小组内部的培训提升组员的志愿服务能力、自尊自信以及领导能力，同时，通过帮助志愿者小组链接服务资源，督导小组成员在学校层面、社区层面以及社会层面开展志愿服务活动来进一步巩固小组成果，树立中职生群体的正面形象，改变社会大众对于中职生群体的负面认知。

笔者通过接触服务对象、需求评估、制订服务计划、具体开展服务、效果评估的服务思路开展志愿者小组的实务工作。在服务过程中社工主要担任的角色有如下几种。第一，教育者。社工通过自我对于志愿者理论知识的学习对小组成员开展培训，帮助组员增强对于青年志愿者协会理论上的理解、对于自身志愿者身份的认同，同时对组员进行志愿服务的技巧培训来提升组员的服务能力。第二，支持者。志愿者小组组员均来自 S 职高青年志愿者协会，组员们以往基本没有参与过社团活动，青年志愿者协会相对于学校其他一些兴趣类社团对组员在志愿服务专业性方面的要求相对较高，组员们没有社团活动的经验，也没有接受过相关的培训，在初期开展的志愿服务中遇到了较多的困难，这时社工担任的是支持者的角色，帮助组员树立信心，提升组员的服务能力。第三，督导者。在志愿者小组组员参与志愿服务的过程中社工担任督导者的角色，对于组员参与服务进行观察、评估，同时在每次服务之后组织组员开展分享会，总结服务成果。第四，资源链接者。青年志愿者协会以往志愿服务的活动范围主要是在社区内部，在本次的服务中，社工帮助志愿者小组链接社会福利机构以及其他社区的志愿服务资源，拓宽了志愿者小组参与志愿服务的广度，扩大了志愿者小组参与志愿服务的正面影响。

## 第五节　结论与讨论

### 一　结论

社工选取社会目标模式作为理论指导介入 S 职高的青年志愿者协会进行志愿者小组的社会工作服务。S 职高的学生是青年的群体代表，同时也是中职生的群体代表，“学习不好，自卑感严重，逆反心理强”是中职生群体的社会标签。通过本次社工服务，社会目标模式的指导不仅从个人层面上提升了小组组员的能力，同时对于帮助中职生群体树立正确的价值观念，改变社会大众对于中职生群体的负面标签确有成效。

通过对社工服务经验的总结，笔者得到以下几点结论。

第一，本研究对于丰富青少年志愿服务工作经验提供补充。随着时代的发展，科技不断进步，经济更加繁荣，志愿服务之风也在社会中越发浓烈。北京奥运会、残奥会等大型活动的举办离不开志愿者队伍的奉献，青年志愿服务发展速度迅猛，但是青少年志愿服务发展速度较为缓慢。本次服务以中职生为服务对象，对于丰富青少年志愿服务的工作经验提供了补充。

第二，此次社工服务以小组工作的方法展开，开展志愿者小组是一个新的尝试。志愿者小组是兴趣小组，同时也具有教育性和社会性。志愿者小组工作效果辐射的范围较广，突破了小组的界限，不仅对小组组员个人以及小组之间产生影响，而且小组组员作为中职生的代表，在校园内部、社区中甚至社会层面上都有服务效果。

第三，本研究为社会目标模式在社会工作中的应用提供了实务工作素材。在服务开展前，社工选取了社会目标模式作为理论指导，在前期查阅相关资料时只能查到一个将社会目标模式作为理论指导的社会工作实务案例，因此，在经验借鉴方面遇到困难，希望通过本次服务形成的研究内容能够为社会目标模式指导的社会工作服务提供研究素材。

第四，社会目标模式运用在志愿者小组的服务中确有成效。社会目标模式的三个工作重点是：发展民主意识和参与社会变迁的责任心、提高小组组员适应社会生活的能力以及通过小组集体的力量达到社会变迁。社工将社会目标模式运用于志愿者小组的服务，通过对社会目标模式工作重点的转化，将服务划分为传递志愿服务专业精神、提升自我能力培训和督导志愿者小组组员参与志愿服务活动三个阶段。在小组工作的过程中社工担任的角色有教育者、支持者、督导者和资源链接者。

## 二 讨论

本次的研究在社会工作实务开展的同时进行，以社会目标模式作为理论指导，以志愿者小组的方式展开服务，服务取得一定成效，但是在服务之中还存在的一些问题和不足值得进一步讨论。

第一，关于服务方法技巧的探讨。参与服务的社工自身缺乏服务经验，同时缺乏社会目标模式指导实践的经验借鉴，在这样的情况下如何高质量地完成社工服务？本次社工服务开展的是志愿者小组，参与志愿服务不仅需要专业的理论知识作为支撑，同时也需要具体的实践经验提供指导，接受过此类培训的社工能为服务提供更专业的水准，社工如何提升工作能力，为服务对象提供更加专业的社工服务值得讨论。

第二，关于服务中伦理困境选择的探讨。青少年志愿服务发展缓慢的一个原因是他们的学业负担较重，当参与志愿服务同学生的学业相冲突时，社工该如何抉择？

第三，关于服务资源的探讨。青少年处在身心发展的黄金时段，但是相对成年人来说他们在认知水平、服务能力方面都有明显不足，因此，参与志愿服务的内容和方式都会受限，导致服务资源链接困难，服务资源较为匮乏。在这样的情况下，社工是应该更注重志愿服务的广度多为小组链接服务资源，还是注重现有资源推动服务持续性的发展？

目前，该项目仍有社工在进行服务，如何在服务中解决上述困难，更好地开展社工服务值得进一步探讨。志愿者小组结束之后的青年志愿者协会将如何巩固小组的成果使协会得到更好的发展，需要社工与协会的成员一道努力。

# 附录一　S 职高青年志愿者协会需求评估访谈提纲

青协成员：

1. 你希望在青协锻炼自身哪些方面的能力？

2. 你希望在青协参与什么类型的活动？

学校老师：

1. 您希望社工从哪些方面参与青协的活动？
2. 您希望青协的学生在活动中得到哪些方面的锻炼？
3. 您对青协活动的效果有什么样的期望？

社区负责人：

1. 您觉得志愿服务中志愿者们在哪些方面有欠缺？
2. 您觉得在社区进行服务的志愿者应该具备哪些特质？
3. 社区在哪些方面可以让志愿者参与志愿服务活动？

# 附录二 S职高青年志愿者协会需求评估访谈列表

青协成员：

ZL（S职高青年志愿者协会会长）

LY（S职高青年志愿者协会副会长）

LRR（S职高青年志愿者协会副会长）

YY（S职高青年志愿者协会副会长）

YQF（S职高青年志愿者协会编辑部部长）

WXL（S职高青年志愿者协会编辑部副部长）

WTJ（S职高青年志愿者协会活动部副部长）

LA（S职高青年志愿者协会活动外联部部长）

WZJ（S职高青年志愿者协会宣传部副部长）

YR（S职高青年志愿者协会宣传部部长）

YT（S职高青年志愿者协会策划部部长）

CY（S职高青年志愿者协会策划部副部长）

FQ（S职高青年志愿者协会成员）

ZZK（S职高青年志愿者协会成员）

LSY（S职高青年志愿者协会成员）

MSY（S职高青年志愿者协会成员）

LHL（S职高青年志愿者协会成员）

HCD（S职高青年志愿者协会成员）

学校老师：

C老师（S职高团委老师）

L老师（S职高政教处主任）

社区负责人：

PL（H社区负责人）

## 附录三 志愿者小组社工服务满意度调查表

亲爱的同学：

你好！为了了解你对于社工服务的满意度，我们设计了这份满意度调查问卷，希望能得到你的支持和配合。本次调查为不记名调查，不会泄露同学们的隐私，且答案没有正确、错误之分。同学们只需按自己的实际情况在合适答案上打“√”，或在“________”上填上适当内容。

非常感谢同学们的配合！祝你们学习快乐！

阳光苗圃社工服务团队

2016年6月10日

1. 你如何评价你所接受的服务的质量？

A. 极好　B. 好　C. 一般　D. 很差

E. 极差

2. 你是否得到了你希望得到的服务？

A. 得到了很多　B. 得到了　C. 一般　D. 很少得到

E. 完全没有得到

3. 我们的服务在何种程度上满足了你的需要？

A. 满足程度极高　B. 满足程度高

C. 一般　D. 满足程度低

E. 满足程度极低

4. 你觉得社工服务活动的内容怎么样？

A. 极好　B. 好　C. 一般　D. 很差

E. 极差

5. 你觉得社工服务的形式怎么样？

A. 极好　　B. 好　　C. 一般　　D. 很差

E. 极差

6. 总的来说你对接受的服务满意吗？

A. 非常满意　　B. 很满意　　C. 一般　　D. 不满意

E. 非常不满意

7. 请你对我们的服务提出建议或意见：________________________________

# 附录四　志愿者小组效果评估访谈提纲

志愿者小组组员：

1. 你觉得自己在青协中是否得到锻炼？

2. 如果得到了，你觉得在哪些方面得到了锻炼？

学校老师：

1. 您对青协本学期的活动是否满意？

2. 您觉得青协的学生在哪些方面得到了锻炼？

3. 您对青协后期的活动还有什么样的期待？

学校学生：

1. 你知道学校的青年志愿者协会吗？

2. 你是否了解青协的活动？

3. 你是否参与青协的活动？

社区负责人：

1. 本学期青协成员在参与社区志愿服务中的表现如何？

2. 您对本学期青协成员参与社区志愿服务的效果是否满意？

志愿服务对象：

1. 您对参与社区志愿服务的志愿者们是否满意？

2. 您觉得他们的服务是否对您有帮助？

# 附录五 志愿者小组效果评估访谈列表

志愿者小组组员：

HCD（S职高青年志愿者协会会长）

MSY（S职高青年志愿者协会副会长）

LHL（S职高青年志愿者协会副会长）

FQ（S职高青年志愿者协会编辑部部长）

ZZK（S职高青年志愿者协会活动部副部长）

LSY（S职高青年志愿者协会宣传部部长）

MY（S职高青年志愿者协会编辑部副部长）

SWY（S职高青年志愿者协会策划部部长）

SHL（S职高青年志愿者协会活动部部长）

ZY（S职高青年志愿者协会成员）

XS（S职高青年志愿者协会成员）

YN（S职高青年志愿者协会成员）

WZJ（S职高青年志愿者协会成员）

ZJ（S职高青年志愿者协会成员）

ZZW（S职高青年志愿者协会成员）

CTL（S职高青年志愿者协会成员）

学校老师：

L老师（S职高团委老师）

L老师（S职高政教处主任）

Z老师（S职高J班班主任）

L老师（S职高J班班主任）

学校学生：

FBW（S职高中一J班学生）

XY（S职高中一Y班学生）

ZJY（S职高中一J班学生）

LL（S职高中一D班学生）

YXL（S职高中一K班学生）

ZJB（S职高中一J班学生）
LST（S职高中一S班学生）
ZZ（S职高中二J班学生）
YWL（S职高中一D班学生）
XYL（S职高中二K班学生）
HS（S职高中二J班学生）
ZRY（S职高中二S班学生）
XZT（S职高中二L班学生）
社区负责人：
PL（H社区负责人）
CJ（B社区负责人）
志愿服务对象：
C奶奶（H社区居民）
L奶奶（H社区居民）
Z爷爷（社区居民）
S奶奶（B社区居民）
W奶奶（B社区居民）

# 附录六 志愿者小组组员自我能力提升社工服务效果评估问卷

亲爱的同学：

你好！为了检测社团活动的成效以及在以后更好地给大家开展服务，我们开展这项调查，希望得到你的支持和配合。本次调查为不记名调查，不会泄露同学们的隐私，答案没有正确、错误之分。同学们只需按自己的实际情况在合适答案上打“√”，或在“________”上填上适当内容。

非常感谢同学们的配合！祝你们学习快乐！

阳光苗圃社工服务团队

2016年6月10日

1. 对青年志愿者协会精神是否了解？

A. 完全了解　B. 了解　C. 一般　D. 不了解

E. 完全不了解

2. 你对青年志愿者的理论知识是否了解?

A. 完全了解　B. 了解　C. 一般　D. 不了解

E. 完全不了解

3. 你对青协的结构框架以及各部门职能是否了解?

A. 完全了解　B. 了解　C. 一般　D. 不了解

E. 完全不了解

4. 你能否积极地投入志愿服务之中?

A. 完全可以　B. 可以　C. 一般　D. 不可以

E. 完全不可以

5. 你能否按计划及较好完成志愿服务内容?

A. 完全可以　B. 可以　C. 一般　D. 不可以

E. 完全不可以

6. 你能否清楚地向他人表达自我观点?

A. 完全可以　B. 可以　C. 一般　D. 不可以

E. 完全不可以

7. 你能否对别人的表达及时给予回应?

A. 完全可以　B. 可以　C. 一般　D. 不可以

E. 完全不可以

8. 你是否掌握了入户探访的技巧?

A. 完全掌握　B. 较好掌握　C. 一般　D. 没掌握

E. 完全没掌握

9. 你是否愿意尝试解决难题?

A. 非常愿意　B. 很愿意　C. 一般　D. 不愿意

E. 非常不愿意

10. 你在公众面前发言时是否会紧张?

A. 非常紧张　B. 很紧张　C. 一般　D. 不紧张

E. 完全不紧张

11. 如果让你担任某项活动的组织者，你是否有信心完成任务?

A. 非常有信心 B. 很有信心 C. 一般 D. 没有信心
E. 非常没有信心

12. 你是否具备较强的决断能力？
A. 非常具备 B. 具备 C. 一般 D. 不具备
E. 非常不具备

13. 你能否在团队中稳定成员的情绪？
A. 完全可以 B. 可以 C. 一般 D. 不可以
E. 完全不可以

14. 你能够在团队中较好地解决矛盾冲突？
A. 完全具备 B. 具备 C. 一般 D. 不具备
E. 完全不具备

15. 你能否自主策划志愿服务活动？
A. 完全可以 B. 可以 C. 一般 D. 不可以
E. 完全不可以

16. 你是否擅长团队合作？
A. 非常擅长 B. 擅长 C. 一般 D. 不擅长
E. 非常不擅长

17. 请你对青年志愿者协会未来的发展提供一些宝贵的建议和意见：________________________________

图书在版编目(CIP)数据

华中科技大学社会学院优秀硕士论文集. 第2卷 / 华中科技大学社会学院主编. -- 北京 : 社会科学文献出版社, 2019.2
(华中科技大学社会学文库)
ISBN 978-7-5201-3837-6

Ⅰ. ①华… Ⅱ. ①华… Ⅲ. ①社会工作-中国-文集 Ⅳ. ①D632-53

中国版本图书馆 CIP 数据核字(2018)第257441号

华中科技大学社会学文库
华中科技大学社会学院优秀硕士论文集　第2卷

主　　编 / 华中科技大学社会学院

出 版 人 / 谢寿光
责任编辑 / 任晓霞
文稿编辑 / 马甜甜

出　　版 / 社会科学文献出版社 · 群学出版分社 (010) 59366453
地址: 北京市北三环中路甲29号院华龙大厦　邮编: 100029
网址: www.ssap.com.cn
发　　行 / 市场营销中心 (010) 59367081　59367083
印　　装 / 三河市尚艺印装有限公司

规　　格 / 开 本: 787mm × 1092mm　1/16
印 张: 18.5　字 数: 265千字
版　　次 / 2019年2月第1版　2019年2月第1次印刷
书　　号 / ISBN 978-7-5201-3837-6
定　　价 / 98.00元

本书如有印装质量问题, 请与读者服务中心 (010-59367028) 联系